LE YOGA
THERAPEUTIQUE

Dr Pierre JACQUEMART

Ancien Vice-Président de la Société de Médecine de Paris

Saïda ELKÉFI

Professeur de la Fédération française de yoga
Relaxologue, Psychothérapeute
Sophrologue

LE YOGA THERAPEUTIQUE

Photos de Renato Malatesta
Dessins de Mme Christine Michaux
Miniatures et dessins stylisés de Betty Ballandras

TROISIÈME ÉDITION

MALOINE
27, rue de l'Ecole de Médecine, 75006 Paris
1993

CHEZ LE MÊME EDITEUR

Pierre Jacquemart, Saïda Elkéfi : *Yoga et articulations*. Maloine Edit., 1990.
Pierre Jacquemart, Saïda Elkéfi : *Yoga, sexualité et stress*. Maloine Edit., 1992.

DES MÊMES AUTEURS

Saïda Elkéfi : *Secrets des Indes*. Hommes et groupes Edit., 1986.
Pierre Jacquemart, Paul Musarella : *Rajeunir sainement*. Montorgueil Edit., 1991.
Pierre Jacquemart, Paul Musarella : *La santé par le sport*. Montorgueil Edit., 1991.
Pierre Jacquemart, Guy Deluchet : *Rhumatismes. Arthrites. Arthroses*. Marabout Edit., 1991 (Belgique).
Pierre Jacquemart : *Maigrir vite grâce à la thermogénèse*. G.D.F. Communication Edit. Lausanne (Suisse), 1993.

Dépôt légal : Février 1993 – I.S.B.N. : 2-224-02230-1

Introduction
à la troisième édition

Le succès de nos deux précédentes éditions atteste l'intérêt croissant qui se manifeste actuellement pour le yoga. Nous remercions ceux qui nous ont suivi et qui sont devenus des lecteurs de *Yoga et articulations* puis de *Yoga, sexualité et stress*. Cet accueil favorable confirme que nous sommes sur la bonne voie en mettant l'accent sur les relations du yoga et de la santé.

La philosophie et les modalités pratiques du yoga, parfois millénaires, doivent rester intangibles. Les postures, les respirations, les techniques annexes sont parfaitement codifiées. Seule la façon de les exposer et de les illustrer avec encore plus de clarté, peut être tentée.

En revanche, les liens entre le yoga et la santé se sont considérablement développés et les applications aussi bien dans la prévention que dans le domaine curatif ont pris une ampleur considérable.

En médecine générale et dans le domaine de la plupart des spécialités, on a fini par prendre le rôle du yoga très au sérieux. Dès lors, des études physiologiques ont été entreprises, permettant de comprendre ce qui se passait effectivement lors de l'exécution d'une modalité pratique. On ne se contentait plus d'enregistrer un résultat, on pouvait alors l'expliquer de façon rationnelle.

Mais, pour un esprit objectif, c'était encore insuffisant. Il fallait, chaque fois que c'était réalisable et, systématiquement si possible, quantifier les données acquises.

Les exemples de travaux en ce sens ne manquent pas.

Depuis plusieurs années déjà, le médecin-chef Claude Meyers et ses collaborateurs ont tenté d'apprécier scientifiquement l'effort d'un groupe musculaire déterminé. L'utilisation du biorétroactiomètre musculaire permet de quantifier la réaction musculaire globale face à divers paramètres physiologiques et pathologiques sans avoir besoin d'examens aussi complexes que l'électromyographie de détection à aiguilles.

Ce biorétroactiomètre a été utilisé pour contrôler l'effort musculaire au cours de postures de yoga, les deux premiers asana étudiés ayant été le cobra et la sauterelle.

Les conclusions de ces premiers examens ont été fort intéressantes : " Contrairement à la bio-mécanique musculaire du sportif, la prise d'asana yogique suppose une mise en marche très lente et le fonctionnement musculaire se caractérise par une contraction prolongée de certains muscles avec une absence de fatigabilité et de tétanisation obtenue au fil de l'apprentissage, d'autant qu'au niveau des muscles antagonistes une relaxation est de plus en plus apparente... La pratique du yoga apporte indubitablement quelque chose de neuf dans le cadre du fonctionnement musculaire. "

Pour traiter de l'aspect thérapeutique du yoga, il faut un médecin pour embrasser l'aspect médical et un professeur de yoga pour en développer les modalités techniques. C'est la raison pour laquelle *Yoga thérapeutique* a pu naître de la réunion de ces deux disciplines.

La troisième édition que nous présentons ici a été considérablement facilitée par les contacts que nous avons établis avec les docteurs Olivier et Lionel Coudron qui ont créé la dynamique association : MÉDECINE ET YOGA.

Ces médecins sont tous deux également professeurs de yoga. Leurs collaborateurs et eux-mêmes tentent de développer dans les divers domaines médicaux les relations entre le yoga et la santé. Ils éditent des brochures et organisent des séminaires et des congrès. Au cours de ceux qu'il nous a été donnés de suivre à la faculté de médecine Lariboisière, nous avons pu apprécier la qualité de leurs propos et la hauteur de leurs vues.

Tout en conservant avec les Indes, berceau du yoga, un contact régulier, ils nouent également avec tous les scientifiques qui s'intéressent à cette discipline des liens fructueux.

Grâce à l'importante documentation complémentaire que nous avons accumulée depuis la première édition, nous pouvons à présent envisager le yoga sous une optique beaucoup plus large.

Nous avons pu développer l'étude de maladies déjà envisagées en apportant des détails nouveaux d'intérêt majeur.

Nous avons pu insérer des articles concernant des affections qui n'avaient pas été prises en considération lors de la précédente édition.

Adapter le yoga à la médecine occidentale

Yoga : avant de donner une définition de ce terme, nous nous contenterons de faire appel à la résonance qu'il appelle en vous : maîtrise de soi, rites secrets, parfum des Indes ?

En fait, le yoga c'est bien plus ample, bien plus profond, beaucoup plus complexe.

Ceux qui en ont déjà une certaine pratique, savent à quel point il possède une étrange influence sur la pensée et le comportement dans la vie et aussi sur l'équilibre physique.

Les médecins parlent assez peu souvent de yoga avec leurs patients. C'est pourtant une activité assez répandue et pour l'exercice de laquelle l'autorité médicale aurait bien souvent à se manifester.

Les malades qui font du yoga hésitent à s'en ouvrir à leur médecin pensant que cette discipline ne l'intéresse probablement pas. De son côté, le médecin pense peu fréquemment à conseiller le yoga. Il rendrait pourtant service en le faisant.

Il est dommage que le médecin reste ainsi à l'écart. Il doit être présent dans tous les domaines. Il donne de nos jours son avis sur le sport ; il sait conseiller ceux qui conviennent et ceux qu'il faut éliminer, selon la condition du sujet et ses antécédents pathologiques. Il guide dans le choix d'une raquette, d'une fixation de ski, etc. Pourquoi ne joue-t-il pas le même rôle à l'égard du yoga ? Certes, le yoga n'est pas un sport ; c'est même l'antithèse du sport, toute idée de compétition en étant formellement bannie. Mais, la construction de postures difficiles et leur maintien un temps suffisant correspond parfois à un petit exploit sportif. En voyant exécuter une posture ou même avec un dessin ou une photographie, le médecin n'éprouve aucune difficulté à déceler ce qui est bénéfique pour l'individu, compte tenu de sa morphologie et de ses antécédents. Il en est de même, évidemment pour les contre-indications.

Ce qui manque au praticien, c'est tout simplement, en général, *des notions de terminologie.*

Il peut paraître un peu prétentieux de donner en quelques pages les éléments pratiques qui pourront permettre un survol suffisant du yoga pour que les médecins puissent désormais intervenir utilement. C'est pourtant ce que nous allons tenter de faire.

L'aspect médical du yoga doit se dépouiller de tout ésotérisme. Nous allons voir, néanmoins, que l'occidentalisation du yoga se heurte à des obstacles liés à l'essence profondément orientale de cette discipline. Ce qui crée la confusion est que le yoga est un véritable monde où sont intimement intriqués le mystique et le divin.

Il est difficile d'établir une ligne de démarcation entre l'élément philosophique et l'élément religieux. L'ensemble constitue une véritable initiation à une métaphysique empreinte de la compréhension du cosmos et d'une aspiration vers la bonté universelle.

On peut cerner le problème de deux façons :

La première est de considérer le yoga comme une entité autonome, exclusivement hindoue et de se comporter comme un historien ou plutôt un ethnologue. Rien n'empêche de tenter de s'identifier à la mythologie du yoga si cela doit permettre de mieux le comprendre, mais là où le bât blesse, c'est au niveau de la religion. Les dieux hindous ne sont pas les nôtres et sauf pour quelques jusqu'au-boutistes, l'assimilation complète devient impossible.

Il ne faut pas oublier que le mot yoga vient du sanscrit yuj terme qui a différentes significations, comme on l'observe souvent avec cette langue imagée. Ici, il veut dire : unir.

Le yoga, c'est l'union de l'adepte, débarrassé de ses liens terrestres avec l'Esprit suprême. Mais, cet Esprit suprême, ce n'est pas le dieu des étendues géographiques où nous vivons, c'est un dieu étranger à l'âme de la grande majorité d'entre nous et il a encore moins de sens pour ceux qui ne croient en rien.

Alors, il y a une deuxième façon, que l'on pourrait appeler "occidentale" de considérer le yoga. Tout en respectant le cadre philosophico-religieux, on peut se contenter de rechercher dans le yoga, ce qui est susceptible d'entretenir et même d'améliorer la santé de l'individu.

Le yoga, nous l'avons dit, est un monde, mais chaque monde peut être décomposé en éléments distincts.

On ne peut nier l'intérêt du Juana yoga, la connaissance spirituelle, du Karma yoga, celui de l'action désintéressée, du Bakti, le yoga de l'amour divin et du Raja yoga, celui de la méditation. Ils n'ont pour nous aucun intérêt pratique. Nous tournerons aussi le dos, délibérément au Bouddha qui nous appelle à répéter son nom sur la montagne même si sa robe jaune, usée par le soleil Surya, délavée par les pluies de la mousson, nous attire en semblant être tissée de raisins dorés.

Nous nous limiterons volontairement au seul aspect concernant la médecine, le Hatha-Yoga, charpente solide constituée par l'ensemble des procédés techniques qui autorisent la santé à s'installer dans l'organisme aussi bien qu'il permet à l'esprit de s'élever vers les sphères supérieures.

Les hindous définissent le Hatha-Yoga comme « le cheminement vers la réalisation spirituelle à travers une discipline physique rigoureuse ».

Pour nous, occidentaux, le Hatha-Yoga sera le meilleur moyen pratique dont nous disposons pour préserver un parfait état physique et psychique.

Cette charpente technique est basée sur deux éléments essentiels :

1. Le Prânayama, ensemble de modulations respiratoires très élaborées dont chacune a des répercussions physiques et mentales différentes et qui peuvent alterner ou se télescoper en d'infinies variations. Vous en trouverez la description au chapitre Respirations ;
2. La construction précise d'attitudes corporelles, maintenues de façon statique ou complétées par des mouvements dynamiques. Ce sont les postures qui portent chacune un nom différent, souvent très évocateur : le vautour, le chameau, le lotus, le chien museau face au ciel ou face au sol, le cobra, etc.

Vous en trouverez la description et des illustrations au chapitre Postures.

Une conjugaison raffinée respiration-postures est le gage indispensable pour l'acquisition progressive d'un yoga de grande classe. Elle est l'équivalent de la connaissance du solfège pour la musique et du dessin pour la peinture.

Néanmoins, ce qui doit nous intéresser le plus, ce sont les répercussions physiologiques étonnantes de ces techniques. Les médecins qui se sont penchés sur ces questions ont été assez intrigués en voyant se concrétiser sous leurs yeux sagaces le pouvoir thérapeutique du yoga.

Les recherches médicales concernant le yoga ne datent pas d'hier. De longue date, on a tenté de préciser certains de ses aspects scientifiques.

Vers 1930, Mme le docteur Brosse, collaboratrice du professeur Charles Laubry qui a laissé une réputation de cardiologue de qualité internationale était allée avec lui aux Indes dans le but d'étudier les relations entre l'asthme et le yoga.

De leurs expérimentations résulte que les pratiquants du yoga souffrant d'asthme manifestaient des échanges gazeux bien supérieurs à ceux qui ne le pratiquaient pas.

L'école de Montpellier, sous la direction du professeur Michel, l'auteur de Asthmologie et de Le souffle coupé, continue de nos jours ces travaux.

Il est presque inutile de rappeler l'intérêt que les cardiologues apportent au yoga, particulièrement dans le domaine de l'hypertension artérielle. Il suffira de citer le passage suivant, extrait d'une brochure éditée au début du printemps 1982. Elle constitue le résumé d'un film. L'on y trouve l'opinion des cinq experts internationaux de l'hypertension artérielle, spécialisés chacun dans un domaine différent de cette affection, en France, en Belgique, en Suisse et aux Etats-Unis :

« La mise en évidence d'une activation anormale du sympathique dans l'hypertension artérielle essentielle débouche sur une thérapeutique spécifique. Ces malades peuvent bénéficier des méthodes de relaxation : training autogène, *yoga,* méditation transcendantale, de médicaments interférant avec le sympathique, etc. »

Certes le yoga apporte une amélioration de la capacité respiratoire, de la souplesse générale, surtout au niveau des articulations et des vertèbres ; son action favorable se manifeste aussi au niveau de tous les viscères. Mais tout cela n'est que fragmentaire et n'explique pas la puissance et la diversité de son extraordinaire activité physiologique.

Par exemple, il est difficile de concevoir pourquoi le yoga peut influencer les glandes à sécrétion interne, des organes aussi profondément situés que le rein et le pancréas et d'expliquer son mystérieux effet bénéfique sur le psychisme.

Est-il possible d'expliciter cette dynamisation vitale reposant sur des millénaires d'expérience ?

N'y a t-il pas un secret du yoga ?

Il me semble que l'on puisse répondre par l'affirmative. Et pourtant ce secret peut se formuler assez simplement : il s'agit de remplacer les congestions passives par des congestions actives.

Qu'est-ce qu'une congestion passive ?

C'est un afflux anormal de sang dans une région localisée.

Prenons par exemple le cas d'une femme en période de règles difficiles ou de syndrome prémenstruel. Le bas-ventre est pesant, douloureux. Non seulement les organes génitaux, mais aussi les organes voisins, vessie, intestins, etc. sont gonflés et facteurs de sensations pénibles.

Quelle en est la raison ? Elle s'explique par le fait qu'il y a dans toute la région un excès de sang. Ce sang circule difficilement. Il délivre mal son oxygène ; aussi les organes et les nerfs s'en ressentent-ils fâcheusement.

Si vous créez au contraire une congestion régionale active, il y aura, là aussi excès de sang, mais ce sang circulera, libérera activement de l'oxygène et il aura des effets bienfaisants sur les tissus et sur les organes du petit bassin.

Veut-on établir une comparaison avec ce que l'on observe avec les éléments naturels. On la fera en mettant en opposition l'eau d'une source dont les eaux cristallines jaillissent de la montagne et s'écoulent avec rapidité en toute liberté et les eaux qui stagnent dans un marais et dont il ne peut sortir rien de bon.

Quelles sont les postures de yoga les plus indiquées pour créer cette congestion active ?

Nous nous contenterons de prendre deux exemples parmi les plus typiques.

La première est la posture de l'angle de bassin lié, ou baddhakonasana. On l'appelle aussi posture du cordonnier pour rappeler qu'elle est la posture favorite des cordonniers aux Indes et que ceux-ci ont la réputation de ne jamais souffrir des troubles des organes du petit bassin : vessie, prostate, terminaison du gros intestin, etc. Elle jouit aussi d'une très flatteuse réputation en gynécologie et pour la préparation à l'accouchement. Nous ne parlerons pas à présent de sa technique qui est décrite plus loin en détail dans cet ouvrage, mais nous insisterons sur le fait qu'il s'agit d'une posture accroupie favorisant activement la circulation sanguine au niveau du petit bassin.

Nous allons à présent nous pencher plus longuement sur le deuxième exemple, celui des postures inverses où la tête est en bas et les jambes plus ou moins en l'air. Les techniques de ces postures sont également décrites au chapitre correspondant et nous vous demandons de vous y reporter. Ce sont essentiellement la demi-chandelle, la chandelle et la posture sur la tête, le célèbre shirsasana.

En faisant jouer les postures inverses, l'on provoque, simplement par l'effet de la gravité, une amélioration de la circulation liée au déplacement du flux sanguin.

Lorsqu'on agit de même et que l'on accentue le processus circulatoire dans un système de glandes closes, comme la thyroïde par exemple, on stimule son pouvoir fonctionnel, on favorise le captage par cette glande d'ions brome et iode.

Il est exact que les postures inverses provoquent, surtout chez les néophytes et chez les sujets qui ne peuvent y parvenir qu'au prix d'efforts disproportionnés, une augmentation de la tension artérielle. Mais celle-ci est pratiquement inexistante chez les sujets à la fois sains et bien entraînés. Les véritables hypertendus, les scléreux ne doivent pas pratiquer ces postures sans avis médical et les professeurs de yoga sont là pour délimiter les contre-indications. Il n'en reste pas moins que les postures inverses sont bénéfiques pour la très grande majorité des sujets et qu'elles constituent l'un des aspects les plus originaux et les plus constructifs du yoga.

Mais le yoga, c'est bien plus encore, cela va bien au-delà des détails prosaïques et techniques que nous venons d'évoquer. C'est une discipline qui nous oblige à une concentration intérieure des plus fructueuses pour notre psychisme. Le yoga entretient notre forme physique et nous empêche, au sein de la vie tumultueuse que la société contemporaine nous fait mener, de nous dépersonnaliser.

Posture de la colombe

Conditions pratiques optimales pour la leçon de yoga

Pour qu'une séance de yoga se déroule favorablement, il n'est pas nécessaire de disposer d'un matériel particulier.

Il faut être à l'aise et ne pas avoir froid. Eliminez toutes les causes de constriction : ceinture, cravate, bracelet-montre, etc. Il suffit d'une carpette ou d'une couverture posée sur le sol dur et bien plat. Evitez surtout de vous entraîner sur un lit ou sur un divan. Adoptez une tenue sobre et légère, par exemple un collant sans pied en mettant des chaussettes.

Le moment

L'heure la plus favorable est le matin au réveil, après les ablutions matinales. Il faut, néanmoins reconnaître qu'un certain degré d'engourdissement ou d'enraidissement afflige un certain nombre de personnes, les arthritiques surtout, dans l'heure suivant le lever.

Il est peut être préférable pour ces sujets de pratiquer leurs exercices avant le dîner. Tout autre moment libre de la journée peut également convenir à condition d'attendre aux moins deux heures si la séance a lieu après un repas. De même, après une séance de yoga, laissez un intervalle d'au moins quinze minutes avant de commencer à manger.

Dernière recommandation : veillez à libérer la vessie et les intestins avant la séance.

Le lieu

Quatre mètres carrés sont nécessaires mais très insuffisants. N'importe quel endroit convient pourvu qu'il soit calme et que vous y soyez à l'aise. Choisissez de préférence un local bien aéré.

L'ouverture des fenêtres est préférable, mais il ne faut jamais, surtout pour les débutants, s'exposer à un refroidissement.

Durée d'une séance

Dix minutes sont un minimum, laissant peu de place pour une activité variée et valable. Il est conseillé de consacrer une bonne vingtaine de minutes, une demi-heure si possible à vos premières séances. Plus tard, ce temps pourra devenir plus important à conditions de respecter les pauses classiques, de mettre en jeu les contre-postures, etc.

D'une façon générale, souvenez-vous que ce qui compte, ce n'est pas le nombre d'asana réalisé ni la difficulté ou l'aspect spectaculaire des postures.

Le seul élément positif est : la qualité dans l'exécution et la détente physique et morale obtenue.

Votre attitude pour aborder une séance : restez calme et dissipez toute appréhension. N'envisagez pas la séance comme une mine de difficultés. Chassez toute idée d'échec. En contre-partie, ne pratiquez pas le yoga comme on monte à l'assaut, il ne s'agit pas de faire des exploits, encore moins de se lancer dans les séances collectives avec un esprit de compétition.

Ne crispez pas votre visage. Ses traits doivent rester détendus. Gardez la bouche close sans serrer les lèvres. Décontractez le mieux possible les mâchoires. C'est là que s'accumule avec le plus de facilité l'aggressivité latente qui vous mine inconsciemment. La langue doit rester souple, la pointe appuyée contre les racines des dents supérieures.

Il est conseillé de fermer les paupières complètement ou à demi selon vos préférences, sauf dans les asana comportant un contrôle de l'équilibre ou de la symétrie de la posture.

Ceci vous permettra de vivre mieux votre yoga.

Dès le début, votre psychisme ne doit pas être celui que l'on adopte pour un exercice quelconque. Votre séance doit prendre l'aspect d'un rite où tout esprit de sacré n'est pas exclu.

Un certain degré de confort est nécessaire au cours des premières leçons, sinon la détente est compromise, alors qu'elle doit être le corollaire naturel du yoga. Plus tard, vous vous endurcirez et vous serez surpris de supporter de mieux en mieux le froid et les intempéries.

Certes, vous n'en serez pas à faire fondre la neige autour de vous, vêtu simplement d'un linge trempé d'eau glacée, comme le font les grands initiés, les "repa", sur les hauts plateaux du Tibet, mais vous serez... sur la bonne voie.

Chapitre I

DICTIONNAIRE MÉDICAL DU YOGA

Applications du yoga
aux maladies courantes
Indications et contre-indications

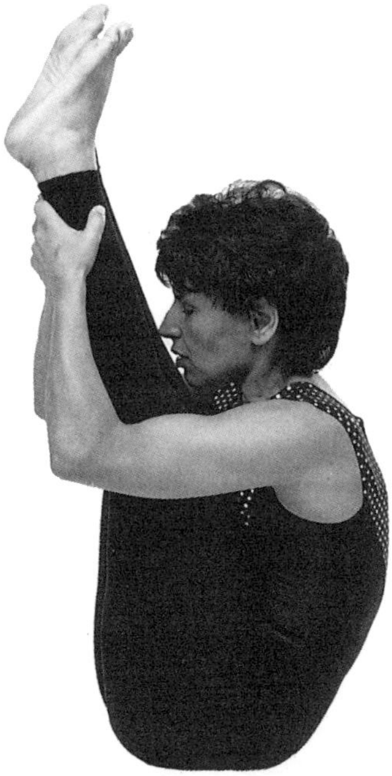

Il faut souvent tenir compte de la contrainte articulaire de l'articulation de la hanche et faire un examen qui peut faire éventuellement différer sa mise en jeu

Acuité visuelle

Mesures protectrices

Dès le jeune âge, il convient de surveiller régulièrement la vision, d'assurer l'hygiène de l'œil, de veiller à un éclairage adéquat et de corriger précocement les troubles de la réfraction. Il faut aussi dépister sans délai le diabète, les sinusites, l'hypertension artérielle, la sclérose des vaisseaux sanguins, les affections neurologiques à retentissement oculaire, etc.

L'abstention du tabac et de l'alcool et surtout de leur usage simultané et immodéré doit être de règle.

Rôle du yoga

D'une façon générale, la plupart des techniques respiratoires du Prânayama ainsi que les asana qui favorisent la circulation sanguine et l'oxygénation cérébrale jouissent d'effets favorables sur la vision.

On reconnaît des répercussions favorables, par exemple, à la respiration type Shitali (voir ce mot). Elle a la réputation de reposer la vue chez les sujets qui ont été exposés au vent, aux poussières, au froid ou surmenés par trop de lecture ou de travail fin (couture, etc.) ou à l'issue de séances de cinéma ou de télévision.

Asana réputés comme favorables pour la vision :

– la posture de la charrue (1) ;

– la posture du cobra (2) ;

– la posture de l'arc (3).

Remarque

Ces postures sont d'exécution délicate et comportent, par ailleurs de nombreuses contre-indications (voir les articles). En ce qui concerne la pathologie oculaire, il faut les éviter en cas de glaucome, surtout les deux dernières.

1

2

3

On peut contribuer à améliorer l'acuité visuelle en œuvre, au cours des postures de yoga ou de façon autonome :

A – DES EXERCICES DE FORTIFICATION DU REGARD INSPIRÉS DE LA MÉTHODE DE BATES.

Un exemple

– Dessinez sur un mur ou un tableau ou représentez-vous mentalement un cercle à environ 3 mètres de vous.

– Considérez ce cercle comme le cadran d'une horloge et dessinez ou représentez-vous des points correspondant aux minutes.

– Suivez successivement chaque point avec le regard en vous concentrant fortement et en suivant le sens normal des aiguilles d'une montre.

– Procédez ensuite en sens inverse.

– Habituez ensuite votre regard à se déplacer sur votre commande sur des minutes précises de sièges variés.

– Evitez pendant tous ces stades de bouger la tête et de ciller trop fréquemment.

– Progressivement, accroissez la vitesse et la précision des déplacements du regard.

– Pendant tout l'exercice vous devez répartir également votre pensée sur lui et sur l'asana effectué simultanément le cas échéant.

B – DES EXERCICES PLUS DIRECTEMENT INSPIRÉS DE MÉTHODES INDIENNES.

On facilite la concentration de la vision sur un point précis en réalisant un balayage mental le plus complet possible, les yeux clos (pratyara) puis en focalisant sa vision sur un objet matériel précis (dharana). L'effet bénéfique est plus net encore si l'on dispose d'un "linguam", sorte de pierre ovoïde, coloré par un vernis de composition et de coloration spéciales. L'adepte ne le contemple pas directement, mais fixe intensément son regard sur le reflet d'une bougie allumée à ses côtés.

Accouchement (Yoga après l')

Dans les suites de couches, il n'est pas nécessaire que la mère soit rentrée à la maison pour faire un yoga utile. Pendant le séjour à la clinique, des mesures progressives permettront d'éviter la détérioration de l'abdomen, du périnée et des régions génitales. La propension aux incontinences urinaires dont l'origine n'est ni organique, ni infectieuse, ni neurologique pourra être traitée elle aussi. Pour éviter des redites, nous renvoyons nos lectrices à l'article Incontinence urinaire féminine et Yoga. D'une façon générale, on associera aux techniques de yoga des exercices simples :

Respirations :

Les techniques respiratoires du prânayama ont déjà été pratiquées avant l'accouchement dans les meilleurs cas et elles doivent être reprises dès que possible. On peut également les enseigner à la clinique à celles qui n'en ont aucune notion. On se contentera de respirations complètes et de techniques simples. On évitera les formes un peu éprouvantes ou sophistiquées comme le kapalabathi, le bhastrika et le visamavritti.

Postures :

Pour lutter contre les troubles circulatoires, fréquents chez les accouchées, on se servira des asana indiqués à l'article : ***Lourdeur des jambes***, mais en évitant la plupart des postures inverses (voir plus loin). Par contre, pour les postures effectuées en station couchée, on fera appliquer à titre de variante de la technique classique des mouvements réguliers et lents des pieds et aussi des mains avec mobilisation circulaire, flexions et extensions. Dans les postures effectuées debout, comme la posture de l'attention (4) ou thada asana, on insistera sur la phase au cours de laquelle, l'adepte se hisse sur le bout des pieds puis se repose sur la plante des pieds alternativement.

4

Le shavasana ou posture du cadavre (5) est le type de l'asana simple, efficace et ne nécessitant aucun effort ni disposition particulière.

Cette posture n'est pas toujours bien supportée par la femme pendant la grossesse. Après l'accouchement, il en est parfois de même mais les causes sont différentes. La station couchée sur le dos aggrave en ce cas des douleurs lombaires dues à une cambrure excessive du bas de la colonne vertébrale (lordose lombaire). La solution consiste à pratiquer l'asana en position couchée sur le côté ou à placer un coussin, non pas dans le creux lombaire qui ne serait ainsi qu'aggravé, mais sous la pointe des fesses sous le sacrum, tout en pliant les genoux. On aura intérêt à placer un autre coussin sous l'occiput (et non dans le creux de la nuque).

La posture de l'élimination (6) s'avère très utile pour lutter contre la constipation de la récente accouchée. On lui adjoindra la posture avec flexion-extension des jambes sur le bassin (7) qui a les mêmes effets favorables sur les intestins et qui accroît aussi l'élimination des urines. Ces postures peuvent être exécutées avec prudence chez la femme césarisée.

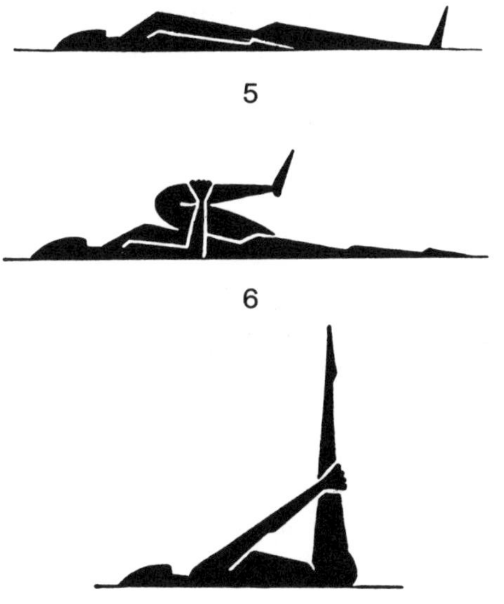

5

6

7

Les postures comportant une torsion sont pour la plupart trop contraignantes pour l'accouchée. La posture en torsion couchée au niveau de l'estomac (8) échappe à ces critiques et n'exige que peu d'effort. On la recommande en cas de constipation après l'accouchement.

8

Les postures inverses, c'est-à-dire celles où la tête est en position inférieure par rapport aux pieds et surtout au bassin seraient théoriquement favorables du fait que les organes du petit bassin sont surélevés et la circulation sanguine améliorée à leur niveau. Elles sont, malheureusement, en général d'exécution difficile, voire impossible pour la récente accouchée. On devra se limiter à la posture de la demi-chandelle (9) effectuée avec précaution.

9

On pourra lui adjoindre des exercices effectués en position à quatre pattes d'alternance de dos creux et de dos rond, au moins lors des derniers jours du séjour en maternité.

En position à quatre pattes, le fait de contracter le ventre en le rentrant fait travailler le muscle transverse dont la musculation s'oppose au relâchement abdominal observé après l'accouchement.

En position assise, il faut veiller à ce que le buste fasse un angle de 90° environ par rapport aux cuisses. Si l'on s'assied sur une chaise, il faut vérifier que le dos est bien en rectitude et, éventuellement, effectuer une correction par un plan dur et bien droit. L'équerre des cuisses et des genoux doit être exigée. Si elle est incorrecte, on placera au besoin un support sous les pieds.

Après l'accouchement, la musculature du ventre a été éprouvée, mais il ne faut pas la remodeler sans précaution. On doit privilégier le travail portant sur les obliques et sur le transverse. On fera, par exemple des contractions abdominales en rentrant le ventre en position à quatre pattes. On complètera par des mouvements obliques du buste sur le bassin en les effectuant en douceur, mais en maintenant l'effort pendant au moins huit secondes selon le principe des contractions isométriques.

Il faut surtout éviter de tenter de remuscler les grands droits à cette période. Ils ne sont pas encore en état de fonctionner favorablement et leur contraction intempestive exerce même une pression indésirable sur le périnée. La grossesse les a allongés parfois de plus de 15 cm. Ils vont retrouver de façon naturelle leur longueur normale, mais lors du séjour à la clinique l'on en est pas encore là. Un travail trop rapide risque de les faire s'écarter en provoquant une "pointe" ou diastasis entre les grands droits à la partie médiane du ventre. Cet écartement peut être observable en permanence ou ne se produire qu'à l'occasion de contractions abdominales. La femme doit être très vigilante à cet égard, en particulier lorsqu'elle se penche sur son bébé, qu'elle l'allaite ou qu'elle le porte.

Elle devra donc éviter aussi bien au cours des mouvements de gymnastique ou de yoga que dans les gestes de la vie courante de relever brusquement la tête, de fléchir le buste avec trop d'intensité dans l'effort et surtout de se redresser trop brutalement.

Dans tous les exercices et mouvements effectués en position couchée, on pensera à replier les genoux, ce qui s'oppose au travail des grands droits.

Les bandha qui contribuent à la musculation abdominale élémentaire sont le mula bandha et l'uddiyana (voir description chapitre III). Ils pourront être utilisés de façon modérée, mais pas avant la période finale du séjour en clinique.

Le travail de la colonne cervicale ne doit pas être oublié. Dans les mouvements de la vie courante et lors des asana effectués en station debout, assise ou couchée sur le dos, des torsions de la tête pourront être faites avec douceur, mais selon une amplitude aussi poussée que possible. On pourra aussi faire des mouvements contre résistance. L'un des points les plus importants est de veiller à l'étirement de la tête. La femme doit imaginer qu'elle porte quelque chose de lourd sur la tête et non seulement qu'elle le repousse, mais, selon l'expression de Claude Alice Derobert, qu'elle "pousse le ciel avec sa tête".

Les postures en position accroupie: angle de bassin lié, etc. (10) sont déjà connues de la femme qui pratique le yoga pour lui avoir été recommandées au cours de la grossesse. Ces asana sont également favorables pour l'accouchement, sous réserve de respecter quelques recommandations :

– la femme doit être en état de les exécuter et il ne doit exister aucun problème périnéal rédhibitoire ;
– l'appui contre un mur est recommandé et permet de conserver les genoux serrés et les pieds parallèles ;
– il est possible d'exécuter des postures comme celle de la chaise (11) comportant, par exemple des levers de bras, à condition de les plaquer contre un mur et de veiller à l'absence de toute cambrure du dos. On obtient même grâce à cette technique un étirement de la région sacrée avec remise en place des articulations sacro-iliaques.

10

11

Moyens pratiques annexes

L'utilisation d'accessoires facilitant l'exécution des postures ne peut qu'être recommandée chez la récente accouchée : interposition de pièces de tissu entre des mains et des pieds qui se rejoignent avec peine, emplois de serviettes pliées, de ceintures, de coussins dont il existe des présentations pratiques comme la "posture curve" ; on fait parfois serrer des petits ballons entre les jambes pour tonifier les adducteurs des membres inférieurs.

La sortie de clinique

En l'absence de séquelles sérieuses laissées par l'accouchement, la femme sera en état de reprendre progressivement la totalité de son programme habituel de yoga.

Elle devra, néanmoins, penser systématiquement à basculer correctement son bassin ; cela n'impose qu'une simple mobilisation : faire tourner vers le haut la région vulvo-vaginale sans intervention des jambes, ni de la partie supérieure du corps et en évitant surtout toute contraction abdominale.

Elle évitera :

- de marcher "en canard" ;
- d'exagérer sa courbure lombaire qui la mettrait en lordose excessive ;
- de porter des poids trop lourds surtout en dissymétrie ;
- de commettre des incorrections statiques : malpositions de la tête ou du dos, en station assise ou station debout, génératrices de contraintes souvent liées à des détails minimes dans la façon de les réaliser.

Aérocolie

Présence d'air en quantité excessive dans le gros intestin. Les causes et les mesures à prendre sont pratiquement les mêmes que pour l'aérophagie (voir ci-dessous).

Aérophagie

Présence dans l'estomac d'une quantité d'air supérieure à la normale. Exclure toutes les boissons gazeuses et les aliments générateurs de fermentation : légumes secs, pain, sauces, choux, etc.

Manger lentement en mastiquant bien, soigner la denture. Après le repas, prendre une infusion digestive (camomille, badiane ou anis étoilé, menthe, etc.).

Rôle du yoga

Les diverses modalités de techniques respiratoires du yoga contribuent à régulariser le système nerveux ; or, les malades souffrant d'aérophagie présentent dans la grande majorité des cas un déséquilibre neurotonique.

En ce qui concerne les asana, il en est de particulièrement recommandés :

- la posture du bâton (12) est active même en période de crise moyenne ;
- la posture de l'élimination (13) ;
- la posture du bateau (14) réduit également la production de gaz abdominaux et favorise leur élimination ;
- la posture de la sauterelle (15) ainsi que celle de la demi-sauterelle, ont un effet favorable sur la digestion en général, préventif et curateur de l'aérophagie.

Alcalose respiratoire

Etat déterminé par la prolongation anormale d'un rythme respiratoire trop rapide. On observe alors des malaises, des contractures des mains, des bras, du visage, pouvant aller jusqu'à la tétanie, un état congestif du visage, des vertiges, etc. phénomènes qui rétrocèdent rapidement

13

14

12

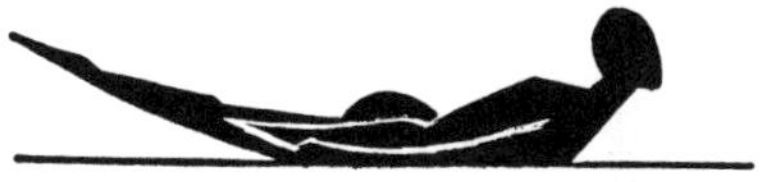

15

avec le retour à une respiration normale. On peut aussi respirer dans le creux des mains en coupole où la tête dans un sac de plastique.

La cause provient de l'élimination excessive de gaz carbonique ou acide carbonique; la disparition des ions acides a pour corollaire l'alcalinisation du sang.

Cet état s'observe, par exemple, dans les fièvres élevées avec respiration superficielle et rapide; il peut aussi être déterminé par un rythme impropre que s'impose le sujet.

Dans le cas du yoga, l'alcalose respiratoire peut s'observer chez le néophyte, non contrôlé par un professeur, en particulier lors de réalisation de modalités respiratoires du prânayama telles que le kapalabathi.

Angine

On appelle ainsi toutes les inflammations de la gorge intéressant isolément ou simultanément les amygdales, le pharynx, les piliers et le voile du palais. Toutes s'accompagnent à des degrés divers de fièvre, courbatures, maux de tête, troubles digestifs, douleur locale et difficultés à avaler, apparition de ganglions lymphatiques du cou.

Rôle du yoga

Le yoga est formellement contre-indiqué dans toutes les variétés d'angine, surtout pendant la phase aiguë. Dès la guérison, il est à nouveau autorisé. Toutefois, il faut se souvenir chez les sujets fragiles de la gorge qu'il faut éviter les techniques respiratoires qui font pénétrer l'air dans la gorge directement et avec force lors de l'inspiration, telle :

- la respiration par la langue hors de la bouche ou shitali ;

Asana réputés favorables pour les angines, à titre préventif et en dehors des poussées aiguës :

- la posture de la charrue (fig 16). Elle a à son crédit de prévenir les angines à répétition.

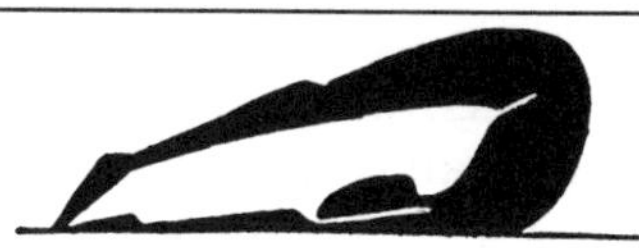

16

– la posture sur la tête (fig 17) ou shirsasana qui accroît la résistance aux infections des voies aériennes supérieures.

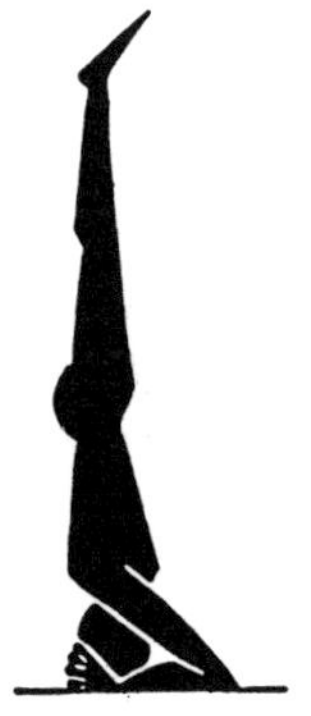

17

Angoisse, anxiété

Ce sont des symptômes d'hypernervosité ou de dépression nerveuse (voir les articles).

Arthrite

Inflammation d'une articulation. Il est indispensable de bien opposer l'arthrite qui est de nature inflammatoire à l'arthrose dont le caractère essentiel réside dans les lésions dégénératives.

L'arthrite peut être aiguë ou chronique, subaiguë avec enflure articulaire, douleurs spontanées et aux mouvements souvent accompagnés de fièvre et d'altération de l'état général. L'inflammation corollaire des tissus entourant l'articulation s'appelle périarthrite. L'épanchement à l'intérieur de l'articulation est dit épanchement de synovie.

Rôle du yoga

Toutes les variétés d'arthrites constituent une contre-indication formelle à la pratique du yoga sous forme d'asana. Les techniques respiratoires dans le cadre prânayama, peuvent néanmoins, être poursuivies si l'état général n'est pas trop éprouvé. La fièvre et les douleurs devront avoir totalement disparu avant de reprendre les postures. Le souci majeur sera d'enrayer les menaces d'ankylose et d'entretenir la musculature immobilisée en faisant appel à des contractions statiques.

Arthrose

Variété très fréquente de rhumatisme chronique, touchant surtout les sujets âgés du sexe féminin et où dominent les lésions d'usure et de dégénérescence du cartilage articulaire.

Il faut la distinguer de l'arthrite qui est de nature inflammatoire.

Localisations

Les différents segments de la colonne vertébrale sont souvent intéressés par l'arthrose ; ils constituent la cervicarthrose au niveau du cou ou rachis cervical, la dorsarthrose au niveau du dos, la lombarthrose ou lumbarthrose au niveau de la région lombaire.

Outre la colonne vertébrale, les articulations les plus fréquemment touchées par l'arthrose sont la hanche (coxarthrose), le genou (gonarthrose), les chevilles. Les articulations des poignets, des pieds et des mains sont relativement moins touchées, hormis la localisation au pouce, assez banale (rhizarthrose).

Symptômes

D'une façon générale, dans l'arthrose, l'articulation n'est pas aussi chaude et enflammée que dans l'arthrite. Les douleurs apparaissent lors des mouvements et se calment avec le repos, la nuit en particulier.

Les douleurs locales des articulations qui subissent en position debout l'influence du poids du corps sont habituellement modérées mais lancinantes; elles se calment plus ou moins lorsque l'articulation est réchauffée, "dérouillée", disent les malades, mais reprennent facilement lors d'efforts ou de fatigue. Une certaine raideur ainsi que des craquements à la mobilisation peuvent accompagner les douleurs surtout au niveau du dos et des genoux.

Mesures à prendre

Eviter le froid, l'humidité ; redouter toute pression excessive au niveau des articulations, surtout de celles qui sont le plus prédisposées aux lésions d'arthrose; éliminer le surmenage articulaire, les stations debout prolongées, le piétinement, causes de détériorations anatomiques.

Des bandes de crêpes ou élastiques sont souvent nécessaires pour soutenir, réchauffer et protéger des articulations telles que le genou, la cheville.

Des genouillères, chevillères, coussins spéciaux pour soutenir le dos, type "posture curve", peuvent également être recommandables. Certains tissus spéciaux faisant appel aux vertus de la tribo-électricité maintiennent localement une chaleur favorable.

Rôle du yoga

Hormis la posture du cadavre (fig 18) (voir

18

ce mot) ou shavasana qui n'impose aucune contrainte physique, on doit éviter la pratique du yoga pendant les périodes de poussées évolutives ainsi que dans toutes les formes douloureuses ou mal stabilisées. Rien n'empêche néanmoins ces sujets de bénéficier des techniques respiratoires du prânayama.

Dans les autres cas peu intenses, le yoga offre une telle variété d'asana qu'il est bien rare que les plus simples et les moins contraignants ne puissent être envisagés, mais après avis médical et sous contrôle d'un professeur.

A l'égard des indications et des contre-indications, on tiendra compte aussi du fait que l'arthrose est ou non généralisée ; dans le premier cas, la plus grande prudence s'impose.

Dans les localisations arthrosiques très précises, on évite les asana touchant les articulations intéressées ou, du moins, on ménage ces dernières. Rien n'empêche, par contre, de mettre en action les articulations saines lorsque cela n'influence pas les régions malades.

La fragilité de la colonne cervicale et celles de la région lombaire et de l'articulation de la cinquième vertèbre lombaire avec le sacrum, posent parfois des problèmes délicats. Pour détails, voir Cervicarthrose et Lumbarthrose.

L'articulation du genou est particulièrement fragile et les ménisques qui siègent à l'intérieur de l'articulation peuvent être détériorés surtout chez les sportifs (footballeurs, etc.). Or, les postures du yoga font souvent intervenir le genou. Si la plus grande douceur et une progressivité scientifiquement contrôlée ne sont pas respectées, l'apparition de détériorations parfois définitives peut en être la sanction. La posture du lotus est particulièrement éprouvante pour le genou.

Asthme

Maladie des voies respiratoires, procédant dans les cas typiques par des crises caractérisées par une contracture spasmodique des muscles lisses des bronches (bronchospasme) ; si celle-ci reste isolée, on a affaire à l'asthme sec, mais, si elle est accompagnée d'une forte sécrétion de mucus bronchique, l'asthme est dit "humide".

La crise d'asthme dont l'intensité et la durée sont très variables selon les malades, se produit souvent la nuit, avec accès d'essouflement, respiration ralentie et grande oppression. A la fin de la crise, la toux sèche, quinteuse, ramène une expectoration grisâtre, sous forme de "crachats perlés". Les crises graves qui se révèlent sans arrêt sont dites "crises subintrantes". L'"état de mal asthmatique" est l'expression la plus intense des fortes crises aiguës. Dans le cas où les crises sont presque permanentes, l'asthme est dit invétéré.

Chez l'enfant l'asthme prend souvent une allure fébrile et peu faire croire à une broncho-pneumomie.

Mesure à prendre

Le plus important est d'éviter les poussières, le froid humide, les fumées, les lieux encombrés, le tabac. Eviter aussi les aliments individuellement mal tolérés ou sensibilisants.

La rééducation respiratoire doit s'intégrer à la vie courante de l'asthmatique dès le jeune âge. Le problème est d'apprendre à réaliser dans diverses positions active une expiration active et prolongée, en utilisant surtout les muscles abdominaux.

Rôle du yoga

Le travail le plus conséquent effectué à cet égard a été fait au Centre de Jaïpur aux Indes, centre d'études subventionné et officiel. Le Dr Olivier Boulard y a étudié pendant deux ans les protocoles. Il a constaté que les patients qui avaient régulièrement pratiqué le yoga pendant un temps suffisant, en avaient tiré un grand bénéfice et avaient vu leurs crises diminuer d'intensité et de fréquence. Le maintien de cette amélioration se poursuivait par la suite à condition que les sujets continuent leur pratique de yoga. D'autres études ont été faites en France, notamment par les Drs Olivier et Lionel Coudron, le Dr Laurence Maman, etc.

Il y a dans l'asthme un autre facteur qui est le facteur environnement : pollution, climat, tabagisme actif et passif sur lequel le yoga n'a aucune action directe, encore que l'on constate que les personnes qui pratiquent le yoga sont amenées à moins fumer.

L'autre grand paramètre de l'asthme est représenté par les réactions psycho-affectives. Il est certain que des crises d'asthme se déclenchent en période de conflit, de stress, de soucis ou de surmenage. Dans ce domaine, il est très bénéfique de pratiquer le yoga, du fait qu'il rend moins sensible aux répercussions du stress. Il permet aussi de mieux gérer la vie affective en étant moins vulnérable aux agressions multiples de la vie. Les asthmes à composante entièrement ou fortement psychosomatique sont améliorés par la pratique du yoga.

Sur le terrain héréditaire atopique de certains types d'asthme, il est inutile de vouloir faire interférer le yoga.

Les asthmes sur terrains infectieux peuvent bénéficier inconstamment et partiellement du yoga pour autant qu'il accroît les pouvoirs de défense immunitaires.

Aspect préventif du Yoga

Les mesures n'ont là rien de spécifique. On pratique un Hatha-Yoga classique avec de la relaxation en shavasana, des postures équilibrées, avec alternance de flexion et d'extension, des rotations, des asana pratiqués sans forcer, un travail respiratoire comportant notamment une rééducation diaphragmatique, l'affinement de la perception du schéma corporel. Dans ces conditions, au bout de deux à trois ans de pratique, on diminue très sensiblement les infections du domaine ORL et l'on stabilise le climat affectif, éliminant ainsi nombre d'affections dues au stress.

Aspect curatif

Il faudra ici sélectionner des modalités de yoga qui vont dans le sens de l'équilibre en modifiant le terrain de l'asthmatique.

L'asthmatique en crise intense

L'asthmatique traduit son angoisse par des crispations. On voit les stigmates de la crise sur son faciès et ses mains forment une sorte de griffe. Or, la crispation des mains détermine celle des chaînes musculaires accrochées sur le gril costal et cela va déclencher un blocage de la respiration. Grâce à la décontraction et à l'étirement des mains, on détend tous les fascias qui enserrent les chaînes musculaires depuis l'extrémité des doigts jusqu'aux épaules et au gril costal, et l'on va permettre une respiration plus facile à ses deux temps.

On retrouve cette technique faisant appel aux mains dans les mudra (voir ce mot). Pour l'asthmatique en période de crise le meilleur mudra sera le china mudra qui favorise l'expiration bloquée. Le jnana mudra (voir l'article spécial) sera plus indiqué entre les crises.

L'asthmatique est quelqu'un qui lutte et qui va sortir de sa lutte contre la crise extrêmement fatigué. On ne peut pas lui demander d'efforts supplémentaires pendant la crise et ce qu'il doit surtout tenter de faire est de relaxer ses mains et son visage par des moyens simples. La mise en confiance et la patience pendant la traversée de la crise complètent heureusement l'action des médicaments.

L'asthmatique en crise modérée

Le bronchospasme de la crise correspond à un poumon resserré, semblant trop petit alors que la cage thoracique est dilatée en blocage inspiratoire avec difficulté à expirer. On va donc rechercher dans une pratique de yoga tout ce qui va dymamiser l'intérieur du poumon et tout ce qui va favoriser l'expiration, tout ce qui va "fermer" le gril costal.

On va donc introduire davantage de postures dites en longhana, postures de fermeture, de flexion antérieure, qui vont petit à petit amener le thorax à une meilleure compliance et faciliter l'expulsion de l'air inhalé. En fin d'expiration, on insistera, mais sans forcer, afin de ne pas provoquer un collapsus des bronchioles des bases pulmonaires, lentement avec l'abdomen et le diaphragme. Il s'agit donc d'une technique respiratoire très précise : expiration poussée mais sans brutalité, et mise en jeu de la musculature abdominale.

Ce type de respiration peut se faire en même temps, par exemple que la posture de la charrue ou halasana, classiquement privilégiée pour le traitement de l'asthme. C'est en effet une grande posture de fermeture notamment sous-claviculaire, en longhana. Autre posture favorable, celle de la pince assise ; on veillera, toutefois à ne pas conserver le dos en rectitude comme dans le grand mudra (19). L'on arrondira, au contraire le rachis. S'il existe une fragilité lombaire, on autorisera une légère flexion des genoux. Ce qui importe c'est l'arrondissement du dos qui accentue la fermeture antérieure du thorax. Les mêmes considérations concernant la courbure du dos s'appliquent à toutes les autres postures assises où le buste est porté en avant :

— la posture en flexion du bassin assis (20),
— la posture du diamant (21) à la phase de "feuille pliée", etc.,
— l'arrondi dorsal du recroquevillement corporel de la posture du fœtus (22) est également favorable. La fermeture que cet asana entraîne peut être employée pour s'opposer à la difficulté d'expirer ou dyspnée expiratoire de l'asthmatique.

Cela ne veut dire en aucune manière qu'il faut rejeter systématiquement les postures en ouverture chez l'asthmatique. Il est impératif, par contre, de ne les pratiquer qu'en dehors des crises dans les périodes de répit. On recherche à ce moment une dilatation, à la fois pulmonaire et thoracique. Ces postures ouvertes seraient, par

19

20

21

22

contre, catastrophiques en périodes de crise en accentuant le blocage inspiratoire, l'horizontalisation du gril costal et la gêne expiratoire.

Des postures complémentaires comme le cobra (23) et l'arc peuvent, elles aussi être pratiquées entre les crises. La posture de l'arc (24) sera pratiquée uniquement sous sa forme dynamique, en évitant la forme statique.

On se dispensera de la posture de la sauterelle (25), assez mal supportée pour des raisons assez obscures de nombreux asthmatiques.

Un second aspect important est celui de la *rééducation respiratoire*. L'asthmatique ne sait pas respirer et il doit prendre conscience de sa respiration diaphragmatique. Après une bonne relaxation en shavasana qui dissipe son angoisse et le détend, il doit apprendre à respirer correctement par le diaphragme tout en détendant l'ensemble des autres muscles.

23

24

25

Aspect palliatif

Certains asthmatiques sous traitement cortisonique ou autre peuvent avoir des accès d'essoufflement avec vide d'énergie entre les crises et ne peuvent supporter aucun effort.

Le yoga n'a ici aucune prétention thérapeutique. Il garde sa place, toutefois, dans le domaine de la relaxation et par la rééducation respiratoire portant surtout sur l'usage correct du diaphragme et sur les techniques favorisant l'expiration.

Il permet aussi de contribuer au rétablissement de l'énergie, l'une des plus efficaces étant la posture du bateau (26) ou navasana (voir l'article).

26

On l'exécutera progressivement, car au tout début, elle accentuera la fatigue. On lui adjoindra des mouvements de circumduction des chevilles et des poignets, des respirations complètes, etc. La posture faite à quatre pattes d'alternance de dos rond et de dos creux sera également utile.

Effet vagotonique du yoga

A la longue, il est bien connu que la pratique du yoga dévie les tendances de base du sujet vers la vagotonie, c'est-à-dire la stimulation du système parasympathique. A priori, ceci devrait être défavorable chez l'asthmatique à qui l'on donne, au contraire, des médicaments pour stimuler le système sympathique : les sympathicotoniques. En fait, cette objection peut être réfutée. Le yoga, en dépit de son effet sélectif vers la vagotonie, s'avère simultanément un régulateur du système nerveux aussi bien sympathique que parasympathique ***lorsqu'il se produit un dérèglement pathologique durable.*** Le problème n'est donc pas du tout le même pour la jeune fille émotive qui va faire une lipothymie à la fin de la séance de yoga par crise de vagotonie due aux répercussions immédiates de cette séance et l'asthmatique, malade au long cours, qui verra, au contraire, une régulation heureuse de l'ensemble de son système nerveux, grâce à la pratique du yoga.

Les travaux modernes ont d'ailleurs montré que même en présence d'une parasympathicotonie accrue, le turn-over des catécholamines produites par le sympathique augmente !

Certains asana peuvent être employés dans l'asthme pour leur effet sympathicotonique, par exemple diverses torsions, surtout celles qui sont effectuées en position debout ou assise le buste vertical :
– postures de Marici (27),
– torsion en triangle debout (28), etc.

L'effet de stimulation du sympathique, net en position debout, persiste mais devient plus faible avec les torsions en position couchée : torsion couchée au niveau de l'estomac, par exemple.

27

28

Attention

Parmi les capacités intellectuelles, la faculté d'attention a une place particulière, elle conditionne la mémoire et constitue un outil indispensable pour l'intelligence.

Certaines postures ont la réputation d'être spécialement favorables à son développement.

Asana réputés bénéfiques :

– la posture du cobra (29) ;
– la posture sur la tête (30), à condition que son exécution soit parfaite ;
– la posture en extension dorsale assise ou pince assise (31) ;
– la posture de Vasistha (fig 32), stabilise le psychisme et accroît ses facultés.

Effets des techniques respiratoires du prânayama

La respiration type kapalabathi en prenant les précautions particulières habituelles avec cette technique, agit en améliorant l'irrigation cérébrale.

Le shitakari et, à un degré moindre le shitali ont des effets bénéfiques notables.

Techniques annexes

Le jnana mudra est recommandé.

Audition (trouble de l')

Ces troubles sont d'intensité variables, allant de la simple diminution (hypoacousie) à la perte totale de l'audition ou surdité.

Ils peuvent concerner une seule ou les deux oreilles ; les origines de ces troubles sont multiples et peuvent siéger au niveau de l'oreille externe, de l'oreille moyenne ou de l'oreille interne.

Le rôle du yoga au sein d'un problème si complexe ne peut être que très modeste. Il peut pourtant s'insérer dans le cadre des exercices psycho-sensoriels.

Postures favorables

– la posture de la charrue (33) est censée améliorer l'audition, mais uniquement lorsqu'il s'agit de troubles fonctionnels.

29

30

31

32

33

Des bourdonnements d'oreille peuvent s'observer avec la pratique de certains asana : voir Bourdonnements d'oreille.

Ballonnement abdominal

Voir Aérophagie.

Bégaiement

Perturbation d'origine névrotique de l'élocution.

Mesures à prendre

Le bégaiement, ainsi que les autres troubles de la phonation, doit être confié au phoniatre et relève aussi de la thérapie comportementale.

Rôle du yoga

Il peut apporter une meilleure maîtrise respiratoire et une décontraction de la parole en luttant contre l'hypernervosité (voir ce mot).

Bossu (Dos) Voir Cyphose.

Bourdonnements d'oreille

Certains asana de réalisation difficile et assez éprouvante peuvent entraîner des bourdonnements d'oreille chez les néophytes ou en cas d'exécution incorrecte.

Ceci peut s'observer entre autre, avec :
– la posture de la charrue (34),
– la posture de l'arc (35),
– la posture de la chandelle (36),
– la posture sur la tête (37) est la plus redoutée à cet égard.

Dans la plus part des cas, il s'agit de perturbation momentanée de l'irrigation cérébrale chez les néophytes ou des sujets prédisposés.

Dans d'autres cas, il s'agit de sujets hypertendus ou, au contraire, hypotendus ou de troubles anatomiques avec mauvaise irrigation du cerveau ou encore de cervicarthrose (voir ce mot).

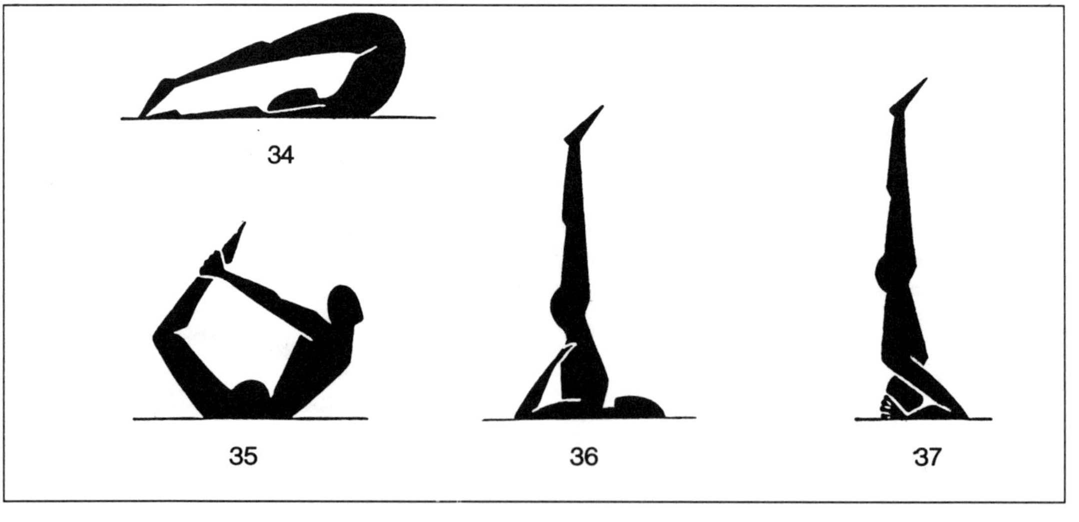

Les respirations rapides comme le bhastrika ou à rythme irrégulier comme le visamavritti peuvent entraîner des bourdonnements d'oreille.

En cas d'apparition de bourdonnements d'oreille au cours d'une séance de yoga, le retour à la position de repos doit normalement dissiper les troubles, sinon des examens sont indispensables.

Selon le cas, après avis médical, on pourra reprendre ultérieurement l'exécution de l'exercice incriminé à l'origine des troubles sous contrôle d'un professeur.

Le jalandhara bandha s'oppose aux bourdonnements d'oreille et aux céphalées d'origine congestive.

Calme

Les diverses modalités des techniques respiratoires du prânayama ainsi qu'un certains nombre d'asana, favorisent le retour au calme, le plus souvent en dissipant l'hypernervosité (voir ce mot) ; voir aussi l'article Psychisme.

Capacité respiratoire

Les diverses modalités de techniques respiratoires de yoga entrant dans le cadre du prânayama, ont un effet bénéfique sur la capacité respiratoire.

Citons spécialement la respiration complète (voir ce mot) qui développe harmonieusement les divers diamètres de la cage thoracique ; le bhastrika sollicite le diaphragme et les muscles abdominaux.

Asana réputés favorables

- la posture du mudra de l'estomac (38) ;
- la posture de la charrue (39) ;
- la posture de la chaise (40) amplifie nettement la respiration ;
- la posture du bâton (41) favorise l'ouverture respiratoire ;

38

39

40

41

- la posture de la montagne (42) même effet que la précédente ;
- la posture en flexion du bassin assis (43) ;
- la posture du triangle debout (44) ;
- la posture de la tête de vache (45) ;
- la posture avec flexion-extension des jambes sur le bassin (46) ;
- la posture du diamant (47) ;
- la posture du chien museau face au ciel (48).

Trés bénéfiques chez les sujets sains, les postures en station couchée sur le ventre :

- la posture de l'arc (49) ;
- la posture du cobra (50) ;
- la posture de la sauterelle, (51) ***sont à éviter*** chez les emphysémateux et les asthmatiques et dans les affections respiratoires où existe une entrave à l'expiration.

Cellulite

Maladie caractérisée par l'infiltration de la substance interstitielle du tissu conjonctif, tissu disséminé dans tout l'organisme et dont les cellules, dites cellules conjonctives sont séparées par une substance interstitielle contenant du collagène.

C'est ce tissu qui compose la substance des tendons, des aponévroses des ligaments et aussi le tissu cellulaire sous-cutané dans lequel les graisses se mettent "en garage". Il contient des vaisseaux sanguins et lymphatiques ainsi que des nerfs.

La maladie se traduit par la formation d'empâtements en placards, d'indurations et de nodosités localisées, les changements de consistance étant progressivement perceptibles à la palpation puis, à la vue.

Régime

Hormis le cas où une cellulite vient se surajouter à une obésité, le régime de la cellulite n'est pas celui de l'obésité. Il ne fait pas appel à la réduction des calories et ses interdits ne sont pas les mêmes.

On vise avant tout à éviter l'encrassement et l'intoxication de l'organisme, à éliminer les excitants factices qui vont déséquilibrer le système nerveux et tout ce qui peut détériorer les fonctions hépatiques et rénales.

On se méfiera des heures irrégulières des repas, d'une mastication insuffisante, d'anomalies flagrantes tant dans la composition que dans la variété des repas, des carences en vitamines et en oligo-éléments.

En cas d'allergie à certains aliments : poissons, crustacés, etc., ceux-ci seront formellement interdits et l'on étudiera soigneusement les réactions de l'organisme au lait, aux laitages et aux œufs. D'une façon générale, on évitera l'usage des boissons alcoolisées, du tabac, des graisses cuites et des condiments qui peuvent se montrer irritants pour le tube digestif. Enfin, l'on réduira autant que possible l'usage du sel.

Le rôle du yoga

On y fait appel pour :

- remédier aux troubles circulatoires généraux ;
- régulariser les fonctions ovariennes dont les perturbations sont génératrices de point d'appel pour la cellulite ;
- dissiper l'hypernervosité aux conséquences pathologiques bien établies dans la genèse de la cellulite ;
- s'opposer à la trop fréquente insuffisance respiratoire chronique.

42

43

44

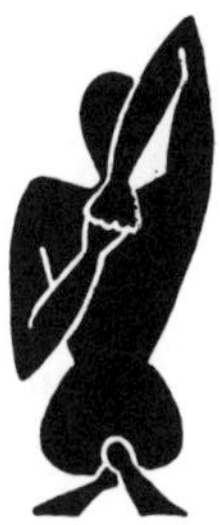

45

46

47

48

49

50

51

Pour ces quatre lignes de conduite, le yoga peut apporter une aide fructueuse dans la lutte contre cette affection complexe et rebelle qui désole tant de femmes mêmes jeunes.

Pour détails on se reportera aux articles : Circulation, Hypernervosité, Règles et aux techniques respiratoires dans le cadre du prânayama.

On apporte une attention spéciale à la respiration complète.

Céphalée

Dénomination médicale des maux de tête ; ceux-ci constituent un symptôme très banal dans un grand nombre d'états pathologiques de gravité variable.

Mesures à prendre

Le repos, l'absence de mouvements, l'isolement du bruit, une obscurité plus ou moins complète, sont en général d'effet apaisant. Les excitants congestifs, tel l'alcool, sont interdits ; par contre, le thé, le café peuvent avoir, selon le tempérament, des répercussions favorables ou défavorables.

L'eau froide en compresses sur le front ou l'eau sédative, les bains de pieds sinapisés peuvent agir en dégageant la circulation sanguine et en décongestionnant le cerveau.

La position la nuit est très importante à étudier en raison de la recrudescence nocturne habituelle des douleurs.

On conseille, généralement, de se coucher sur le dos, la tête à plat sur un matelas dur, très légèrement surélevé aux pieds. L'essentiel est que le malade se sente à l'aise et détendu.

Les considérations individuelles feront préférer, selon le cas, l'installation d'un gros traversin et d'un oreiller ou encore de petits coussins en caoutchouc mousse dont la forme peut être adaptée à celle de la nuque. Certains oreillers anatomiques spécialisés sont également intéressants : oreiller papillon, cervicor, etc.

La protection du cou contre le froid est primordiale et le rôle protecteur de la tribo-électricité ne doit pas être méconnu.

Rôle du yoga

En période de crise, il n'est pas question d'envisager sa pratique, mais il reprend tous ses avantages par la suite en tant que modificateur du terrain du moins pour les céphalées qui n'ont pas d'origine organique et qui ne sont pas liées à une cause particulière comme une affection oculaire de la vue, une sinusite, une hypertension artérielle, etc.

On voudra bien se reporter aux articles : Circulation, Hypernervosité, Capacité respiratoire, domaines dans lesquels l'influence du yoga peut être très bénéfique à condition de savoir opérer une certaine sélection.

- La posture en flexion debout (52) ou étirement intensif agit dans les cas purement fonctionnels dus à la neurotonie ou à des perturbations digestives et dans certaines dépressions réactionnelles ;
- la posture de la tête de vache (53) est utile lorsque la céphalée a pour support une tension pathologique du rachis cervical (voir Cervicarthrose) ;
- dans toutes les postures où les bras sont élevés au-dessus de la tête, on joindra

52

53

déjà les mains, “en prière”, paume contre paume ; dans un deuxième temps, on entrecroisera les doigts et l’on retournera les mains, paumes en l’air. On réalise ainsi un auto-agrandissement par étirement de la colonne cervicale, d’effet très bénéfique.

Rôle du prânayama et annexes

– Le jalandhara bandha (voir page 238) s’oppose aux bourdonnements d’oreille et aux céphalées d’origine congestive ;
– la respiration type shitali décongestionne la tête avec des répercussions favorables dans les maux de tête bénins d’origine purement fonctionnelle.

Cervicarthrose

Localisation de l’arthrose (voir ce mot) au niveau des vertèbres cervicales.

Mesures à prendre

Elles sont identiques à celles de l’arthrose (voir l’article). Toutefois la localisation à la région cervicale entraîne certaines particularités

Hygiène générale

Eviter les mouvements et les positions qui éprouvent le segment cervical de la colonne cervicale et qui surmènent les muscles du cou. Tenir compte que les travaux de couture, de repassage, le tricot, immobilisent le cou penché en avant dans une position de raideur défavorable.

Lorsque le sujet va au marché ou porte des valises, il importe de répartir les poids également des deux côtés, sous peine de créer une dissymétrie fâcheuse.

Les longs trajets en automobile sont contre-indiqués, mais l’installation d’un appui-tête peut permettre d’éviter en partie le surmenage de la nuque.

Asana à éviter :

– la posture de la demi-chandelle (54) ;
– la posture de la chandelle (55) ;
– la posture sur la tête (56) ;

54

55

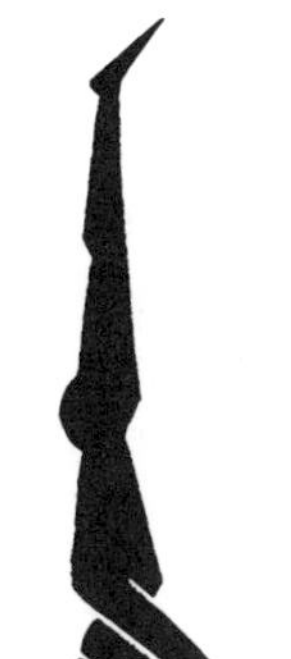

56

– la posture de la charrue (57) ;
– la posture des oreilles pressées (58).

57

58

Les postures défavorables sont celles qui font retentir de façon plus ou moins importante le poids du corps sur le cou ou dans lesquelles une pression est exercée dans cette région, incompatibles avec ses possibilités et avec les lésions dont elle est victime. On évitera les postures où la tête peut tomber en arrière par suite d'erreur technique :

– la posture avec grand étirement de l'avant du corps (59) ;
– la posture de la table à quatre pieds (60).

La prudence s'impose dans l'exécution de :

– la posture du fœtus (61).

Asana favorables

Les postures assises ou debout déterminant un auto-étirement du cou ont un effet favorable. L'occiput y est tiré vers le haut lorsque les bras sont tendus, mains jointes au-dessus de la tête puis retournées, paumes vers le ciel, doigts entrecroisés :

– la posture de la montagne (62) ;
– la posture de l'attention (63) ;
– la posture de l'arbre (64).

Tous les asana qui fléchissent le rachis cervical ou qui entraînent une torsion du cou sont bénéfiques à titre préventif de la cervicarthrose mais exclusivement chez les sujets ne présentant aucune anomalie ni douleur dans cette région et avec une grande douceur dans l'exécution.

Lorsqu'une tension pathologique du rachis entraîne des maux de tête à caractère congestif dans une cervicarthrose légère, la posture de la tête de vache (65) peut apporter un soulagement.

La posture du demi-pont lié (66) assouplit et tonifie le dos et se montre particulièrement favorable dans les douleurs et contractures au niveau du cou.

Techniques annexes

Le jalandhara bandha (chapitre III) est une excellente modalité du yoga dans la cervicarthrose du fait qu'il exerce un pouvoir tampon à l'égard des répercussions de divers asana sur la colonne cervicale. Néanmoins, on tiendra compte qu'il détermine une forte flexion antérieure et celle-ci doit être obligatoirement bien supportée. Dans le cas contraire, on se gardera de le pratiquer. L'association d'exercices oculaires du type méthode de Bates ou de drishtis aux mouvements demandés au cou semble avoir un effet majorateur de leurs répercussions bénéfiques. Leur intérêt s'accentue lorsque la mobilité du cou est très réduite. On se reportera pour détails d'applications à l'article Acuité Visuelle.

59

60

61

62

63

64

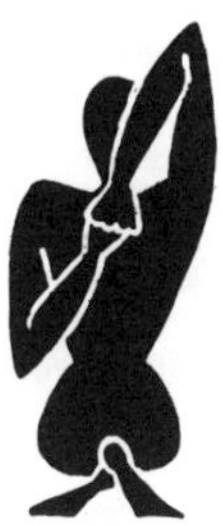

65

66

Circulation (Troubles de la)

Asana réputés favorables :

– la posture de l'arbre (67) ;

– la posture en flexion debout (68) ou étirement intense calme les douleurs menstruelles de cause banale ;

– la posture du diamant (69) améliore la circulation générale ;

– la posture avec flexion du bassin en étirement latéral (70) décongestionne électivement les ovaires ;

– la posture du cobra (71) est stimulante de la circulation générale, mais doit être ***évitée en période de règles***, de même que les autres postures couchées sur le ventre :

 – la posture de l'arc (72) et

 – la posture de la sauterelle (73).

67

68

69

70

71

72

73

Précautions

Avec la posture du bâton (74) on peut observer, surtout chez les sujets prédisposés : des troubles circulatoires de type pesanteur, fourmillement au niveau des membres supérieurs, etc. Il est préférable, dans ces conditions, d'éviter cet asana ou d'en abréger la durée.

Remarque

Les asana susceptibles d'améliorer la circulation ont :

– des effets généraux sur les divers troubles des règles (voir l'article) ;
– ils s'opposent aux lourdeurs de jambes, aux fourmillements des mains et des pieds ;
– leurs effets locaux sont favorables pour prévenir et éliminer la cellulite, l'obésité, etc.

Cœur

Asana favorables

Les postures suivantes jouissent de propriétés tonicardiaques mineures :

– la posture de la chaise (75) dans sa variante où le sujet est accroupi, le dos contre un appui ;
– la posture du demi-pont lié (76) ;
– la posture de la pince assise (77) ;
– la posture du chien museau face au ciel (voir figure 48, page 41).

Certaines postures ont un effet sédatif de l'éréthisme cardiaque avec palpitations et tachycardie, telle :

– la posture en triangle debout (79).

74

75

76

77

79

Asana à éviter en cas d'insuffisance cardiaque même légère :

– la posture de la demi-chandelle (80) ;
– la posture de la chandelle (81) ;
– la posture sur la tête (82) ;
– la posture de la charrue (83) ;
– la posture des oreilles pressées (84).

80

81

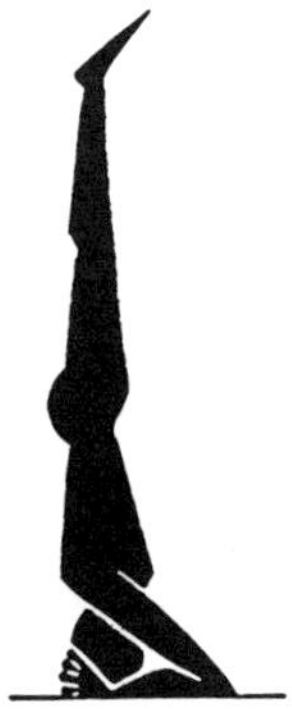

82

83

84

Respirations et techniques annexes :

– la respiration du type kapalabathi effectue un léger massage cardiaque ;
– il en est de même pour l'uddiyana (voir page 250) ;
– les modalités respiratoires comme l'anuloma ou le viloma sont contre-indiquées.

Colopathies fonctionnelles

On nomme ainsi un ensemble de manifestations intestinales, systématisées et chroniques, bien particulières, très différentes des pathologies abdominales courantes et dénuées de tout caractère infectieux ou organique.

La fréquence des colopathies fonctionnelles et le rôle privilégié du yoga ont été soulignés par les Drs Olivier et Lionel Coudron lors d'un des Entretiens médicaux du yoga à la Faculté de Médecine Lariboisière en 1987.

Les colopathies fonctionnelles représentent plus de la moitié des consultations pour affections des voies digestives.

Symptômes

Dans 9 cas sur 10, le malade se plaint de douleurs abdominales chroniques et de ballonnements. Les 3/4 d'entre eux présentent des troubles du transit intestinal avec constipation ou diarrhée ou alternance des deux.

D'autres manifestations sont facultativement associées : nausées, perte d'appétit, palpitations, etc.

Facteurs prédisposants

Les femmes sont touchées deux fois plus que les hommes ; la cinquantaine est un âge de prédilection. L'affection touche surtout des sujets inactifs par suite de situation de contrainte : retraités, chômeurs, sans profession. En revanche, elle concerne aussi des patients ayant à assumer de fortes responsabilités professionnelles ou familiales ou autres, lorsqu'ils craignent de ne pas être à la hauteur de leur tâche ou lorsqu'ils éprouvent des difficultés réelles.

Facteurs déclenchants

Les malades accusent dans plus de la moitié des cas des écarts alimentaires et incriminent des mets particuliers. Mais, dans pratiquement tous les autres cas, la cause est un stress mal supporté : émotion, deuil, contrariété financière, familiale ou sentimentale, etc. Le surmenage et le terrain anxieux sont très souvent invoqués.

Considérations générales

Ce type de malade se soigne souvent de façon anarchique, prenant fréquemment de lui-même des médications variées parfois d'actions contraires. En revanche, il suit habituellement très mal les prescriptions de son médecin.

Le diagnostic de colopathie fonctionnelle ne peut être porté sans avoir éliminé une cause infectieuse ou organique, par des examens radiologiques et endoscopiques, entre autres. Le dernier-né de ces examens, l'électromyographie colique, permet de caractériser certains désordres de la motricité intestinale.

Mesures à prendre

Le régime est difficile à établir. Il doit tenir compte des répercussions fâcheuses de certains mets, signalés par le malade lui-même. Il diffère selon qu'il y a constipation ou diarrhée et l'alternance des deux ne facilite pas les choses.

Les médications sont sélectionnées selon la nature et l'importance des symptômes. On retrouve souvent les fibres, les antispasmodiques, les mucilages, les pansements intestinaux.

Rôle du yoga

Son action est majeure tout en n'étant absolument pas spécifique. Il va calmer l'anxiété, contribuer à dissiper les spasmes, en particulier par la posture du cadavre (85) ou shavasana. Considéré comme maladie psycho-somatique, il relève alors de la forme scientifique de cet asana : le Shavasana Thérapeutique (voir page 156).

85

On pourra aussi se référer aux conseils donnés à l'occasion des articles : Hypernervosité et Psychisme.

Certains cas conduisent à un état dépressif plus ou moins authentique. Ils relèvent des mesures indiquées à l'article : Dépression nerveuse.

Parmi les techniques respiratoires, l'ujjayi anuloma, combinaison de l'inspiration fractionnée si spéciale du viloma avec l'expiration en ujjayi intervenant comme élément compensateur, se montre d'autant plus utile que le facteur psycho-somatique est prépondérant.

Dans certaines formes rebelles où les

symptômes prennent un caractère presque obsessionnel, la respiration du type kapalabathi doit être essayée en combinaison avec le nadi shodana.

Formes avec constipation

On consultera utilement l'article : Constipation pour les modalités techniques à employer.

Concentration (Pouvoir de)

La concentration mentale est d'autant plus aisée que le psychisme est plus puissant et mieux organisé : un pouvoir suffisant de concentration mentale est indispensable à l'intelligence, à la mémoire et à l'esprit de décision.

Pour disposer de ces possibilités les plus amples, la concentration doit vaincre les manifestations inhibantes de l'Hyper nervosité (voir ce mot). Voir aussi Psychisme et Attention.

Rôle du yoga

Il agit puissamment de deux façons :

1) Par les techniques respiratoires du prânayama en particulier par des combinaisons alternées et souvent fractionnées d'ujjayi, d'anuloma et de viloma.

- Le nadi shodana ou respiration lente par les narines alternées, calme l'agitation mentale et favorise le pouvoir de concentration ;
- la respiration type kapalabathi, type de respiration rapide, accroît l'irrigation cérébrale et se montre favorable pour la concentration mentale, à condition de prendre les précautions habituelles inhérentes à sa pratique.

2) Par divers asana réputés pour favoriser les facultés psychiques nobles :

Asana favorables :

- la posture en flexion debout (86) ;
- la posture de Vasistha (87) ;
- la posture du chien museau face au ciel (88) ;
- la posture de la montagne (89) ;
- la posture de l'accord parfait (90) ;
- la posture du lotus (91) ;
- la posture sur la tête (92) ;
- la posture en torsion en triangle debout (93) ;
- la posture du grand mudra (94).

Constipation

Insuffisance ou retard dans l'évacuation des selles.

Divers types de constipation

On oppose classiquement la constipation par défaut d'évacuation et dont l'origine est rectale, à la constipation par trouble de progression, d'origine colique.

On distingue aussi la constipation du côlon gauche, ou côlon descendant, de celles du cœcum et du côlon droit, ou côlon ascendant, beaucoup plus graves et dont les conséquences sont des manifestations dues aux décharges toxiques avec altération frequentes de l'état général.

Différentes également sont les constipations liées à une lésion par compression et celles qui sont purement fonctionnelles.

Ces dernières peuvent se présenter sous forme de constipation atonique, par déficit musculaire ou de constipation spasmodique qui s'observe chez les

86

87

88

89

90

91

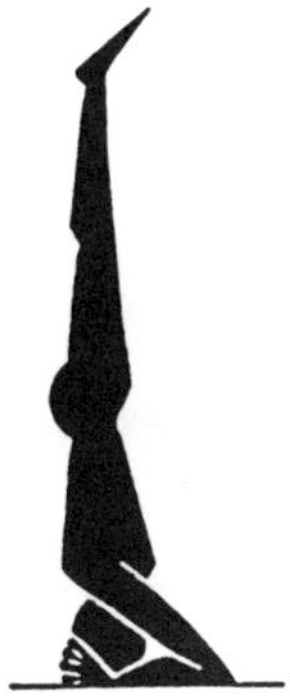

92

93

94

grands nerveux et chez les colitiques. Ses caractéristiques sont d'être douloureuses, d'alterner souvent avec de la diarrhée, de s'accompagner de nausée, etc. La forme la plus spectaculaire s'exprime dans les formes avec constipation des colopathies fonctionnelles (voir l'article).

Le régime

Il comporte des aliments riches en fibres et en cellulose, des légumes et des fruits frais et cuits. Un verre d'eau froide, le matin à jeun est parfois d'une simplicité souveraine.

Rôle du yoga

Un certain nombre d'asana ont un rôle favorable dans l'élimination des déchets. On entend par là qu'ils stimulent l'excrétion urinaire et aussi l'élimination intestinale.

Asana favorables :

– la posture de l'élimination (95) vient naturellement en premier lieu ; elle comporte deux modalités selon qu'elle opère avec les jambes séparément ou avec les deux à la fois : eka pada asana ou apana asana. Elle est réputée pour éliminer les matières et aussi les gaz ;

– la posture de la chaise (96) ;

– la posture de la pince assise (97) ;

– la posture en torsion couchée au niveau de l'estomac (98) ;

– la posture sur la tête (99) surtout si on l'alterne avec la suivante :

– la posture de la chandelle (100) ;

– la posture de la tortue (101) est spécialement utilisée dans les constipations des premiers mois de la grossesse ;

95

96

97

98

99 100 101

– les postures exécutées en station debout sont trop nombreuses pour être énumérées ; elles n'ont ni l'intensité ni l'intérêt des postures précitées.

Parmi les respirations et techniques annexes

– Le nadi shodana, le mula bandha et l'uddiyana sont recommandés.

Courbatures

On nomme ainsi des tensions musculaires douloureuses survenant après un effort, généralement long et prolongé. Bien différentes des crampes, elles sont dues à la formation d'acide lactique et autres dépôts irritants au sein des muscles surmenés

Mesures à prendre

Une activité physique douce et très mesurée sera préférable à un repos complet. On fera, par exemple des flexions et des extensions des membres inférieurs comme ceux des postures de l'élimination et de la posture avec flexion-extension des jambes sur le bassin.

On accompagnera ces asana de respiration complète à rythme modéré ou de respiration alternée lente telle le nadi shodana.

Crampes

Contraction intense, très douloureuse, indépendante de la volonté, de muscles striés ; s'observe surtout au niveau du mollet mais peut aussi toucher la cuisse, le pied, les muscles du thorax, etc. La crampe survient brutalement après un faux mouvement ou sans cause apparente ; elle est favorisée dans son apparition par les efforts violents ou prolongés, le surentraînement, les transpirations excessives, l'état de grossesse, l'alcoolisme, l'hypertension artérielle, l'action des diurétiques thiazidiques, les insuffisances en calcium et en magnésium.

Elles s'observent fréquemment chez les personnes qui supportent mal les stress et, tout particulièrement, chez les spasmophiles.

Rôle du yoga

Postures favorables

Certains asana ont des effets bénéfiques certains, quoique non spécifiques. Ils servent d'adjuvant non négligeable du traitement médical qui demeure essentiel : dérivés de la quinine, vitamines du groupe B, en homéopathie : cuprum, etc.

– La posture de la tête de vache a une réputation favorable à l'égard des crampes ;
– on doit mettre en relief un asana qui jouit d'une réputation justifiée, semble-t-il à l'égard des crampes, c'est la posture de la chaise (102). Elle serait surtout efficace sur les crampes des pieds.

Pour détails complémentaires sur l'aspect pratique et le rôle dans le domaine des crampes, on voudra bien se reporter aux articles : Circulation et Hypernervosité.

102

Respirations favorables

Diverses modalités du prânayama contribuent à assurer la régularisation du système nerveux et de la circulation, facteurs essentiels dans la genèse de nombre de crampes.

On notera, toutefois, qu'il faut les adapter en fonction de l'origine des crampes.

Crampes d'origine circulatoire

Respirer lentement en modérant l'amplitude respiratoire et en se relaxant en shavasana, couché sur le dos ou sur le côté si l'on supporte mal de se tenir ainsi. On insistera sur le gonflement abdominal pendant l'inspiration et l'on étudiera les répercussions souvent favorables des rétentions de souffle après inspiration (antara kumbakha). En conjugaison avec les postures couchées sur le dos membres inférieurs allongés, les mouvements de circumduction des pieds agissent favorablement sur les troubles circulatoires des membres inférieurs.

Crampes d'effort

Ici, au contraire, on fera des respirations amples et profondes en position couchée sur le dos ou assise, afin d'oxygéner le muscle en état de crampe, fatigué et carencé en oxygène.

Dans tous les cas, on évitera les respirations à rythmes rapides surtout de façon prolongée, telles le bhastrika et le kapalabathi.

Cypho-scoliose

Déviation double du rachis à convexité postérieure et latérale, associant une cyphose et une scoliose (voir ces mots).

Cyphose

Déviation du rachis sous forme de dos rond à convexité postérieure, fréquente chez les enfants.

Mesures à prendre

Gymnastique médicale avec rééducation musculaire et respiratoire, mesures orthopédiques et, éventuellement, opération chirurgicale.

Veiller à ce que l'enfant adopte une attitude correcte à la maison et à l'école et aussi pendant ses jeux. Gymnastique respiratoire, culture physique suffisante, mais sans excès. Il faut dépister précocement les déformations et les traiter sans retard.

Rôle du yoga

Il existe une grande variété de postures favorables pour prévenir la cyphose ou la corriger tant qu'elle est malléable et non structurée.

Nous retiendrons comme asana favorables :

- Parmi les postures exécutées en position debout :
  - la posture de l'arbre (103) ;
  - la posture de l'attention (104) ;
  - la posture en triangle debout (105) ;

103

104

105

- Parmi les postures assises :
  – la posture du bâton (106) ;
  – la posture de la chaise (107) ;
  – la posture de la tête de vache (108) ;
- Parmi les postures couchées sur le ventre :
  – la posture du chien museau face au ciel (109) ;
  – la posture de la sauterelle (110) ;
  – la posture de l'arc (111) ;
  – la posture du cobra (112) ;
- Parmi les postures avec torsion :
  – la posture de Marici (113) ;
- Parmi les postures couchées sur le dos :
  – la posture en torsion couchée au niveau de l'estomac (114).

Asana à éviter en cas de cyphose

La posture avec flexion-extension des jambes sur le bassin (115) est spécialement contre-indiquée lorsque la cyphose approche de la gibbosité.

106

107

108

Dépression nerveuse

Terminologie populaire pour désigner ce que les médecins et les psychiatres appellent plus précisément ; états dépressifs, du fait qu'ils se répartissent en subdivisions très différentes tant dans leurs manifestations que dans leur gravité et dans les modalités de leurs traitements.

Symptômes

Trouble de l'humeur marqué par le désintérêt et une tristesse bien particulière, un manque de dynamisme, la rumination du passé, une sensation de flétrissement de l'existence, de dévalorisation, etc.

109

110

111

112

113

114

115

"Une femme encore jeune, mais pourtant si lasse, se promène. Que de souvenirs l'assaillent... Qui se douterait qu'elle ***n'attend plus rien de la vie****! Elle relève son col, le vent se fait plus froid; il va falloir reprendre l'autobus, demain l'usine et* ***sourire quand son cœur pleure..."*** *(Le Moal).*

Le yoga a un intérêt seulement préventif, en accroissant la résistance du pratiquant à toute émotion néfaste. Il contribue à créer une sorte d'indifférence devant l'adversité, peu propice à la résonance intérieure maléfique des stress, nom générique des attaques répétées et variées que ne nous ménage pas l'existence.

D'après une enquête faite auprès de spécialistes, la relaxation et le yoga n'ont d'action directe et durable à long terme dans les états dépressifs sous toutes leurs formes que s'ils sont accompagnés d'un traitement médical antidépresseur ou de thérapie comportementale. Leur pratique autorise, néanmoins, d'espérer que certains symptômes accompagnateurs ne se prolongent pas outre mesure et puissent parfois être atténués, voire annihilés :

tristesse, apathie, désintérêt, maux de tête psychogènes, dorsalgies, rumination mentale, dévalorisation de soi-même, insomnie, etc.

Respirations recommandées

Ce sont toutes celles qui ralentissent globalement la respiration et celles qui donnent au pratiquant le contrôle et la prise de conscience du souffle, nadi shodana, en particulier, et respiration complète effectuée avec lenteur et concentration.

Postures recommandées

Celles qui assurent une bonne relaxation, shavasana (116), entre autres. On fera ici, de préférence le shavasana thérapeutique (voir l'article page 156). Il faut ici conserver le dynamisme énergétique. On insistera donc sur la phase Jacobson, celle des contractions actives précédant la détente en Schultz. Il est conseillé, après le shavasana thérapeutique de pratiquer une approche sophrologique effectuée par une personne entraînée à cette discipline. Ce serait, toutefois, une grave erreur d'oublier que la majorité des dépressions authentiques ne sont pas des maladies psycho-somatiques. Là encore, cette technique, si élaborée qu'elle soit, ne doit pas dispenser de la thérapeutique médicale de base : antidépresseurs associés ou non aux anxiolytiques et aux sédatifs. Toujours, dans l'optique du maintien énergétique, il sera bon de faire suivre la séance de mouvements d'étirement. Ce "stretching" compense le manque de récupération totale du tonus, parfois observé quand la relaxation a été trop bien obtenue.

116

Autres asana favorables

- Postures d'équilibre en station debout :
  - la torsion en triangle debout (117) ;
  - la posture de l'arbre (118) où une jambe sert de point d'appui, l'autre effectuant un mouvement ascensionnel en flexion ;
  - la posture en flexion debout (119) ou étirement intensif.

117

118

119

- Postures en station assise avec torsion modérée du buste :
  - posture de Marici (120), d'une efficacité souvent étonnante.
- Postures diverses :
  - posture du chien museau face au ciel (121) qui stimule la confiance en soi et chasse la timidité ;
  - posture de la tortue (122), sédative aussi bien chez les déprimés que chez les colériques.

Pendant toute la séance de yoga, on insistera sur la synchronisation de la respiration et des mouvements et sur la prise de conscience du schéma corporel.

120

121

122

Dérangement intervertébral mineur ou Dim

On appelle ainsi les déplacements minimes, indécelables radiologiquement du segment mobile intervertébral de Junghans au niveau de la colonne vertébrale. Ces Dim retentissent profondément sur les apophyses articulaires postérieures des vertèbres ou sur le disque. Leurs répercussions pathologiques sont beaucoup plus importantes que ne laisserait augurer ce déplacement anatomique relativement réduit.

Siège

Les Dim peuvent être multiples et étagés ou localisés à un seul élément vertébral. Les lésions articulaires postérieures peuvent être bilatérales ou unilatérales. Le sens du déplacement est difficile à apprécier, ce qui complique la thérapeutique de replacement. Les Dim intéressent globalement ou isolément les principales charnières : cervicale supérieure, cervico-dorsale, dorso-lombaire, lombo-sacrée. On les observe aussi au niveau du milieu du rachis dorsal ou du sommet de la courbe d'une cyphose.

Symptômes

Les Dim déterminent des blocages des segments vertébraux concernés par la lésion anatomique et des douleurs. Celles-ci sont souvent à type de brûlure qui augmente avec la pression axiale ou latérale de l'apophyse épineuse de la vertèbre ou du ligament interépineux ou de l'articulation interapophysaire. Il peut y avoir aussi des douleurs que l'on déclenche à un étage inférieur à la lésion par la manœuvre classique dite du "palpé-roulé".

Cause

On oppose les ***Causes physiques*** : traumatismes souvent légers mais négligés, chute mal reçue, contracture musculaire au cours d'un effort, tel le port avec manutention incorrecte d'une charge lourde, faux-mouvement au cours de la danse ou d'une épreuve sportive, etc.

Et les ***Causes psychiques***, consécutives à un stress mal supporté et générateur de contracture musculaire si forte que les articulations vertébrales postérieures en subissent le contre-coup. Les spasmophiles sont particulièrement prédisposés à ce genre de trouble.

Rôle du yoga:

Dans la majorité des cas, le yoga ne peut intervenir que comme modeste adjuvant. Les Dim sont, en effet justiciables d'un traitement médical rhumatologique et, en particulier, de manipulations par spécialiste et d'infiltrations des articulaires postérieures concernées. La kinésithérapie dispose aussi de techniques antalgiques : massages en pincé-roulé, en pli-cassé, pétrissages, étirements longitudinaux ou transversaux. La physiothérapie met à profit les effets de la chaleur : diathermie, ondes courtes, etc.

Utilisé de façon judicieuse, le yoga peut constituer une auto-manipulation efficace et sans danger. De même qu'avec une manipulation classique, le signe indicateur d'un résultat positif est le "craquement".

Le but est double :

1 Réduire les tensions musculaires douloureuses et la nervosité anxieuse qui les accompagne. La relaxation en shavasana (voir page 156) réduit ici ces symptômes. On accentuera le bénéfice acquis avec des respirations sédatives et euphorisantes du type nadi shodana.

2 Tenter d'amender les perturbations locales vertébrales lorsqu'elles sont justiciables des mobilisations apportées par diverses postures. Il sera bon de procéder par tâtonnements, du fait que le sens du déplacement articulaire vertébral reste imprécis. Tel sujet sera amélioré par une flexion avant, l'autre par une flexion dorsale. La technique doit être adaptée à la réponse obtenue et il ne saurait être question d'un traitement standard.

D'une façon générale, lorsqu'il est impossible d'avoir une action sur les déplacements articulaires, il faut s'attacher à rétablir les équilibres des muscles intéressés. La tonification musculaire doit se faire dans le cadre d'un assouplissement général : on renforcera la musculature formant la sangle abdominale par :

- Des "pinces" en station debout (123) ou assise (124).
- Des postures couchées sur le dos avec mouvement de jambes :
  - la posture de l'élimination, (125) ;
  - la posture avec flexion des jambes sur le bassin (126).

On leur associera des manœuvres d'assouplissement des ischio-jambiers et des fléchisseurs de la hanche et de replacement du bassin trop souvent versé en avant.

Dans la vie courante, on est bien obligé d'effectuer des mouvements de rotation du tronc. Leurs répercussions dangereuses viennent surtout de la contrainte qu'elles imposent à la charnière sacro-lombaire. Un moyen d'atténuer ces répercussions fâcheuses est de laisser une liberté relative aux chevilles et surtout à

123

124

125

126

127

128

ne pas rester figé sur des pieds fixés au sol comme des pitons.

Dans les Dim localisés au rachis cervical, il convient d'étirer doucement les articulations du cou dans un mouvement où "la tête semble pousser le ciel". Ceci peut être effectué au cours de nombre d'asana en station debout ou assise. Les meilleurs résultats semblent être obtenus avec :

– la posture de la montagne (127) ;
– la posture de l'attention (128) où l'on insistera sur l'auto-agrandissement procuré par le retournement des paumes vers le ciel et sur les hissements alternatifs sur la pointe des pieds.

Digestion

Un certain nombre d'asana ont la réputation de favoriser la digestion, terminologie, il faut le reconnaître, un peu vague, car il peut aussi bien s'agir de stimuler un foie paresseux ou une vésicule biliaire trop lente à s'évacuer ; cela peut aussi concerner les sécrétions et le fonctionnement de l'estomac, du pancréas et des intestins.

Si l'on s'en tient à des données empiriques concernant des cas de causes non organiques et de relative bénignité, on peut faire entrer dans ce cadre les asana suivants :

Asana réputés favorables pour la digestion :

– la posture du mudra de l'estomac (129) ;
– la posture du cobra (130) ;
– la posture du bâton (131) ;
– la posture de la montagne (132) ;
– la posture du bateau (133) ;
– la posture du demi-pont lié (134) ;
– la posture en torsion couchée au niveau de l'estomac (135) ;
– la posture de la pince assise (136) ;
– la posture de la tortue (137) ;
– la posture du chien museau face au ciel (138) ;
– la posture de Marici (139) ;
– la posture du vautour (140).

Respiration

Certaines techniques respiratoires ont, elles aussi des effets favorables sur la digestion :
La combinaison de l'inspiration fractionnée si spéciale du Viloma avec l'expiration en Ujjayi (voir chapitre III) influence sélectivement les troubles digestifs psycho-somatiques, colopathies fonctionnelles, en particulier. Les résultats sont supérieurs si on met en œuvre également le Shavasana Thérapeutique (voir page 156).

La respiration type Kapalabathi stimule la sécrétion de suc gastrique ; il convient, néanmoins, de ne pas oublier de prendre les précautions habituelles inhérentes à cette technique respiratoire sinon on pourrait, au contraire, assister à l'apparition de troubles digestifs.

Le Shitali rafraîchit la bouche mais la dessèche s'il est prolongé et tarit alors la sécrétion salivaire. Il stimule la sécrétion gastrique.

129

130

131

132

133

134

135

136

137

138

139

140

Techniques annexes

Le mula bandha et l'uddiyana ont des effets toniques sur la digestion, en brassant les viscères du tube digestif.

Discopathie

Dénomination générale des affections ou des lésions des disques intervertébraux de la colonne vertébrale : pincement, baillement, écrasement, etc. Voir Sciatique, Hernie discale.

Asana réputés favorables pour les discopathies :

– la posture du chien museau face au sol (141) renforce la musculature du dos, s'oppose aux dorsalgies banales et assure la prévention des discopathies ; l'éviter dans les algies marquées, dans les formes déjà structurées et surtout dans la hernie discale constituée ;

– les postures assises ou debout avec élévation des bras tendus, mains d'abord jointes, puis entrecroisées au-dessus de la tête :

– la posture de l'attention (142) ;

– la posture de la montagne (143), etc.

ont un effet d'extension favorable surtout pour le rachis cervical ;

– les postures où le dos est maintenu bien droit :

– la posture du bâton (144) ;

– la posture de la chaise (145) ;

– la posture du bateau (145 bis) ;

renforcent la musculature dorsale et s'opposent aux douleurs et aux déviations du rachis.

141

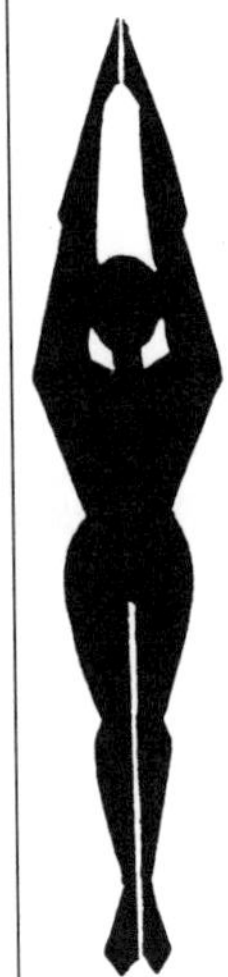

142

143

144

145

145 bis

Asana défavorables

D'une façon générale toutes les postures à point de départ couché sur le ventre sont à éliminer en cas de douleurs lombaires par discopathie. Néanmoins, ces mêmes postures peuvent être bénéfiques à titre préventif chez le sujet sain ou lorsque la discopathie s'accompagne de cyphose, mais sous contrôle strict par un professeur et après avis médical. Eliminer également : la posture sur la tête (146) s'il existe la moindre fragilité des vertèbres du cou. Il en est de même pour toutes les postures inverses où la tête est en bas et les jambes en l'air.

– la posture en triangle debout (147) ;
– prudence avec les postures avec torsion du rachis.

Eliminer également toutes les postures jugées défavorables signalées aux articles : Hernie discale, Sciatique.

Dos (douleurs du dos) ou
Dorsalgies fonctionnelles

Les dorsalgies à caractère organique liées à des lésions ou à des déformations vertébrales ou à une discopathie ou à une maladie générale ne sont pas concernées ici.

Le dos est le segment de la colonne vertébrale intermédiaire entre le bas de la colonne cervicale et la région lombaire.

Cette région est facilement le siège de fatigue ou de douleurs localisées ou dorsalgies ; la cause en est souvent une mauvaise attitude au travail (dactylos, secrétaires, etc.). Les divers états de dépression nerveuse s'accompagnent fréquemment de dorsalgies.

Asana favorables pour la région dorsale :

– les postures à point de départ couché sur le dos, suivies de flexion des jambes : posture avec flexion-extension des jambes sur le bassin :
– la posture en flexion du bassin assis ;
– la posture du chien museau face au sol (148) renforce la musculature dorsale et a une réputation favorablement établie à l'égard des dorsalgies ;

146 147 148

– la posture du chien museau face au ciel (149) appelle les mêmes réflexions ; la sédation des dorsalgies d'origine variée s'accompagne de correction des cyphoses ;
– la posture du diamant (150) s'oppose aussi aux dorsalgies fonctionnelles et lutte contre la gibbosité ;
– la pince assise (151) décontracte la musculature dorsale ;
– la posture de Marici (152) assouplit le dos ;
– la posture du chameau (153) soulage les dorsalgies par surmenage des dos à musculature réduite.

149

150

151

152

153

Dysménorrhées

Dénomination des règles douloureuses.

Rôle du Yoga

Pour autant qu'il s'agisse de causes précises et sérieuses, le rôle du yoga est très aléatoire. Il peut, néanmoins, et cela n'est pas négligeable, intervenir à titre d'adjuvant, surtout dans les dysménorrhées primaires. Son rôle consistera, dans bien des cas, à lutter contre l'hypernervosité, l'anxiété et l'agitation mentale.

Pour détails ; on voudra bien se reporter aux articles : Règles, Hypernervosité et Circulation.

Asana les plus indiqués dans les dysménorrhées banales :

– la posture en flexion debout (154) ;
– la posture de la demi-chandelle (155) ;
– la posture de la chandelle (156).

154

155

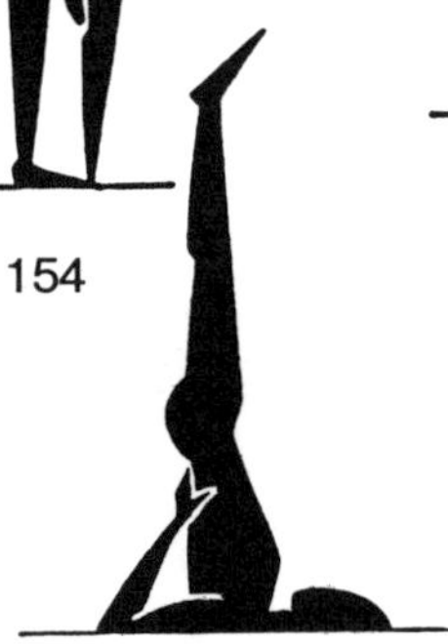

156

Asana contre indiqués

Au moment des Règles (voir l'article), mais plus spécialement en cas de dysménorrhée, toutes les postures à point de départ couché sur le ventre, sont à éviter :

– la posture de l'arc (157) ;
– la posture du cobra (158) ;
– la posture de la sauterelle (159).

157

158

159

Emotivité

C'est une manifestation de l'Hypernervosité (voir l'article).

Emphysème pulmonaire

Affection caractérisée par une infiltration diffuse du tissu pulmonaire par de l'air, détérioration des alvéoles pulmonaires, dilatation des bronches et perte de la structure élastique du poumon, surtout chez les hommes et plus particulièrement après 50 ans. Ceci s'observe fréquemment à la suite de l'évolution progressive d'une bronchite chronique caractérisée par la présence de sécrétions tenaces, irritantes pour les muqueuses obstruant plus ou moins les bronches et les bronchioles.

Rôle du Yoga

Dans l'ensemble, toutes les modalités de techniques respiratoires du prânayama sont favorables pour l'emphysémateux. La prudence est, toutefois, de rigueur pour les respirations à rythme rapide telles le shitali, le bhastrika, etc.

Place des asana

La plupart des postures peuvent être réalisées, en tenant compte, bien sûr, des possibilités du malade. Les meilleures sont celles qui développent la capacité respiratoire (voir l'article) à ***l'exclusion*** des postures en station couchée sur le ventre :

– la posture du cobra (160) ;

160

– la posture de l'arc (161) ;
– la posture de la sauterelle (162).

161

162

Equilibre

Un certain nombre d'asana ont un effet favorable pour développer le sens de l'équilibre.

Asana réputés bénéfiques :

– la posture du danseur (163) ;
– la posture sur la tête (164) ou shirsasana, excellent facteur d'équilibre pour le pratiquant avancé qui la maîtrise parfaitement, est au contraire, une occasion de troubles chez le néophyte ou en cas d'exécution incorrecte. Le contrôle par un professeur est toujours souhaitable ;
– toutes les postures exécutées en position debout, surtout s'il s'y adjoint des mouvements des jambes ou une élévation des bras ou des mouvements de torsion, sont bénéfiques pour le sens de l'équilibre. Elles sont trop nombreuses pour être énumérées. Citons seulement :
– la posture de l'attention (165), à condition de bien insister sur la 4ᵉ phase avec hissements alternatifs sur la pointe des pieds ;
– la posture de l'arbre (166), sous réserve d'effectuer très lentement le mouvement ascensionnel de la jambe en flexion.

163

164

165

166

Effets du prânayama

La respiration type nadi shodana a ici des effets favorables pour affiner le sens de l'équilibre chez le sujet sain, mais chez ceux qui souffrent de vertiges, il est déconseillé de faire les rétentions de souffle habituelles dans cette technique respiratoire.

Fatigue

Un grand nombre d'asana ont la faculté de dissiper la fatigue, qu'il s'agisse de fatigue musculaire où c'est l'effet de détente qui joue ou de fatigue nerveuse, combattue par l'effet sédatif du yoga accompagné de dissipation de l'agitation mentale et de l'anxiété.

En premier lieu, il faut faire honneur à la posture du cadavre qui a, de surcroît, l'avantage de son extrême simplicité. La rigueur dans son exécution est, néanmoins un facteur indispensable de réussite.

Asana réputés pour dissiper tous les types de fatigue

Les postures en flexion antérieure du buste sont des asana en posture "fermée". Elles augmentent la souplesse du rachis tout en ayant des répercussions profondes sur la bonne prise de conscience du schéma corporel. Elles sont particulièrement indiquées dans les états de fatigue accompagnés d'une excitation nerveuse excessive et dans tous les cas où le manque de disponibilité énergétique est corollaire d'un épuisement des réserves naturelles.

Ces flexions antérieures sont à l'état pur lorsque l'asana ne comporte pas de torsion. C'est le cas :

- en station assise : de la pince assise (167) ou posture de l'extension dorsale assise ;
- en station debout : de la flexion debout (168) ou posture en étirement intense ;
- les autres flexions antérieures du tronc comportant de surcroît une torsion comme la flexion du bassin assis dans ces trois derniers mouvements sont également utilisables à condition de ne pas être contre-indiquées par une pathologie annexe.

Les postures "inverses" et assimilées sont une arme précieuse contre la fatigue si leur difficulté technique ne pose pas de problèmes ;

- la posture de la charrue (169) ;

167

168

169

– la posture des oreilles pressées (170) ;
– la posture de la demi-chandelle (171) ;
– la posture de la chandelle (172) ;
– la posture sur la tête (173) ou shirsasana, à condition que son exécution soit parfaitement libre et très correcte.

On reconnaît un effet tonique à divers autres asana de catégories diverses : posture en torsion couchée au niveau de l'estomac, posture de la montagne, posture du chien museau face au ciel.

170

171

172

173

Effets des respirations

– la combinaison d'inspiration en ujjayi avec l'expiration lente et freinée si particulière de l'anuloma se montre active pour dissiper la fatigue d'origine nerveuse et psychique ; elle contribue aussi à éliminer la fatigue d'origine musculaire ;
– le nadi shodana a également une action défatigante non négligeable ;
– le kapalabathi, par contre, doit être évité en cas de fatigue.

Effet des mudra

En s'opposant aux fuites d'énergie, ils ont une action énergétique non négligeable (voir spécialement Jnana Mudra chapitre III).

Fièvre

C'est une contre-indication formelle à la pratique du yoga sous toutes ses formes et modalités.

Néanmoins, en cas de fièvre légère, due par exemple à une exposition excessive au soleil, à une migraine accompagnée de troubles congestifs fébriles, etc., la respiration du type shitali peut au contraire avoir des effets favorables. Ne jamais l'employer, cependant, si la fièvre provient de la gorge, du larynx, des sinus ou des voies respiratoires.

Foie

Un certain nombre d'asana ont la réputation de stimuler favorablement les foies paresseux. Tout en reconnaissant que cette assertion est assez vague et imprécise, on peut expérimentalement reconnaître à diverses postures des effets positifs sur la digestion et sur les états nauséeux. Il convient de ne pas oublier que ce que l'on attribue trop facilement au foie provient souvent de la vésicule biliaire ou de l'estomac ou du pancréas ou des intestins.

Asana réputés favorables pour le foie :

– la posture en torsion couchée au niveau de l'estomac (174) ;
– la posture en flexion debout (175) ;
– la posture d'angle du bassin lié (176) ;
– la posture de la tête de vache (177) ;
– la posture en torsion en triangle debout (178) ;

Effets des respirations du prânayama

La respiration type kapalabathi, respiration rapide, a une réputation favorable à l'égard des fonctions hépatiques, le bhastrika également.

Fourmillements

Sensation subjective pathologique faite à la fois de picotement et d'engourdissement qui se manifeste surtout au niveau des extrémités des membres : pieds et mains. S'observe avec une grande fréquence en cas de mauvaise position d'un membre pendant la nuit ; peut aussi résulter d'une compression locale, de l'effet du froid, etc.

En dehors des causes précédentes d'ordre banal, certains fourmillements peuvent traduire une maladie réelle de gravité variable : hypertension artérielle, perturbations circulatoires d'origines diverses, affections neurologiques, etc.

174

175

176

177

178

Traitement

Dans les cas courants, sans gravité, il faut serrer et desserrer alternativement le poing ou mobiliser le pied et le fourmillement s'estompe en général rapidement.

L'administration de toniques circulatoires, les frictions révulsives locales ont des effets favorables et jouent aussi un rôle préventif. Dans les autres cas, le traitement doit s'adresser à l'affection causale.

Rôle du yoga

Dans les affections neurologiques et dans les cas d'origine organique, le yoga présente un intérêt minime. Il retrouve son utilité en présence de troubles circulatoires purs ou d'hypertension (voir pages 46 et 82).

Friedman
(Types comportementaux de)

Friedman distingue deux types de comportement en étudiant la réponse d'un sujet à l'environnement dans l'optique d'un défi.

Il distingue un type comportemental de type A et un autre de type B. La distinction est rarement aussi abrupte et il existe toute une série d'états intermédiaires avec chevauchement des symptômes d'un type à l'autre et parfois de déroutantes contradictions.

Ce qui importe, est que plus le sujet correspond au type A, plus il est prédisposé aux maladies cardio-vasculaires, en particulier aux affections des coronaires : angine de poitrine, infarctus du myocarde et formes graves d'hypertension artérielle.

On détermine les types comportementaux par des questionnaires et des tests psychométriques.

En gros, le type A est présenté par un sujet ayant à affronter des responsabilités, très irritable, réagissant fortement aux stress et se montrant toujours pressé.

Le tableau ci-contre précise les éléments d'appréciation par l'échelle de Bortner :

Rôle du yoga

La notion de type comportemental A de Friedman constitue un facteur de risque non négligeable nécessitant de mettre en œuvre toutes les mesures propres à le contrecarrer.

Dans un domaine aussi délicat, le yoga est incapable de tout régler à lui seul. Il peut néanmoins contribuer à une amélioration en jouant sur deux tableaux :

Les mesures à prendre sont, en effet de deux ordres :

1) Tenter de modifier le comportement de l'individu . Le yoga, école de sagesse peut y contribuer, sans exclure la psychothérapie classique, les thérapeutiques comportementales et un traitement médicamenteux symptomatique.
2) Il faut aussi limiter les répercussions de ce type A sur le cœur, les vaisseaux, la tension artérielle, etc.

La conduite à tenir sera basée sur ce qui est exposé aux articles :

Hypertension artérielle, Hypernervosité et Psychisme.

Le Shavasana Thérapeutique (voir page 156) est d'un intérêt majeur en l'occurrence.

Type A	Type B
Jamais en retard	Ne prête pas grande attention à être exact au rendez-vous
Esprit de compétition très développé	N'a guère l'esprit de compétition
N'attend pas que les autres aient fini de s'exprimer	Bon auditeur : s'applique à écouter les autres jusqu'au bout
Toujours pressé	Ne se sent jamais pressé même sous la pression de l'entourage ou des événements
Impatient lorsqu'il doit attendre	Sait attendre patiemment
Met tout en œuvre pour atteindre un but, s'engage à fond dans une tâche.	Prends les choses comme elles viennent, insouciant
Essaie de faire plusieurs choses à la fois, pense à ce qu'il va falloir faire ensuite	Fait une chose à la fois
Energique et vigoureux en parlant	Lent, pondéré, circonspect dans sa façon de s'exprimer
Veut que ses qualités de bon travailleur soient reconnues	Uniquement soucieux d'être content de lui quoique les autres puissent en penser
Rapide pour manger, pour marcher	Fait les choses posément
Se fait la vie dure, se mène durement	Prend les choses tranquillement
Démonstratif dans ses sentiments	Cache ses sentiments
A de nombreux centres d'intérêts	Peu d'intérêts en dehors du travail
Ambitieux de progresser plus haut dans l'échelle sociale	

Grossesse

La grossesse n'est pas une contre-indication du yoga, au contraire. Il est même très souhaitable qu'une future maman commence à faire du yoga étant enceinte. On a remarqué qu'elle se trouve en parfait état de réceptivité et sa motivation d'avoir une gestation favorable et un beau bébé ne fait que la rendre plus assidue à ses cours.

Nous disons bien ses cours, car il n'est guère possible de penser qu'on puisse entreprendre seule le yoga pendant une grossesse. Le professeur est l'indispensable guide qui réglera tout en fonction de l'état physique et aussi mental de la patiente et en fonction également des diverses étapes de la grossesse.

Postures a éviter

- Toutes les postures couchées sur le ventre :
  — la posture du cobra (179) ;

179

– la posture de l'arc (180) ;
– la posture de la sauterelle (181) ;

- Les postures inverses seront maniées avec beaucoup de prudence, en se limitant la plupart du temps à la :
  – posture de la demi-chandelle (182), uniquement pendant les premiers mois et après avis autorisé.
- Tout ce qui est un peu acrobatique ou éprouvant sera éliminé ainsi que les postures où les chutes sont fréquentes en raison de la variation du centre de gravité sous l'effet de la grossesse, tout spécialement :
  – la posture de Vasistha (183).

Postures favorables

Une attention est donnée à la colonne vertébrale de la femme enceinte. La présence du bébé a tendance à la dévier de son axe. La lordose physiologique de la partie lombaire s'accentue et a tendance à devenir pathologique avec douleurs dorsales et dans les hanches.

Les asana comportant un étirement du rachis et un renforcement de la musculature abdominale, thoracique et dorso-lombaire, sont indiqués :

- Posture de l'attention (184), par exemple, sans oublier la phase de hissements sur la partie antérieure des pieds.

180

181

182

183

184

Pour lutter contre la lourdeur des jambes, on conseillera aussi de marcher sur la pointe des pieds et de lever les jambes en station couchée.

Le professeur s'occupe aussi de faciliter l'ouverture du bassin et de faire travailler en assouplissement les membres inférieurs et leurs articulations.

- La posture de la tortue (185) est très favorable pour l'ouverture du bassin et elle fortifie spécialement les articulations des pieds et des chevilles. Elle tonifie en l'assouplissant le périnée en le rendant plus fonctionnel. Elle lutte contre la constipation, prévient les hémorroïdes et accroît la puissance contractile du vagin.

Elle est malheureusement un peu difficile et, malgré ses avantages il n'est souvent pas possible de la maintenir au-delà d'un certain stade de la grossesse.

- La posture de l'élimination (186) ouvre le bassin, entretient la musculature et les articulations du membre inférieur et active la circulation pelvienne. On l'exécutera, de préférence, en mettant en jeu une seule jambe à la fois (eka padasana) en alternance et symétrie.
- La posture de l'angle du bassin lié (187) ou du cordonnier peut être exécutée pendant toute la durée de la grossesse. Cet asana est une des clefs de la bonne marche de la venue au monde d'un enfant.
- Le shavasana (188), posture du cadavre, est l'indispensable asana permettant le balayage mental de la future maman qui ne doit plus s'occuper de pensées parasites mais suivre attentivement les modifications physiologiques naturelles que la présence du bébé apporte en elle.

Toutefois, chez la femme enceinte, il est préférable de faire plier les jambes.

Lorsque la position couchée sur le dos est mal tolérée, même dans ces conditions avec, par exemple, des régurgitations ou malaises divers, on adoptera, exceptionnellement la position couchée sur le côté.

Les modalités respiratoires du prânayama ne

185

186

187

188

peuvent être négligées nadi shodana, bhastrika, etc. Outre leur effet propre, elles préparent aux techniques spécialisées pour les femmes qui vont pratiquer l'accouchement sans douleur. Les rétentions de souffle ou kumbakha ne seront mises en œuvre qu'avec une grande prudence.

Les techniques annexes comme le mula bandha assurent la solidité du périnée. Le jalandhara bandha est également indiqué. Certains accoucheurs, lorsque la femme en a bien assimilé la technique, le recommandent au cours de la période d'expulsion.

L'asvini mudra est d'un intérêt exceptionnel chez la femme enceinte (voir page 235).

Yoga et perturbations induites par la grossesse

Il faut aussi mettre en balance les manifestations pathologiques qui surviennent dans une certaine proportion de grossesses.

Les anémies du premier trimestre de la grossesse demandent de modérer l'intensité des séances de yoga.

Les déficiences en calcium s'observent surtout en fin de grossesse. Elles viennent majorer les carences en magnésium installées au cours de la gestation. Le yoga ne peut rien contre ces perturbations de l'équilibre minéral sanguin, mais il joue un rôle efficace pour prévenir ou traiter les manifestations de spasmophilie qui en découlent (voir l'article).

Lorsqu'une sécrétion excessive de progestérone a conféré à la femme enceinte une souplesse qui confine à la laxité articulaire pathologique, il faudra réduire l'amplitude des mouvements. Plus on avance dans l'évolution de la grossesse, plus l'attention doit tendre vers la bonne position du bassin et la correction des déformations vertébrales existantes ou induites par la projection du ventre en avant majorant l'hyperlordose physiologique. Le renforcement de la musculature paravertébrale est un facteur adjuvant important à cet égard.

Hernie

Formation pathologique causée par l'issue au-dehors d'un viscère ou d'une de ses parties par l'intermédiaire d'une ouverture naturelle ou accidentelle. On distingue les hernies congénitales, dues à une disposition embryonnaire anormalement persistante, et les hernies acquises dues à l'affaiblissement de la paroi abdominale au cours de l'existence. Parmi ces dernières, on appelle *hernie de faiblesse*, une hernie qui se manifeste au niveau d'une zone de moindre résistance de la paroi abdominale et *hernie de force*, une hernie qui survient malgré l'absence de tout affaiblissement de la paroi abdominale, au cours d'un effort violent ou à la suite d'un traumatisme.

Les formes intéressant la partie inférieure du ventre sont essentiellement la *hernie crurale* et la *hernie inguinale*. Les autres sont les *hernies ombilicales* et la *hernie hiatale* ou *hernie diaphragmatique*.

Conduite à tenir

Consiste en surveillance régulière des hernies en tenant compte qu'un étranglement est toujours possible. Dans tous les cas où une intervention chirurgicale est réalisable, elle constitue la meilleure solution puisque, grâce à cette cure radicale, on est désormais (hormis s'il se produit

Retrécissement canal Rachidien

une récidive) à l'abri de cette redoutable complication que constitue une hernie étranglée.

Les hernies qui ne peuvent être opérées et qui sont traitées par bandage sont elles aussi justiciables d'une surveillance particulière portant à la fois sur l'état de la hernie elle-même et sur le bandage herniaire.

Rôle du yoga

Il agit surtout par le renforcement de la musculature abdominale mais on ne peut en attendre plus.

Certains asana ont un effet favorable pour prévenir l'apparition des formes acquises de hernie abdominale et ralentir l'évolution de celles qui sont déjà formées ; un effet modeste doit seul être attendu en ce cas et rien ne saurait faire différer une intervention chirurgicale décidée ou remplacer le port d'un bandage médicalement préconisé.

Le samavritti renforce les points faibles de la musculature abdominale. Voir ce mot au chapitre Respirations.

Asana réputés favorables aux hernies

– les postures à point de départ couché sur le dos, suivi de flexion des membres inférieurs :
– la posture de l'élimination (189) ;
– la posture avec flexion-extension des jambes sur le bassin (190).

189

190

Hernie discale

Variété de hernie siégeant au niveau de la colonne vertébrale. Les disques situés entre les vertèbres contiennent un noyau gélatineux ou nucleus. Celui-ci peut se déplacer et sortir de l'espace intervertébral. C'est ce qui constitue la hernie discale.

La partie antérieure du massif est beaucoup plus solide que la face postérieure. Il faut donc s'attendre à ce que le nucleus glisse plus facilement en arrière.

La hernie discale est souvent précédée de lésions purement internes : fissuration du disque, infiltration du nucleus dans ces fissures et ces manifestations s'accompagnent en général de douleurs lombaires chroniques.

Lorsque se produit la protrusion effective du noyau gélatineux, on assiste à des phénomènes d'irritation lorsqu'il entre en contact direct avec le ligament postérieur ou ligament jaune, richement innervé.

Lorsque la protrusion va jusqu'à déterminer une rupture complète de ce ligament, on dit qu'il y a hernie discale complète et l'on peut redouter dès lors des compressions de racines nerveuses.

Symptômes

Dans 15% des cas, la hernie discale ne provoque aucun symptôme. Il en est bien autrement dans la grande majorité des cas. L'irritation des racines nerveuses est généralement génératrice de fortes douleurs. S'il s'agit des racines sortant par le trou de conjugaison entre la 4e et la 5e lombaire ou entre la 5e lombaire et la première pièce du sacrum, les nerfs sciatiques sont concernés et la douleur va se manifester dans toute la zone qu'ils innervent (voir l'article Sciatique). Les hernies discales comptent parmi les causes les plus fréquentes de sciatiques.

Certaines hernies discales provoquent des troubles réflexes et même des troubles moteurs.

Plus fréquent dans la région lombaire, le processus de hernie discale peut s'observer à tous les niveaux de la colonne vertébrale. Au niveau du cou, par exemple, il peut provoquer une névralgie cervico-brachiale.

Evolution de la hernie discale

Dans certains cas, le noyau gélatineux peut rentrer spontanément par la déchirure qui lui a servie d'orifice de sortie ; on dit alors qu'il y a hernie discale mobile.

Dans les autres cas, il reste coincé en luxation ; c'est la hernie discale fixée. Cette situation provoque un œdème local qui va majorer les effets mécaniques de la compression par la hernie discale. Un cercle vicieux d'auto-entretien s'instaure alors et toute mobilisation locale aggrave les troubles.

Mesures à prendre

Période aiguë: Le repos doit être absolu. Conjugué avec les traitements médicaux, il permet à l'œdème de se résorber ; la douleur diminue, le nucleus, dans les cas favorables, revient à son espace initial et les racines nerveuses sont dégagées.

Pendant la période aiguë, toute manipulation, kinésithérapie et posture de yoga sont strictement interdites, en dehors de la posture du cadavre ou shavasana, posture de détente en position couchée qui correspond bien au besoin de repos du malade et qui contribue à calmer son anxiété. Les échecs thérapeutiques étant souvent dus à la non-observance du repos par les sujets trop nerveux, on conçoit l'intérêt du shavasana.

Des modalités simples du prânayama peuvent être pratiquées, mais en station couchée, nadi shodana, par exemple, la position assise étant facilement douloureuse. On pourrait penser qu'une posture aisée en station debout, telle la posture de l'attention ou thadasana soit applicable : il n'en est rien. La station debout est souvent mal supportée et le fait de se hisser sur la pointe des pieds pour contrebalancer la stase veineuse, l'est plus mal encore.

Une reprise prudente du yoga ne peut être envisagée qu'après guérison médicalement confirmée, c'est-à-dire au bout de 2 à 3 mois en général. Encore faut-il tenir compte des considérations suivantes :

- éviter les mouvements mobilisant la partie douloureuse du rachis ;
- éviter les flexions du buste en avant trop poussées, en position debout ;
- éviter la flexion du tronc en position assise les jambes allongées ; la flexion des jambes atténue la contrainte de la colonne vertébrale et réduit les risques de hernie discale. Cette flexion favorise aussi la détente musculaire et l'expiration ;
- éviter les postures comportant une torsion ;

– éviter les postures couchées sur le ventre avec redressement de la tête et des membres inférieurs, telles :
– la posture du cobra (191) ;
– la posture de l'arc (192) ;
– la posture de la sauterelle (193) ;
– éviter les postures inverses, plus par crainte d'un faux mouvement dans l'exécution technique, que pour la posture elle-même ;
– la mobilisation des chevilles en circumduction, donne parfois des effets sédatifs surprenants ;
– la posture du chien museau face au ciel (194), recommandée dans les dorsalgies fonctionnelles, est contre-indiquée en cas de hernie discale ;
– de même la posture du demi-pont lié (195), surtout si la hernie discale s'accompagne de sciatique.

Un asana favorable préventivement après guérison

La posture avec flexion-extension des jambes sur le bassin s'oppose aux déplacements des disques intervertébraux et peut servir d'appoint aux mesures médicales et kinésithérapiques (196) ; l'arrêter immédiatement, toutefois, si elle réveille une douleur sciatique (signe de Laségue).

Hypernervosité

L'excès de nervosité est fréquent ; il s'accompagne d'un cortège de troubles : sensation de tension intérieure, blocage respiratoire, spasmes digestifs avec boule épigastrique "qui monte et qui descend", aérophagie, dyspepsie, colite spasmodique, constipation préoccupante, conduisant à la maladie des laxatifs, ou au contraire, poussées de diarrhée impé-

191

192

193

194

195

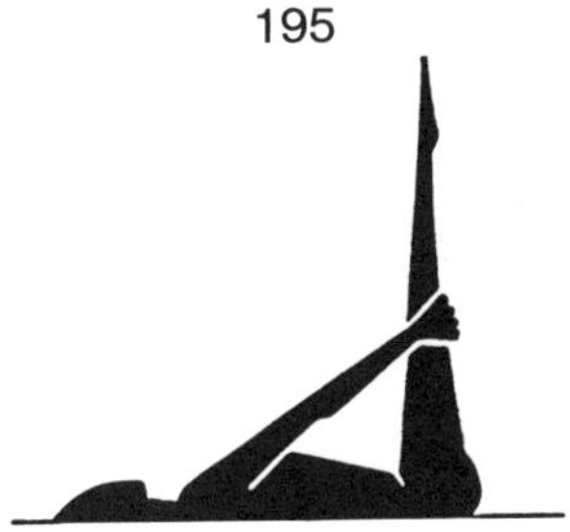

196

rieuse, vertiges, bourdonnements d'oreille, agitation perpétuelle des mains et des pieds (les gens qui "siccotent").

Rôle du yoga

Il agit favorablement sur le terrain :

– d'une part par la régularisation respiratoire obtenue systématiquement et qui constitue l'un des éléments de contrôle majeur du système nerveux ;
– d'autre part, un grand nombre d'asana ont eux-mêmes un effet sédatif, calmant l'agitation cérébrale désordonnée et favorisant la concentration mentale. Indirectement, l'effet équilibrant du yoga favorise le sommeil et le rend plus réparateur.

Asana réputés favorables :

– la posture de la tortue (197) ;
– la posture du mudra de l'estomac (198) ;
– la posture en flexion du bassin assis (199), dissipe l'angoisse ;
– la posture de la table à quatre pieds (200) décontracte électivement la région épigastrique, siège du plexus solaire ;
– la posture du grand étirement de l'avant du corps (201) d'action voisine de la précédente, mais plus intense encore ;
– la posture d'angle de bassin lié (202) soulage l'angoisse, en particulier pendant la grossesse ;

– la posture du diamant (203) où l'action sédative nerveuse se produit dès le moment où le front touche le sol et s'accompagne d'un accroissement de la résistance aux stress ;

– la posture du chien museau face au ciel (204) ;

– la posture du cadavre (205) ou shavasana est une des clefs majeures pour permettre au sujet nerveux de se relaxer. Dans les formes sévères, on mettra en œuvre sa forme scientifique :

– le Shavasana Thérapeutique (voir page 156)

Certaines postures sont classiquement représentatives de l'association d'un effet à la fois tranquillisant et clarifiant du psychisme. Ainsi :

– la posture de la montagne (206) ;

– la posture de l'accord parfait (207) ;

– la posture en torsion couchée au niveau de l'estomac (208) dissipe l'angoisse et calme l'agitation mentale ;

– la posture sur la tête (209) est favorable pour l'irrigation cérébrale à condition d'être exécutée parfaitement et d'éviter d'éprouver la colonne vertébrale cervicale. On considère que c'est l'un des meilleurs facteurs du yoga à l'égard de la concentration mentale et de la maîtrise de soi- même ;

203

204

205

206

207

208

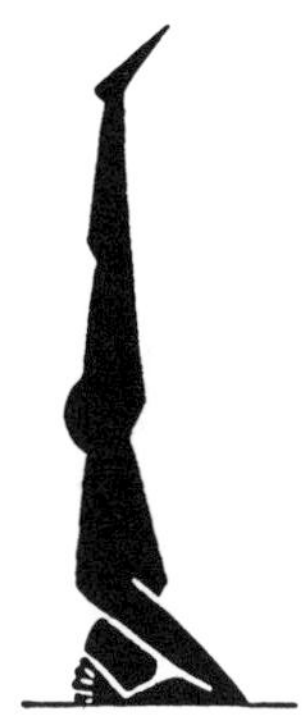

209

- la posture de Marici (210) a un effet électif pour dissiper la timidité ;
- la posture de Vasistha (211) stimule le psychisme tout en s'opposant à l'hypernervosité.

210

211

Parmi les modalités respiratoires du prânayama, sont bénéfiques :
- la respiration type nadi shodana dont les effets apaisants sont puissants et durables sous réserve de bien maîtriser les rétentions d'air et d'être très modéré lors des freinages narinaires ;
- la respiration combinant l'inspiration en ujjayi et l'expiration si particulière de l'anuloma est assez spécifique de l'hypernervosité lorsqu'elle se traduit par l'émotivité anormale et de la timidité, ou par une tendance à sombrer dans un état névrotique angoissant ou par le trac (mais ne pas faire l'anuloma isolément ; il est contre-indiqué dans les neurotonies).

A éviter : visamavritti.

Hypertension artérielle

On peut parler d'hypertension artérielle lorsque, chez un adulte couché depuis quinze minutes et en relaxation musculaire, les chiffres de la pression systolique dépassent constamment 16 cm de mercure et ceux de la pression diatolique 9 cm.

Dans la majorité des cas, aucune cause ne peut être mise en évidence ; il s'agit d'hypertension "essentielle" ou "maladie hypertensive". Plus rarement, il s'agit d'hypertension symptomatique d'une affection organique.

On appelle hypertension labile une tension artérielle trop forte à certaines occasions : tension ou effort, par exemple et qui revient à la normale lorsque la cause a disparu.

Mesures à prendre dans l'hypertension artérielle essentielle

Limiter les efforts physiques et intellectuels, vie calme, repos nocturne suffisant et qui doit être réparateur. L'anxiété, teinte de fond du caractère de nombreux hypertendus, est justiciable de sédatifs, de tranquillisants, d'anxiolytiques, de psychothérapie et de relaxation.

La supression plus ou moins complète du sel est l'élément capital.

Rôle du yoga

Les thérapeutes accordent un rôle important à la réduction de l'hypernervosité chez l'hypertendu. C'est dans ce domaine que le yoga peut servir d'ajduvant de haute utilité. On se reportera, à ce sujet à l'article Hypernervosité.

Dans une brochure qui résume l'opinion de plusieurs spécialistes internationaux de l'hypertension, un hommage direct a d'ailleurs été rendu au yoga à l'égard de la forme essentielle de l'hypertension.

Les postures favorables pour la circulation sont également utiles (voir l'article Circulation (trouble de la) et aussi Lourdeur des jambes).

Symptômes

Ils sont parfois absents et l'hypertension, totalement ignorée du malade, est découverte à l'occasion d'un examen médical.

Dans la plupart des cas, toutefois, dès que l'hypertension est un peu prononcée, on note des troubles tels que : maux de tête prédominant dans la région occipitale, éblouissements, palpitations, bourdonnements d'oreille, etc.

La gravité de l'hypertension provient des complications qu'elle entraîne à plus ou moins brève échéance : attaques cérébrales, lésions oculaires, rénales, cardiaques, etc.

Pourquoi le yoga a-t-il aussi des effets bénéfiques directs ?

Tout en reconnaissant que nombre d'hypertensions dépendent de causes sur lesquelles le yoga ne peut avoir qu'une influence nulle ou hypothétique, il est certain que la pratique globale des postures et des modalités respiratoires du yoga concourent à l'équilibre entre parasympathique et sympathique, mais avec une action sédative privilégiée de ce dernier. Cette sédation qui libère le tonus du parasympathique (effet vagotonique) se montre très bénéfique dans le domaine de l'hypertension.

Asana favorables

La posture du cadavre (212) ou shavasana est absolument remarquable pour calmer les systèmes nerveux irritables. On peut la porter à son maximum d'efficacité en mettant en jeu sa forme la plus médicale : le Shavasana Thérapeutique (voir page 156).

Lorsque l'hypertension s'accompagne de congestion du visage, d'anxiété et d'agitation, il est conseillé de faire suivre le shavasana de posture en flexion, de préférence assise (213), sans forcer, en fléchissant légèrement les jambes et en privilégiant l'expiration par rapport à l'inspiration.

212

213

Postures contre-indiquées chez les hypertendus

Ce sont essentiellement les postures “inverses” (chandelle (214), etc.) où le bas du corps est nettement surélevé par rapport à la tête. Dans ces conditions, lorsque la tension systolique ou “maxima” est supérieure à 22, les régulations sino-carotidiennes sont très perturbées et les postures inverses font courir un risque majeur.

En-dessous de 20 pour la maxima, ce danger est écarté, mais la contre-indication persiste si le pratiquant est un athéroscléreux ou s’il présente des signes ou des menaces de lésions rétiniennes.

Les postures en station couchée sur le ventre sont déconseillées :

– la posture de l’arc (215) ;

– la posture de la sauterelle (216) ;

– la posture du cobra (217),

surtout en présence de détériorations rétiniennes, de vertiges ou de bourdonnements d’oreille.

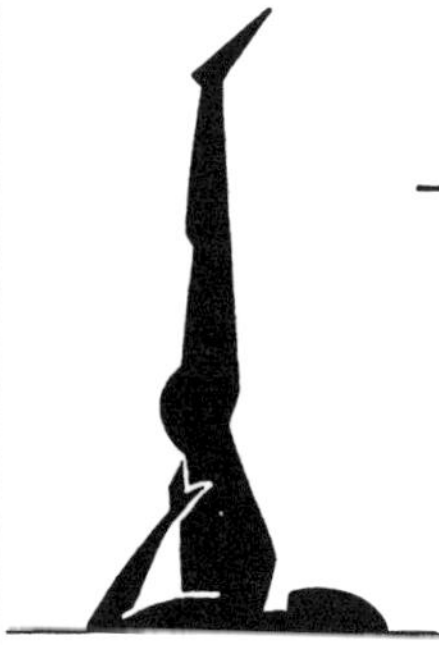

214

215

216

217

Influence des modalités respiratoires sur l’hypertension

– L’anuloma fait partie des contre-indications classiques ;

– Le bhastrika n’augmente pas les chiffres tensionnels, mais il peut aggraver les symptômes annexes : vertiges, bourdonnements d’oreille.

On l’évitera donc si ces symptômes sont présents ou apparaissent sous son influence.

– Le bhramari a une influence sédative plutôt favorable mais de trop faible intensité pour jouer seule un rôle dans l’hypertension ;

– L’action apaisante de l’ujjayi est beaucoup plus marquée et cette modalité respiratoire a même été recommandée dans les hypertensions artérielles essentielles d’origine neurotonique, même en présence de coronarite, à condition de faire cette respiration en dehors des crises d’angine de poitrine ;

– Le nadi shodana s’avère particulièrement intéressant ici, en raison de son action sédative intense très efficace dans les affections ayant pour origine une irritation du système nerveux. On notera, toutefois, que les kumbakha – rétentions du flux d'air – doivent être évités ;

- Le samavritti a une grande analogie technique avec le nadi shodana ; mais ses effets sont moins intenses, ses indications aussi, par conséquent ;
- Le shitali est utilisable chez les hypertendus, mais uniquement si cette hypertension est modérée (inférieure à 20) et là aussi, on se dispensera des rétentions de souffle ;
- Bien qu'assez voisin du précédent, le shitakari développe des effets plus intenses ; il est préférable de ne pas en faire usage en cas d'hypertension ;
- Le viloma donne lieu à une interprétation complexe de ses effets dans le domaine qui nous préoccupe ici. Cette modalité respiratoire comporte deux phases : la première est contre-indiquée chez tout hypertendu. La seconde est réalisable lorsque la maxima est inférieur à 20, à condition de la pratiquer en position assise, la position classique, couchée sur le dos étant interdite. Les rétentions d'air ne seront pratiquées que si elles sont bien tolérées, celles qui suivent l'expiration (bahya kumbakha) faisant l'objet d'une vigilance particulière ;
- Le visamavritti est une respiration fortement éprouvante, absolument contre-indiquée chez tous les hypertendus.

Hypotension artérielle

On appelle ainsi les tensions artérielles trop basses. On parle classiquement d'hypotension artérielle quand la tension systolique ou "maxima" est inférieure à 11 et la tension diastolique ou "minima" inférieure à 7.

Modalités à bien distinguer

Hypotensions aiguës: elles ne relèvent en aucune façon du yoga. Elles s'observent, par exemple, au cours de l'état de choc, dans les manifestations aiguës de l'insuffisance surrénale ou maladie d'Addison, dans certains cas de tuberculose, cancer, etc.

Hypotensions chroniques: les unes sont permanentes, les autres de récurrence régulière. On différencie :

- Celles qui sont liées à un état de fatigue ou de débilité occasionnelle et facilement récidivantes.
- Celles qui sont d'origine constitutionnelle, c'est-à-dire qui sont liées au tempérament du sujet. Elles sont habituellement permanentes, mais bénignes. Elles ne nécessitent de traitement qu'en cas de malaises trop accentués.

Symptômes des hypotensions chroniques ou occasionnelles bénignes

Vertiges, troubles visuels avec impression de voile noir ou de points sombres, éblouissements, pertes de connaissance fugace ou simple impression qu'on va se trouver mal, ce qu'on nomme en terme technique: Lypothymie (voir ce mot). On note souvent à titre de signes d'accompagnement: fatigabilité, état dépressif, baisse de la libido et de la puissance sexuelle.

L'hypotension orthostatique

C'est une chute brutale de tension qui se manifeste lorsque le sujet passe de la position couchée à la station debout.

Elle est souvent liée à des effets indésirables de divers médicaments et cesse alors avec la privation de leur usage.

Mesures à prendre

Le régime doit apporter une ration calorique suffisante et être bien équilibré en viandes, graisse, sucre et comporter les vitamines et les oligo-éléments indispensables.

L'exercice doit être régulier afin d'entretenir la musculature en bon état, de favoriser la circulation sanguine, sans jamais aller jusqu'à la fatigue et au surmenage ; il sera utilement suivie de kinésithérapie et des modalités énergétiques du yoga adaptées à l'état du sujet.

Rôle du yoga

Il y a peu à attendre des répercussions du yoga sur les chiffres tensionnels eux-mêmes et, lorsqu'on constate une amélioration, elle se marque par une faible différence. On a, néanmoins des effets sur les troubles corrolaires de l'hypertension. On tiendra compte des faits suivants :

- une hypotension constitutionnelle ne provoquant aucun trouble ne nécessite aucune tentative de correction ;
- le traitement par le yoga s'adresse aux troubles provoqués par l'hypotension et non à l'hypotension elle-même ;
- il faut savoir qu'à côté des effets bénéfiques, le yoga présente, en matière d'hypotension artérielle, un certain nombre de contre-indications dont il est bon de tenir compte.

Etudes des répercussions individuelles des asana et des respirations

- La posture de l'attention (218) peut avoir un effet favorable surtout quand l'hypotension se traduit par une faiblesse avec troubles de l'équilibre ; cette posture améliore le sens de l'équilibre et lutte contre les tendances morbides qui le provoquent, dans les limites du domaine fonctionnel. Le hissement sur la pointe des pieds à la phase terminale contribue à améliorer les troubles circulatoires et ne doit pas être éludé ;
- la posture de l'arbre (219) a des effets analogues à ceux de la précédente ;
- la posture du danseur (220) est essentiellement un exercice d'équilibre également utile ici ;
- la posture en flexion debout (221) ou étirement intense est le type des postures "fermées" à caractère énergétique puissant ;
- la posture du cadavre (222) ou shavasana est particulièrement utile pour corriger les déséquilibres nerveux surtout lorsque l'hypotension détermine des lipothymies ;
- la posture de la chaise (223) a des effets favorables en améliorant l'équilibre. L'exécution avec appui dorsal contre un mur est préférable à la technique classique ; en outre l'hypotendu ne lèvera les bras que si ce mouvement est parfaitement supporté ;
- la posture du cobra (224) lorsqu'elle est exécutée en phase dynamique, lutte contre l'insuffisance surrénale et sera donc spécifiquement utile lorsque l'hypotension découlera de cette insuffisance ;

218

219

220

221

222

223

224

– la posture en flexion du bassin assis (225) est utile lorsque les troubles de l'hypotension ont un caractère de neurotonie prononcée ;

– la posture en triangle debout (226) est spécialement utile lorsque l'hypotension s'accompagne de cœur irritable et rapide ;

– la posture de Vasistha (227) a des effets équilibrants des plus favorables.

Postures à éviter :

– toutes les postures inverses : dont les contre-indications générales sont les déséquilibres tensionnels quelles qu'en soient les modalités ;
– la posture sur la tête (228) ;
– la posture de la demi-chandelle (229) ;
– la posture du chameau (230) provoque facilement des malaises chez les prédisposés et, en particulier, chez les hypotendus ;

225

226

229

227

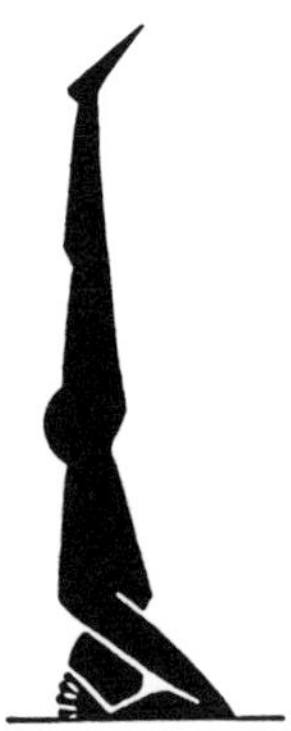

228

230

– la posture de la charrue (231), pour les mêmes raisons.

231

Critères d'abstention

Toutes les postures relativement mal supportées ou qui ne déterminent pas un bienfait objectif évident ne présentent ici aucune utilité.

Effets des respirations

– L'anuloma est à éviter dans tous les déséquilibres tensionnels surtout s'ils s'accompagnent de troubles neurotoniques ; les répercussions étant, toutefois, moins sérieuses dans l'hypotension que dans l'hypertension artérielle.

Le bhastrika, malgré ses effets toniques, ne peut qu'aggraver les hypotendus qui souffrent de vertiges ou de bourdonnement d'oreille.

– Le kapalabhati est contre-indiqué, surtout s'il existe des bourdonnements d'oreille ;
– Le nadi shodana est particulièrement intéressant chez l'hypotendu dont il réduit les manifestations neurotoniques. Les rétentions d'air après inspiration sont non seulement autorisées, mais même recommandées dans l'exécution du nadi shodana (antara kumbakha). Par contre, le bahya kumbakha, rétention d'air après expiration, est interdit ;
– Le samavritti présente les mêmes avantages que le précédent ;
– Le shitakari et le shitali ont des inconvénients en cas de troubles tensionnels quelqu'en soit le sens. Bien qu'à éviter surtout dans l'hypertension, il est préférable de ne pas y avoir recours en cas d'hypotension accompagnée de troubles ;
– Le visamavritti appelle les mêmes remarques que les précédents mais avec une contre-indication plus nette encore chez l'hypotendu ;
– Le viloma est théoriquement favorable aux hypotendus lors de l'exécution de sa première phase. Il est néanmoins plus prudent d'exclure cette technique assez éprouvante sauf chez les pratiquants chevronnés.

Effets des techniques annexes

– Le jalandhara bandha, utilisé seul ou en association avec diverses postures, équilibre le système nerveux en cas de troubles neurotoniques de l'hypotendu ; il s'oppose aussi aux vertiges et aux bourdonnements d'oreille ;
– L'uddiyana a un effet de massage tonique doux de la base du cœur qui peut être mis à profit.

Idées fixes

La respiration combinant l'inspiration fractionnée si particulière du viloma avec l'expiration en ujjayi est considérée comme propre à prévenir et à dissiper les idées fixes ; toutefois, il ne faut pas trop compter sur une efficacité définitive si ce symptôme entre dans le cadre d'une névrose obsessionnelle bien structurée.

Incontinence urinaire féminine

Cette forme d'incontinence est directement relevable des techniques du yoga alors que les incontinences masculines n'en sont pas justiciables.

Plus d'un million et demi de femmes ont des problèmes de continence urinaire : 32 % urinent trop souvent, mais conservent un bon contrôle de l'émission urinaire ; 15 % ont des mictions très impérieuses ; 3 % se plaignent de fuites urinaires permanentes ; 65 % de ces cas sont représentés par des incontinences d'effort, les autres par des urgences mictionnelles décompensées.

Le froid, les émotions, le fait de voir de l'eau, les crises de fou-rire, la peur d'avoir à uriner loin de chez soi sont des facteurs déclenchants fréquents.

Les explorations urologiques spécialisées sont indispensables pour éliminer les causes organiques, infectieuses, neurologiques, etc., relevant de traitements spécialisés où le yoga n'a qu'une indication nulle ou insignifiante.

Il faut classer les femmes incontinentes en deux catégories avant de décider des modalités de yoga à appliquer.

1) Les femmes qui ont des difficultés à contrôler l'émission urinaire, mais qui peuvent supporter l'effet de la pesanteur sans se mouiller, ainsi que les contractions abdominales.

- Les postures en position accroupie constituent ici une indication intéressante et, parmi celles-ci :
  - la posture de l'angle de bassin lié (232) ou posture du cordonnier ;
  - la posture de la montagne (233) ;
  - la posture de l'accord parfait (234) ;
  - la posture du lotus (235) entre dans ce cadre, mais sa réalisation est difficile sans préparation antérieure et contre-indiquée chez les femmes aux genoux fragiles. Elle exige des ménisques du genou en parfait état.
- Les postures inverses accompagneront obligatoirement les postures accroupies.

Dans ces postures, la tête est située à un niveau inférieur par rapport aux membres inférieurs. La surélévation des organes du petit bassin s'accompagne d'une amélioration circulatoire locale avec libération de l'effet de la pesanteur au niveau de l'abdomen. Les pratiquantes et les personnes très douées pourront adopter :

232

233

234

235

– la posture sur la tête (236) ou shirsasana, mais elle est bien souvent trop difficile pour les non-initiés. On se contentera donc dans la plupart des cas de :

– la posture de la chandelle (237) à condition qu'il n'y ait aucun problème au niveau de la colonne vertébrale cervicale en raison de la cassure entraînée par cet asana au niveau C7-DI ;

– la posture de la demi-chandelle (238) sans inconvénients et accessibles à tous.

2) Les femmes qui sont incapables de supporter l'effet de la pesanteur et des contractions utérines et qui le manifestent par une perte d'urine. Même si celle-ci n'est que minime, les postures accroupies deviennent une contre-indication formelle.

Les meilleurs postures à utiliser sont les postures inverses (voir ci-dessus).

Une posture d'intérêt particulier

Dans la posture de la chaise (239), on s'assied sur une chaise imaginaire. Il ne doit, toutefois, se produire aucune fuite urinaire pendant son exécution. Dans le cas contraire, on se retrouve dans le même cadre de contre-indications qu'avec les postures accroupies. L'appui contre un mur est fortement conseillé chez les débutantes, les femmes faiblement musclées du dos et les sujets fatigués.

L'élévation des membres supérieurs qui est pratiquée classiquement en phase terminale ne doit s'opérer que si elle ne s'accompagne d'aucune sensation pénible, contraction abdominale, en particulier.

Les bandha

Deux d'entre eux sont très utiles, l'uddiyana et surtout le mula bandha (voir chapitre III) dont l'action est centrée sur le petit bassin et qui opère une musculation élective des muscles intéressés dans les incontinences aussi bien urinaires que fécales.

Les exercices de Kegel

Ces exercices, bien qu'indépendants du yoga classique doivent lui être systématiquement associés dans toutes les formes d'incontinence urinaire féminine. Le Dr Kegel, gynécologue, conçut en 1940 un programme d'exercices basé sur l'entraînement régulier des muscles pubo-coccygiens : il suffit de bloquer puis de rétablir le jet urinaire. Lorsqu'on les a bien inclus dans le schéma corporel, on peut ensuite contracter ces muscles à volonté en dehors de toute miction.

Remarque importante: les succès du yoga dans l'incontinence urinaire féminine ne doivent pas faire négliger que dans les cas rebelles, d'autres techniques urologiques spécialisées s'avèrent dans bien des cas indispensables : traitements électriques, exercices de bio-feed-back, etc.

Inflammation aiguë

Les états inflammatoires aigus locaux (abcès, phlegmons, etc.) constituent des contre-indications formelles à la pratique du yoga de même que les états inflammatoires généraux (angines, bronchites, entérites, néphrites, cancer, tuberculose, etc.).

Insomnie

Définie par l'absence de sommeil ou par la mauvaise qualité de celui-ci, l'insomnie mérite que l'on précise avant tout la nature et le cycle du sommeil normal : état physiologique réparateur, d'apparition cyclique régulière, caractérisé par un repos plus ou moins complet, une perte relative de relations avec le monde extérieur et une évolution en phases :

La première phase, d'endormissement, s'étend de l'instant où le sujet est prêt à dormir jusqu'à celui où il dort vraiment.

La deuxième phase, ou sommeil lent, est ainsi appelé parce qu'il correspond à l'étude par électro-encéphalogramme à des ondes lentes. C'est un sommeil calme où la respiration et le rythme cardiaque sont ralentis et réguliers. La mobilité est nulle, hormis quelques sursauts éventuels. Le tonus musculaire est conservé.

La troisième phase est le sommeil paradoxal. C'est un sommeil agité avec mouvements oculaires rapides. L'activité motrice est continuelle avec surtout des petits mouvements de la face et des extrémités. La respiration et le rythme cardiaque sont rapides et irréguliers. Le relâchement musculaire est complet comme au cours d'une relaxation, celle que l'on demande dans le training autogène de Schultz par exemple ou dans la posture de yoga dite du cadavre (voir ce mot) ou shavasana. Cette phase est celle des rêves, c'est la phase d'activité onirique.

Par la suite, les phases de sommeil lent et de sommeil agité vont se poursuivre jusqu'au réveil avec un caractère cyclique.

Modalités de l'insomnie

Elles sont diverses et le yoga apporte pour chacune des solutions différentes. Il peut parfois être utilisé seul, conjointement aux mesures hygiéno-diététiques habituelles. Mais, dans un certain nombre de cas, il ne fera que compléter l'action de divers traitements médicamenteux. Parmi ceux-ci, on n'utilisera qu'exceptionnellement les hypnotiques vrais et l'on évitera que l'insomniaque en devienne "dépendant". On préférera la phytothérapie, la gemmothérapie, les oligo-éléments, etc., d'action plus douce et généralement suffisante.

Insomnies aiguës

Elles sont en rapport avec des douleurs, des maladies, des suites de traumatismes physiques ou moraux récents.

Le yoga cède ici la place aux sédatifs et au traitement de la cause.

Insomnies chroniques

Elles sont classées en plusieurs catégories, chacune relevant de modalités différentes du yoga.

1) *Difficulté d'endormissement avec agitation.* Elle est souvent liée à une excitation mentale stérile avec rumination d'idées obsédantes ou rappel de souvenirs marquants de la journée, ceux-ci pouvant aussi bien être de nature désagréable, qu'agréable.

Les postures et les respirations conseillées sont celles indiquées à l'article : Hypernervosité. Certains points peuvent être pris en considération ici : insister sur les postures assises ou en station couchée sur le dos, privilégier le nadi shodana ; dans toutes les postures, bien prendre conscience des appuis et du schéma corporel. Il faut, non seulement favoriser le sommeil, mais le rendre réparateur. Chaque fois que possible, on fera des étirements verticaux ascendants de la colonne vertébrale. Par exemple, dans la posture de la montagne (240), on "poussera le ciel avec sa tête". Au cours des respirations qui comportent des rétentions d'air ou kumbakha, on les réalisera systématiquement, sauf s'il existe des contre-indications d'autre origine.

2) *Difficultés d'endormissement liées à l'anxiété ou à l'angoisse.* Celles-ci commencent souvent à se manifester en fin de journée pour devenir plus intenses encore au moment du coucher. Il vaudra mieux, en l'occurrence, faire la séance de yoga un peu avant 18 heures et faire un shavasana et un nadi shodana immédiatement avant de se mettre au lit. Cet état psychique anxieux ou angoissé témoigne souvent d'un état dépressif ou d'une prédisposition plus ou moins nette à cet égard. Pour détails sur les modalités de yoga à employer, on consultera l'article : Dépression nerveuse.

240

3) *Sommeil relativement correct*, mais trop superficiel et léger avec réveils fréquents spontanés ou à l'occasion du moindre bruit. On se référera aux modalités du yoga exposées à l'article : Hypernervosité, mais l'on insistera sur les postures en station assise comportant une élévation des bras et en faisant chaque fois que possible le jnana mudra (voir page 240).

S'il n'existe aucune contre-indication, provenant par exemple de troubles du sommeil liés à une hypertension artérielle, les posture inverses (voir plus loin) pourront s'avérer utiles.

On insistera sur ce qui favorise la concentration mentale (voir l'article) et l'on privilégiera les expirations profondes par travail des muscles abdominaux profonds, transverse surtout.

4) *Insomnie par réveil précoce* avec récupération trop intensive de la vigilance. Le réveil est actif avec ses pensées disparates ou centrées sur une idée obsessionnelle ; l'agitation, des sensations de froid ou de chaud ou d'alternance des deux accompagnent le réveil.

Dans bien des cas, le sujet ne peut se rendormir du fait que ses obligations professionnelles l'obligent à se lever. Il se sent alors fatigué et c'est lui qui consulte le plus facilement pour des troubles du sommeil. S'il a le temps de se rendormir, le sommeil est lourd, pesant, peu réparateur et entrecoupé de rêves devenant facilement des cauchemars. Le réveil s'accompagne d'engourdissement et de sensation d'épuisement. Aux yeux d'un observateur, le sommeil de la première partie de la nuit est apparemment normal, mais on note des irrégularités respiratoires, parfois une respiration trop ample et trop rapide ou trop superficielle, et parfois des pauses (apnée respiratoire). Ces sujets devront faire leur séance de yoga tôt le matin, insister sur les exercices respiratoires en privilégiant l'inspiration par travail du diaphragme.

Postures favorables au sommeil

On peut conseiller, lorsque l'insomnie s'accompagne de palpitations et de nervosité cardiaque les postures indiquées comme favorables à l'article : Tachycardie

- Dans les insomnies à caractère variable et difficilement cataloguables, on peut conseiller systématiquement des asana comportant une élévation des bras par dessus la tête : postures de l'arbre, de l'attention, du bâton, etc.

- Les postures en station assise voient leur effet bénéfique sur le sommeil majoré si on les accompagne d'un jnana mudra (voir page).
  - les postures de l'accord parfait (241) ;
  - la posture de l'angle de bassin lié (242) ;
  - la posture du lotus (243), etc.

- La posture du diamant (244) a des effets remarquables à sa phase finale dite de "feuille pliée". Au moment où l'on pose le front sur le sol, on ressent une impression curieuse de disparition de l'imagerie mentale et de grand calme attribuables à un effet de réflexothérapie.

241

242

243

244

- Les postures en station couchée sur le ventre :
  – la posture de l'arc (245) ;
  – la posture du cobra (246) ;
  – la posture de la sauterelle (247) (qui favorise une expansion respiratoire analogue à ce qu'on observe dans la phase profonde du sommeil), se montre favorable dans les insomnies par réveil précoce.
- Les postures inverses ont un effet décongestif favorable à l'induction au sommeil :
  – la posture sur la tête (248), pour les adeptes capables de l'exécuter ;
  – la posture de la demi-chandelle (249) ;
  – la posture de la chandelle (250) ;

A condition qu'il n'y ait aucune contre-indication du fait de l'état du cou.

Respirations favorables au sommeil

Toutes les respirations ayant une influence sédative et régulatrice du système nerveux sont indiquées, en les pratiquant le soir avant de se mettre au lit, en particulier le nadi shodana.

Le bourdonnement émis au cours du bhramari est propice à créer un climat d'endormissement.

246

247

245

248

249

250

Remarque sur l'action physiologique globable du yoga

Des recherches scientifiques ont permis de démontrer que les adeptes montraient dans un bon pourcentage de cas des effets positifs à l'électro-encéphalogramme, on notait, en particulier des activités électriques à bas voltage, similaires à celles qu'on observe aux premiers stades du sommeil. Le Pr Gastaut a observé sur plusieurs yogi de haut niveau des rythmes alpha soutenus, persistant malgré irruption d'éclairage violent, de bruits très sonores et de contact avec des corps chauds. Ceci s'accompagnait d'une moindre sensibilité à la douleur.

Jambes lourdes : (Voir Lourdeur des jambes).

Laryngite

Dénomination générale de toutes les inflammations du larynx, organe de la phonation, situé sur les voies aériennes, à la partie antérieure et moyenne du cou. Le larynx est intermédiaire entre le pharynx et la trachée-artère.

Elles se répartissent en laryngites aiguës et chroniques.

Les laryngites provoquent essentiellement de l'enrouement pouvant aller jusqu'à l'extinction de voix.

Mesures à prendre

Il est capital d'éviter de crier, de parler trop longtemps à voix forte ou dans de mauvaises conditions météorologiques. Les professionnels de la voix doivent faire placer leur voix par un spécialiste phoniatre.

Eviter l'alcool, le tabac, le froid, le vent, le brouillard, les fumées toxiques.

Rôle du yoga

On se souviendra que les modalités de techniques respiratoires du yoga sont contre-indiquées pendant les périodes aiguës et dans les formes chroniques de quelque intensité. Après guérison et dans les formes chroniques aux symptômes discrets, elles peuvent être à nouveau envisagées, sauf avis contraire de l'O.R.L.

Toutefois, il convient d'éliminer définitivement, comme il est de règle pour tous les sujets fragiles de la gorge, les modalités respiratoires faisant parvenir l'air rapidement, avec force et directement dans la gorge comme dans la respiration par la langue ou shitali.

En ce qui concerne les asana, l'abstention doit être formelle dans toutes les formes aiguës. Dans les formes chroniques les moins intenses, la posture du cadavre (251) et les asana les plus élémentaires pourront être poursuivis. La présence de fièvre, de douleur, l'altération de l'état général, doivent néanmoins, faire remettre à plus tard tout type d'activité.

251

La posture sur la tête (252) ou shirsasana augmente la résistance aux infections des voies aériennes supérieures et s'oppose aussi aux sensations trop faciles de refroidissement qu'éprouvent en permanence certains sujets.

252

Lipothymie

On appelle ainsi un malaise passager, souvent subit avec impression d'évanouissement imminent, mais qui se concrétise rarement. S'il survient, néanmoins, la lipothymie est devenue une syncope. Ce malaise s'accompagne, en général, d'angoisse, de sueurs, de pâleur, de flou dans la vision et de tintements ou de bourdonnements d'oreille.

CAUSES: elles sont la plupart du temps banales : émotions vives, fatigue, surmenage physique, lever trop rapide après avoir été alité longtemps, etc. Il n'en reste pas moins que les lipothymies ont parfois des causes beaucoup plus sérieuses : défaillance du myocarde, syndrome d'Adams — Stockes, perturbations de la tension artérielle dans un sens comme dans l'autre, insuffisance aortique, artérite cérébrale, etc.

Dans le domaine du yoga, il est bon de savoir que les lipothymies ont parfois tendance à se produire, au cours ou plus souvent à la fin de la séance. Cela correspond souvent à une séance mal supportée parce que mal préparée, avec un échauffement insuffisant, négligence d'un shavasana préparatoire ou à un état de fatigue physiologique ou pathologique. Il peut aussi s'agir de sujets habituellement hypotendus ou dont le tonus du système parasympathique est excessif par rapport à celui du sympathique. Or, la pratique globale du yoga a tendance expérimentablement à calmer le sympathique et à augmenter le tonus du parasympathique. Une lipothymie survenant à la fin d'une séance de yoga peut correspondre à une décompensation occasionnelle due à un effet vagotonique intempestif.

L'arrêt de la séance est évidemment nécessaire pendant l'accès de lipothymie. Par la suite, le yoga devra être adapté au tempérament en évitant les postures ou les respirations contraignantes. On évitera de travailler les yeux fermés. Les autres recommandations sont pratiquement analogues à celles que l'on donne dans les vertiges périphériques bénins (voir l'article).

Lithiase biliaire

Formation dans la vésicule biliaire de dépôts boueux ou de véritables calculs, à base de cholestérol, ou de bilirubinate de calcium, ou autres substances. On précise leur présence, leur volume et leur forme par les examens radiologiques, échographiques, etc.

Symptômes

Lorsque le volume de ces substances étrangères est suffisant, on peut voir apparaître des troubles digestifs variés et même des coliques hépatiques ou de la cholécystite dans leurs manifestations les plus spectaculaires.

Rôle du yoga

Un certain nombre d'asana ont une réputation favorable pour les fonctions hépatiques (voir les articles : Foie et Digestion).

Le yoga n'a, toutefois, qu'un rôle modeste aux côtés des mesures hygièno-diététiques et des traitements médicaux et éventuellement chirurgicaux.

A éviter:

- la posture de Vasistha (253) chez les sujets ayant présenté des antécédents de lithiase biliaire et, en particulier, des coliques hépatiques.

253

Lithiase rénale

Présence de concrétions de produits chimiques dans le bassinet du rein sous forme de petits cristaux, de graviers déjà plus gros ou de calculs proprement dits, de volume variable parfois important. L'examen au laboratoire de la nature chimique des calculs permet de différencier les lithiases oxalique, urique, phosphatique, calcique, etc. : l'association de plusieurs substances réalise les calculs "mixtes".

On précise leur présence, leur volume et leur forme par des examens radiologiques, etc.

Symptômes

Douleurs d'intensité variable, allant du simple endolorissement dorso-lombaire aux coliques néphrétiques les plus sévères ; il existe souvent de la constipation. Dans d'autres cas, la lithiase peut simuler une appendicite, une occlusion intestinale ou chez la femme, une salpingite.

Mesure à prendre

Cure de boissons abondantes devant atteindre 3 à 4 litres par jour et davantage pendant les périodes de chaleur. Exercice physique suffisant en évitant les efforts violents, les voyages fatigants, les secousses, les trépidations, le surmenage. On luttera également contre la constipation.

Le traitement médical et, éventuellement, chirurgical, le morcellement local des calculs par la lithotritie restent évidemment des thérapeutiques de premier plan. Les cures thermales sont aussi très utiles ; elles sont à répéter chaque année : Vittel, Evian, Capvern, Contrexéville, etc.

Rôle du yoga

Un certain nombre d'asana ont la réputation de stimuler les fonctions rénales et de favoriser l'élimination de l'urine. Ils peuvent ainsi s'opposer dans certains cas à la formation de cristaux, de sable et de calculs organisés aux divers étages des voies urinaires (rein, uretère, vessie, urètre). Lorsque la lithiase est constituée, ils peuvent servir de modestes adjuvants au régime et à la thérapeutique.

Asana réputés favorables

– la posture de l'élimination (254) justifie bien sa dénomination, plus spécialement à l'égard de la fonction rénale ;
– la posture du mudra de l'estomac (255) active l'élimination urinaire :
– la flexion debout (256) stimule les fonctions rénales ;
– la posture avec flexion-extension des jambes sur le bassin (257) ;
– la posture de la table à quatre pieds (258) ;
– la posture d'angle du bassin lié (259) ;
– la posture du chien museau face au sol (260) ;
– la posture du bateau (261) ;
– la posture de la tête de vache (262).

254

255

256

257

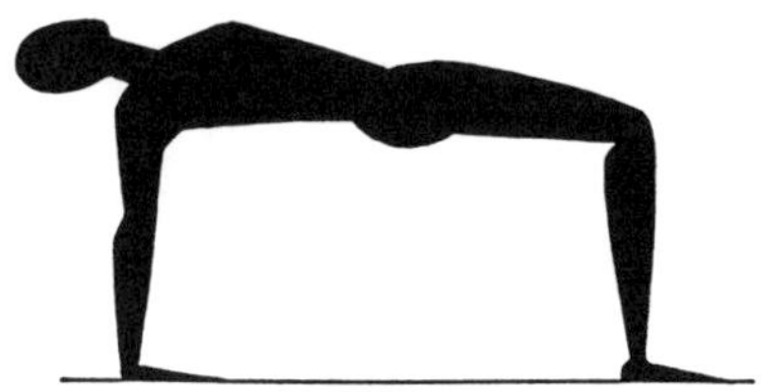
258

259

260

261

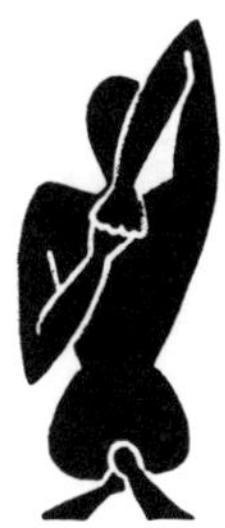
262

Lombarthrose ou Lumbarthrose

Localisation de l'arthrose (voir ce mot) aux vertèbres de la colonne vertébrale lombaire.

Incidence

Elle est d'une grande fréquence chez la femme, les obèses et surtout dans les professions où intervient un surmenage lombaire et où les déséquilibres de la statique de la colonne lombaire sont fréquents.

Symptômes

La lombarthrose est une des causes du lombago et se traduit par des douleurs lombaires habituellement diffuses et s'étendant à l'ensemble de la région externe des hanches. L'endolorissement apparaît souvent insidieusement, le matin au réveil et en fin de journée ; il est aussi provoqué par la fatigue. Parfois, la douleur est permanente, avec des bouffées plus douloureuses à certains moments. La douleur est variable, sourde ou très vive, tous les intermédiaires étant possibles. Elle s'accompagne d'une sensation d'enraidissement, de muscles de bois. Elle s'accroît avec l'effort et surtout le surmenage ; lorsqu'une position inconfortable est longtemps maintenue, elle a tendance à se manifester au moment où l'on change de position. Le repos la calme souvent, alors que l'humidité, le froid l'exacerbent.

Evolution

Elle est souvent capricieuse : les douleurs évoluent par poussées et peuvent s'aggraver ou s'atténuer avec le temps. Toutefois, les lésions anatomiques et les signes radiologiques ne rétrocèdent jamais ; ils sont irréversibles. S'ils peuvent se stabiliser, ils se montrent généralement lentement progressifs.

Complications :

– névralgie sciatique : c'est l'une des complications les plus fréquentes ; elle est différente de la sciatique par hernie discale (voir ce mot) ;
– névralgie de la face antérieure de la cuisse (cruralgie).

Mesures à prendre

- Repos complet au lit en cas de poussée aiguë (crise de lombago) ;
- Dans les formes chroniques, tenir compte de la localisation anatomique particulière de l'affection. On s'attachera spécialement ici à lutter contre l'obésité éventuellement associée, facteur de surcharge pour le bas de la colonne vertébrale et le bassin. Il faut éviter de soulever des charges trop lourdes ou avec une technique défectueuse, se méfier des mouvements brutaux de flexion ou de rotation du rachis, des longs voyages, des trépidations. Il est essentiel de se protéger des refroidissements ; il est conseillé de porter des sous-vêtements faisant bénéficier de l'effet protecteur de la tribo-électricité ;
- Il convient aussi d'éviter les efforts physiques violents, les stations debout prolongées, etc. Pour la nuit, placer une planche entre le sommier et le matelas peut s'avérer très efficace ;
- La protection permanente de la région lombaire peut se réaliser à l'aide de coussinets que l'on place dans le dos en position assise pour le travail, en

voiture, à table, etc. Certaines présentations adaptables à toutes les situations sont très pratiques, “posture curve”, en particulier.

- On n’oubliera pas, chaque fois qu’on doit faire un effort mettant en jeu la colonne vertébrale basse dans la vie courante, d’opérer un *Verrouillage lombaire.*

La technique est simple et efficace : contractez la musculature abdominale en rentrant le ventre et serrez les fesses.

On utilise dans certains cas un lombostat, corset orthopédique destiné à maintenir la région lombaire et dorsale de la colonne vertébrale ; il se fait en coutil baleiné, en matière plastique, etc.

Rôle du yoga

Afin d’éviter des redites, nous renvoyons à l’étude faite à ce sujet à l’article : Arthrose.

Compte tenu de la localisation lombaire, il faut, toutefois, insister sur un certain nombre de points :

– chez un sujet sain, l’apparition de douleur lombaire au cours d’un asana peut indiquer qu’il doit être simplifié, écourté ou éliminé ;
– lorsqu’une lombalgie apparaît lors d’un asana à point de départ en station assise, posture du bâton (263) etc., il est préférable que le pratiquant prenne appui contre un mur.

- Certaines postures sont redoutables si elles sont réalisées de façon incorrecte ou lors des premières tentatives d’un néophyte. A cet égard, citons :
  – la posture de la chandelle (264) ;
  – la posture sur la tête (265) où le problème est majoré par l’éventualité d’une chute intempestive lors de l’exécution ;

263

264

265

- Les postures en station couchée sur le dos au départ, renforcent le bas de la colonne lombaire lorsqu'ils comportent une flexion du tronc en avant. Ils doivent, toutefois être remis en question en cas de douleurs ou de difficulté à leur exécution.
  – la posture avec flexion-extension des jambes sur le bassin (266) ;
  – la posture de la pince assise (267).

266

267

- Les postures en station couchée sur le dos sans mobilisation du tronc ni des membres inférieurs ont l'avantage de décharger la région lombaire du poids du corps. Elles décontractent aussi les muscles dont la tension est préjudiciable à la région lombaire : carré des lombes et divers muscles abdominaux.
  – la posture du cadavre (268) ou shavasana ainsi que les techniques respiratoires dans le cadre du prânayama sont toujours utilisables même dans les formes douloureuses et le sujet bénéficiera de leur effet apaisant sur les contractures et sur la nervosité ;
  – le mudra de l'estomac (269).

- Les asana à point de départ couché sur le ventre ont des effets divergents selon la clinique.
  – la posture du chien museau face au ciel (270) ;
  – la posture du cobra (271) ;
  – la posture de l'arc (272) ;

268

269

270

271

272

– ainsi que la posture de la sauterelle (273) ont la réputation de consolider la région lombaire. Bien noter que ces diverses postures doivent être réservées aux traitements préventifs, aux enraidissements du bas du dos, aux douleurs modérées purement fonctionnelles. Elles sont contre-indiquées dans les algies marquées et dans les formes organiques surtout structurées. Toutefois, sous contrôle rigoureux, certaines algies sacro-lombaires assez intenses peuvent parfois être soulagées par une variante de la posture de la sauterelle avec flexion des jambes.

A éviter

- Postures en station debout dans le cas où elles ont une répercussion défavorable sur la région lombaire en majorant les troubles statiques de la colonne vertébrale ayant une incidence à ce niveau. On observera cet effet par exemple avec :
  – les postures avec flexion du buste en station debout : flexion debout (274), par exemple ;

Des considérations analogues s'appliquent aux :

- Postures avec torsion du rachis :
  – la torsion couchée au niveau de l'estomac (275) ;
  – la posture de Marici (276) ;
  – la torsion en triangle debout (277), etc., surtout lorsqu'à la souffrance lombaire se surajoute une lordose ou une sensibilité du nerf sciatique.
- Postures diverses :
  – la posture de la charrue (278) est éprouvante pour l'ensemble du rachis ;

273

274

275

276

277

278

– a fortiori, la posture des oreilles pressées (279) directement dérivée de la précédente et plus contraignante encore.

279

Lordose

Déviation de la colonne vertébrale par une convexité en avant.

LORDOSE SOUPLE DU SUJET JEUNE

Elle se voit surtout dans la région lombaire chez les enfants rachitiques et chez ceux dont la musculature dorsale et abdominale est hypotonique ; elle entraîne, par compensation, une cyphose du segment dorsal de la colonne vertébrale.

Mesures à prendre

Il faut s'opposer aux diverses causes, en particulier au rachitisme dont le traitement préventif est actuellement bien codifié.

Chez les hypotoniques, débiles physiques déficients musculaires : gymnastique, rééducation de la musculature abdominale, marche sur la pointe des pieds ; étant couché sur le dos, s'asseoir les pieds fixés ou lever les membres inférieurs et les baisser en les laissant droits, puis en les portant à droite et à gauche, etc. Exercices plus complexes chez le grand enfant ou l'adolescent.

LORDOSE DOULOUREUSE DE LA CINQUANTAINE

Elle s'observe surtout chez des obèses et autres sujets à musculature abdominale et dorsale déficiente ; des contractures du bas du dos accompagnent souvent ce type de lordose.

Il faut surveiller avec vigilance la colonne vertébrale et, en cas d'anomalies, prendre précocement des mesures hygiéniques, kinésithérapiques et orthopédiques : lutte contre l'obésité, gymnastique, rééducation musculaire ; chez la femme, suppression des hauts talons, port éventuel d'une ceinture orthopédique, protection du dos par des accessoires, type "posture curve".

Postures à éviter

- Toutes les postures qui cambrent la colonne vertébrale surtout dans la région lombaire et d'autant plus que la lordose est plus marquée et douloureuse. Telles sont les postures couchées sur le ventre :
  – la posture du cobra (280) ;
  – la posture de l'arc (281) ;
  – la posture de la sauterelle (282).
- Autres contre-indications :
  – la posture du demi-pont lié (283) ;
  – la posture avec flexion-extension des jambes sur le bassin (284) ;
  – la posture en triangle debout (285) ;
  – la torsion en triangle debout (286).

280

281

282

283

284

285

286

Postures favorables

Ce sont celles qui fléchissent en avant la colonne vertébrale :

– la posture de la pince assise (287) ;
– la posture en torsion couchée au niveau de l'estomac (288) ;
– la posture du grand mudra (289) ;
– la posture en flexion du bassin assis (290) ;
– la posture avec flexion du bassin en étirement latéral (291).

Et certains asana tels que :

– la posture de la tortue (292) utilisable dans les lordoses douloureuses des premiers mois de la grossesse ;
– la posture de la tête de vache (293) doit son efficacité à l'agrippement des mains derrière le dos.

287

288

289

290

291

292

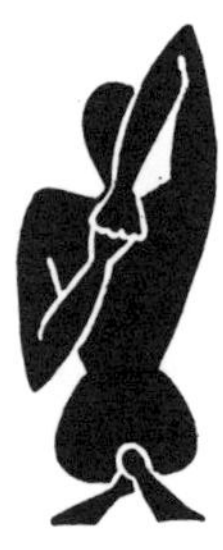

293

Lourdeur des jambes

Ce symptôme particulièrement désagréable, surtout lorsqu'il se manifeste la nuit peut avoir diverses causes. Avant de parler de troubles circulatoires, il convient de faire un bilan complet. Les causes peuvent être artérielles (artérite oblitérante des membres inférieurs), veineuses (varices), d'origine hormonale, etc. La prise de la pilule, les stations debout avec piétinement (coiffeurs, etc.) favorisent la lourdeur des jambes.

Rôle du yoga

Il ne peut avoir d'influence favorable que s'il s'agit de troubles circulatoires bénins.

Dans toutes les autres formes, s'imposent les traitements médicaux : hormones, vaso-dilateurs, toniques veineux, etc., ou chirurgicaux : stripping ou sclérose des varices, sympathectomie, ou autre intervention pour artérite.

Pour les asana favorables éventuellement, on voudra bien se reporter aux articles : Circulation (trouble de la), et Règles.

Asana favorables pour la circulation des jambes :

– la posture de l'élimination (294) ;
– la posture avec flexion-extension des jambes sur le bassin (295) ;
– l'ensemble des postures inverses : la posture sur la tête (296) ; la posture de la chandelle (297), etc.

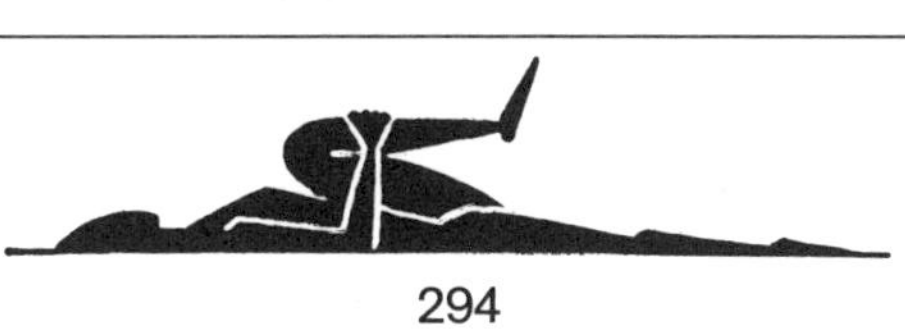

294

295

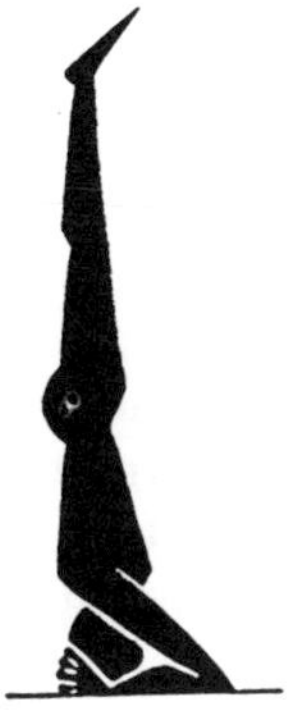

296

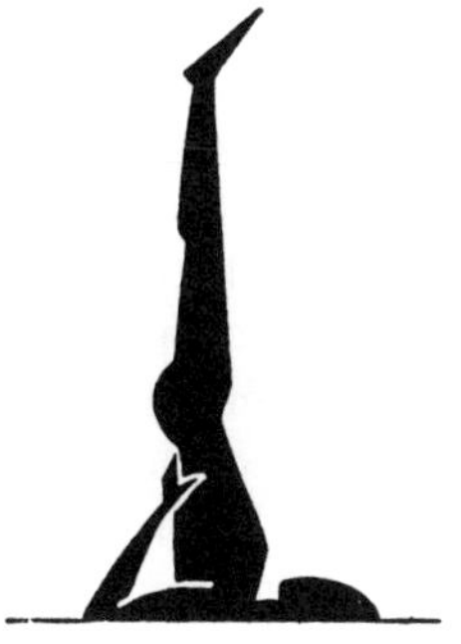

297

Maux de tête, (voir Céphalée).

Mémoire

Faculté de retenir et d'évoquer les souvenirs.

La mise en évidence de la structure de la molécule d'ADN a autorisé une explication organique de la mémoire : le code utilisé pour obtenir les informations est un code chimique, analogue à un alphabet morse qui compterait 4 signes.

La mémoire du neurone du cerveau humain comporte :

– une mémoire permanente, constituée par l'ADN, détenteur des informations génétiques ;

– une mémoire fugace, constituée par l'ARN des ribosomes;
– une mémoire relativement stable et qui ne cesse de s'enrichir, constituée par des molécules dont la fabrication a été ordonnée par l'ARN, acide ribonucléique, facteur essentiel de mémorisation en fonction des ordres.

Rôle du yoga

Le siège des modifications biologiques constitutives de la mémoire, se situe essentiellement au niveau de la circonvolution limbique ou rhinencéphale, partie phylogénétiquement la plus ancienne du cortex cérébral. D'autres structures du cerveau concourent également à l'établissement de la fonction mnémonique. Le yoga ne peut avoir aucune influence directe sur tous ces éléments. La pratique de ses modalités peut, néanmoins, favoriser la mémorisation en améliorant le Psychisme et en stimulant le pouvoir de Concentration mentale (voir les articles correspondants).

En ce qui concerne les respirations, leur effet bénéfique vient plus de leur globalité que des modalités particulières. Les recommandations concernant l'usage sélectif du kapalabhati ne reposent pas sur des bases suffisantes pour être acceptées sans réserve.

Musculature (Harmonie de la)

Un certain nombre d'asana ont pour propriété d'harmoniser la musculature; ceci se traduit par une apparence esthétique plus agréable à l'œil avec disparition des nœuds musculaires, des renforcements anormaux de masses musculaires et des plaques de cellulite; ceci est particulièrement valable pour la femme.

Asana réputés favorables:

– la posture de l'arbre (298) équilibre spécialement l'harmonie musculaire entre le mollet et la cuisse;
– la posture de la chaise (299) équilibre et harmonise la musculature des membres inférieurs;
– la posture en flexion-extension des jambes sur le bassin (300) équilibre la musculature du dos et des membres inférieurs;
– la posture du grand mudra (301) développe une étonnante harmonisation générale du corps;
– la posture en triangle debout (302) doit ses effets à son exécution rigoureusement symétrique;
– la posture du danseur (303) donne à la musculature la grâce engendrée par les postures d'équilibre esthétique.

Nervosité excessive

Voir Hypernervosité et Psychisme.

Névrose

Variété de déséquilibre mental systématisé; le malade en est conscient et la névrose ne s'accompagne pas de délire vrai, même si elle est génératrice de comportement plus ou moins bizarre ou anormal : rites de conjuration, réaction de fuite, etc.

On distingue :

LA NÉVROSE HYSTÉRIQUE

Dans cette forme, le malade se complaît consciemment ou inconsciemment dans ses symptômes. Il n'est guère de traitement utile, la guérison d'un trouble faisant généralement en naître un autre parfois plus grave.

298

299

300

301

302

303

LA NÉVROSE D'ANGOISSE

Elle est caractérisée par l'absence de motivation, par son retentissement mental très pénible et par les constrictions douloureuses et inquiétantes de la région épigastrique ou de l'aire cardiaque.

Rôle du yoga

Il complète utilement les effets de l'indispensable médication anxiolytique.

LA NÉVROSE OBSESSIONNELLE

Dans cette forme, le sujet ne peut se débarrasser d'idées pathologiques non fondées.

Rôle du yoga

Son indication, d'après les spécialistes, est beaucoup plus restreinte que dans les névroses phobiques et d'angoisse.

Il reprend son intérêt dans la prévention des rechutes et par une combinaison respiratoire de l'inspiration fractionnée si spéciale de la première phase du viloma avec l'expiration en ujjayi (voir chapitre III). Le kapalabathi n'a pas expérimentalement l'effet majeur qu'on lui a attribué, contre les obsessions.

LA NÉVROSE PHOBIQUE

– Elle est déclenchée par un objet ou par une situation : agoraphobie ou peur des espaces, éreutophobie ou peur de rougir, phobies des lieux clos ou claustrophobie, des instruments tranchants, etc.

Rôle du yoga

Il est dénué d'action spécifique, mais il renforce l'action des médicaments ou de thérapeutiques comme la thérapie comportementale. Voir Dépression nerveuse, Hypernervosité et Psychisme.

Le Shasavana Thérapeutique (voir page 156) se montre spécialement actif ici s'il est suivi d'une approche sophrologique et associé à des médications homéopathiques type Ignatia et Gelsemium à hautes dilutions.

Le nadi shodana est également efficace, sous réserve de maîtriser parfaitement les kumbakha et les freinages narinaires.

Obésité

En aucun cas, le yoga ne peut constituer une thérapeutique isolée de l'obésité. L'obésité est un problème très complexe. Un certain nombre de cas relèvent d'un appétit excessif et ce type d'obésité répond à un régime hypocalorique bien conduit, éventuellement associé à des médications réductrices de la faim.

Dans d'autres circonstances, un rôle plus ou moins primordial est dévolu à un déséquilibre neuro-psychique, à un terrain héréditaire défavorable, parfois hors de portée de toute thérapie, à des troubles hormonaux, à une insuffisance circulatoire, à une respiration débilitée.

Dans maints de ces chapitres, le yoga peut jouer un rôle et, bien manié, ce rôle peut être capital.

L'excès de poids est à la fois inesthétique, gênant pour les actes de la vie courante et dangereux par les complications que sa présence entraîne tôt ou tard au niveau de l'appareil cardio-vasculaire, des rhumatismes articulaires et surtout de l'arthrose et de nombreux autres systèmes organiques.

Les gros obèses

Ils posent les mêmes problèmes que la femme enceinte en fin de grossesse. L'obésité entrave la respiration. Les apophyses épineuses de la colonne vertébrale peuvent devenir sensibles par suite de la mollesse des tissus et les postures en station couchée sur le dos sont ainsi rendues pénibles. Certaines doivent alors être modifiées ou réalisées sur le côté.

Obésité moyenne et légère

Toutes les postures réalisables sans difficulté sont la source d'un exercice physique utile, mais on ne doit escompter d'elles qu'un effet minime sur le poids. Encore faut-il leur donner une intensité suffisante et les répéter régulièrement.

Les modalités respiratoires du prânayama sont utiles en améliorant la capacité respiratoire et en développant la musculature thoracique. Il ne faut pas méconnaître le pouvoir sur la destruction d'une fraction des graisses corporelles par la respiration, ce qu'on appelle techniquement la lipodiérèse respiratoire. Le prânayama, sous forme de nadi shodana surtout a des effets sédatifs du système nerveux très nets. L'accroissement de la lucidité et du pouvoir de concentration mentale engendré par nombre de ces techniques peut rendre l'obèse plus conscient de ses actes et accroître sa motivation de suivre l'indispensable régime.

Des techniques annexes telles que le mula bandha et l'uddiyana tonifient la musculature abdominale et luttent contre le dépôt de graisse à ce niveau.

Nous donnons ci-dessous une liste de postures et autres techniques que les professeurs de yoga incluent volontiers dans leurs programmes lorsqu'il s'agit d'élèves ayant tendance à l'embonpoint :

- ***Postures inverses***

  (à condition que l'obésité ne soit pas par elle-même une entrave à leur exécution)

  – la posture de la demi-chandelle (304) ;
  – la posture de la chandelle (305) ;
  – la posture sur la tête (306) ;
  – la posture du chien museau face au sol (307) ;
  – la posture de la charrue (308).

- ***Postures avec torsion***

  – la torsion assise de Marici (309) ;
  – la torsion couchée au niveau de l'estomac (310) ;
  – la torsion en triangle debout (311).

- ***Posture couchée sur le ventre***
  – la posture de l'arc (312) ;
  – la posture du cobra (313) ;
  – la posture de la sauterelle (314).
- ***Postures avec flexion du buste en avant :***
  – la posture en flexion debout (315) ;
  – la posture de la pince assise (316).
- ***Certaines postures,*** par leur effet sédatif particulier, s'opposent à l'appétit excessif qu'engendre souvent la nervosité intérieure ou objective et l'état anxieux des obèses :

– la posture de la tortue (317) ;
– la posture de Vasistha (318) ;
– la posture du cadavre (319) ;

spécialement active sous forme de shavasana thérapeutique (voir page 156) et associée à une approche sophrologique et à la prise de modérateurs modernes de l'appétit, non excitants et d'action métaboliques.

Obsessions

On considère la respiration combinant l'inspiration fractionnée si particulière de la première phase du viloma et une expiration en ujjayi comme propre à prévenir et à dissiper les idées obsédantes, à condition qu'elles n'entrent pas dans le cadre d'une névrose obsessionnelle déjà structurée. Il en est de même pour le kapalabathi, de façon beaucoup plus modeste.

Odorat

La posture du vautour (320) ou ranahaddu asana a la réputation de stimuler l'odorat. Mais en cas de forte diminution olfactive, elle ne peut servir que d'adjuvant aux soins ORL où les corticoïdes sont souvent employés et à l'organothérapie mettant en œuvre des préparations le plus souvent en suppositoires associant muqueuse nasale et nerf olfactif en dilutions basses, stimulantes.

320

Pharyngite

Inflammation du pharynx, élément anatomique qui correspond à un carrefour aéro-digestif et comprend trois parties : la région supérieure ou naso-pharynx, la région moyenne ou buccale, la région inférieure ou pharyngo-œsophagienne. Les pharyngites peuvent concerner l'ensemble du pharynx ou se localiser au voile du palais ou à ses piliers ou aux amygdales ; cette dernière localisation, très fréquente, correspond aux angines (voir ce mot).

On répartit les pharyngites en aiguës et chroniques.

Les sujets prédisposés sont ceux qui vivent dans un climat froid et humide, ceux qui sont exposés aux vents, aux fumées, aux poussières, aux courants d'air, les fumeurs, ceux qui travaillent avec des produits gazeux irritants, les alcooliques chroniques, les pléthoriques, les anxieux, les spasmophiles.

Rôle du yoga

RESPIRATIONS

On se souviendra que les modalités respiratoires du yoga qui introduisent l'air directement, rapidement et fortement dans la gorge, sont ici contre-indiquées, en particulier la respiration par la langue ou shitali.

POSTURES

Hormis la posture du cadavre (321) ou shavasana et quelques asana de simplicité élémentaire, toute activité dépendra de l'appréciation médicale, l'abstention étant, toutefois, de règle dans les formes aiguës.

321

Dans les formes chroniques, on reconnaît un certain intérêt à :
– la posture de la charrue (322) qui décongestionne la gorge ;
– la posture sur la tête (323) accroît la résistance aux inflammations des voies aériennes supérieures.

322

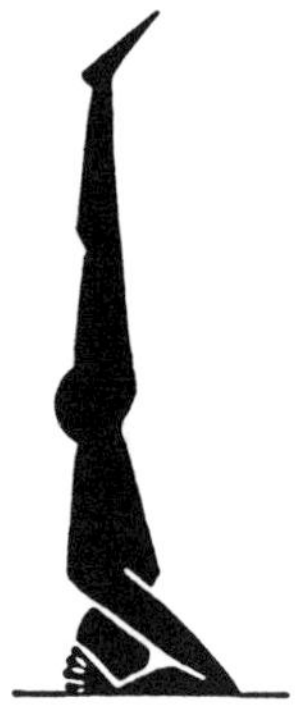

323

Prolapsus de l'utérus ou prolapsus utérin

Abaissement et tendance à sortir à l'extérieur de l'utérus et du vagin, par suite du relâchement des muscles et des aponévroses du plancher pelvien et du périnée et de l'affaiblissement des ligaments et autres moyens de suspension.

Selon les modifications anatomiques réalisées, on distingue :

1. Le cystocèle ou prolapsus vaginal, qui est le type le plus habituel et qui correspond à une chute de la paroi antérieure du vagin entraînant la vessie ;
2. Le rectocèle, variété dans laquelle c'est la chute de la paroi postérieure du vagin qui entraîne la paroi antérieure du rectum ;
3. Le prolapsus de l'utérus ou descente de matrice, comportant trois degrés, selon que le col utérin abaissé reste encore à l'intérieur du vagin ou qu'il se présente à la vulve ou enfin qu'il fasse saillie à l'extérieur.

Mesures à prendre

Eviter les efforts violents et brusques ; entretenir par la gymnastique et par les soins kinésithérapiques la musculature abdominale, en particulier pendant la grossesse et après l'acccouchement ; réparer rapidement et soigneusement les déchirures du périnée.

Rôle du yoga

Certains asana ont une réputation positive en ce qui concerne la prévention des ptoses abdominales en général. On les utilise aussi bien contre le prolapsus utérin que pour la ptose rénale.

Asana considérés comme bénéfiques :
– la posture de l'élimination (324) ;
– la posture avec flexion-extension des jambes sur le bassin (325).

324

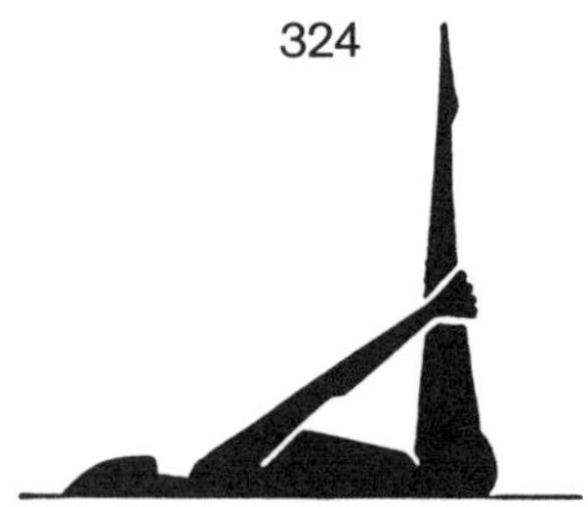

325

Techniques annexes :

– le mula bandha et l'uddiyana (voir chapitre III) ont des effets positifs dans nombre de cas.

Prostate (affections de la)

Le yoga est contre-indiqué en cas d'inflammation de cette glande : prostatites aiguës ou chroniques et de tumeurs malignes.

Dans l'hypertrophie (ou adénome de la prostate) non compliquée, il n'a aucun pouvoir sur l'état organique et peut, tout au plus, avoir un effet préventif ou modérateur de l'évolution grâce à la mise en jeu des asana qui améliorent globalement la circulation au niveau du petit bassin :

– la posture de l'angle de bassin lié (326) ou posture du cordonnier, ainsi nommée aux Indes parce que c'est l'attitude quotidienne des cordonniers dont la tradition veut qu'ils évitent ainsi les troubles prostatiques ;
– la posture du chameau (327) ;
– la posture du bateau (328) ;
– la posture de la sauterelle (329).

Il ne saurait être question, néanmoins, de différer les traitements médicaux ou la cure chirurgicale éventuellement décidés.

326

327

328

329

Psychisme

Le yoga intervient favorablement sur le psychisme de différentes façons.

En premier lieu, grâce aux effets souvent étonnants des modalités respiratoires dans le cadre du prânayama.

Respirations réputées bénéfiques pour le psychisme :

– le nadi shodana : ses effets apaisants sont puissants et durables ;
– les diverses combinaisons mettant en jeu tantôt l'inspiration fractionnée si spéciale du viloma, tantôt la technique expiratoire de l'anuloma, avec un mouvement complémentaire respiratoire en ujjayi sont utilisables dans diverses perturbations mentales mineures : hypernervosité, émotivité pathologique, timidité, angoisse névrotique paralysante, tremblements d'origine nerveuse, trac, etc., (voir les différents articles) ;
– le shitakari et le shitali ont des effets bénéfiques.

Un mudra assez spécifique :

– la simplicité d'exécution du jnana mudra n'élude pas sa puissance effective explicable par la réflexothérapie et par des notions d'acupuncture (voir page 240).

Asana réputés bénéfiques pour le psychisme

Leur action sédative s'accompagne d'un accroissement de la résistance aux stress :

– le type des postures bénéfiques pour le psychisme est :

– la posture du cadavre (330) ou shavasana. Sous forme de Shavasana Thérapeutique (voir page 156), elle s'adresse aux maladies psychosomatiques ;

330

– la posture de la tortue (331) a une action anti-stress ; elle est sédative aussi bien chez les dépressifs que chez les colériques ; elle est euphorisante chez le sujet normal ;

331

– la posture en torsion couchée au niveau de l'estomac (332) dissipe l'angoisse et calme l'agitation mentale ;

332

– la posture de la montagne (333) restaure la confiance en soi, stimule la concentration mentale et chasse la timidité ;

333

– la posture de l'accord parfait (334) est classiquement représentative de l'association d'effets tranquillisants et clarifiants du psychisme.

334

Sont également favorables :
- la posture du lotus (335) ;
- la posture de Marici (336) ;
- la posture sur la tête (337) ;
- la posture du chien museau face au ciel (338).

335

336

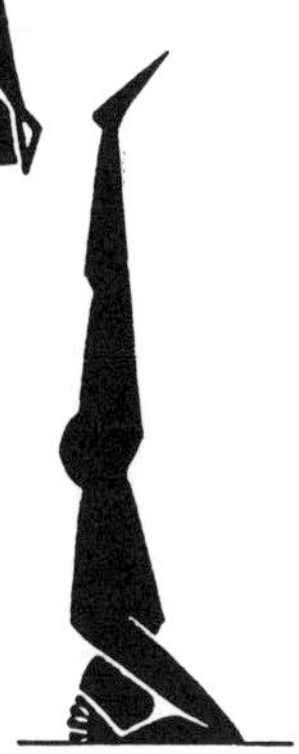

337

338

Ptose

On appelle ainsi la descente pathologique d'organes abdominaux par suite de relachement de leurs ligaments ou d'autres modalités de fixation.

Presque tous les organes peuvent être ainsi touchés : estomac, reins, intestins, utérus, etc. Ceci s'accompagne souvent de retentissements pathologiques fâcheux.

On voudra bien se reporter pour détails aux articles : Rein (ptose du) et Prolapsus utérin ou ptose de l'utérus. L'on y verra que certains asana ont une réputation favorable à l'égard de la prévention des ptoses.

- la posture avec flexion-extension des jambes (339), par exemple, ainsi que des techniques annexes : mula bandha et uddiyana en particulier.

339

Toutefois, lorsque la ptose est réalisée, le rôle du yoga devient bien aléatoire, simple adjuvant s'opposant à une aggravation trop rapide, peut-être, mais on ne doit en aucun cas compter sur lui pour différer une intervention chirurgicale médicalement prévue (pexie) ou les mesures orthopédiques (bandages).

Règles

Synonyme : écoulement menstruel, périodes, menstrues.

Ecoulement de sang qui se fait à des époques périodiques par les voies génitales chez la femme de la puberté à la ménopause.

L'intervalle entre les règles, ou cycle menstruel, est normalement de 28 jours, mais il existe des cycles courts de 21 à 24 jours et des cycles longs de 30 à 32 jours, et davantage. La durée des règles est elle-même très variable : 3 à 5 jours en moyenne, parfois 1 à 2 jours ou 6 à 8 jours, ainsi que leur abondance : 150 à 200 g en moyenne, parfois quelques grammes ou 400 ou 500 g et plus. Le sang est normalememt relativement fluide, rouge foncé, dépourvu de caillot et sans odeur trop désagréable.

Les règles s'accompagnent habituellement d'une sensation de pesanteur du bassin et plus ou moins constamment de douleurs, surtout marquées le premier ou les deux premiers jours.

Les règles disparaissent provisoirement avec la grossesse dans une certaine proportion de cas, avec l'allaitement ; elles peuvent être supprimées ou modifiées sous l'effet de troubles hormonaux ou encore par le surmenage, les émotions, la chaleur, les variations météorologiques importantes, etc. Elles disparaissent avec la ménopause.

Troubles des règles

Les principales modalités sont :

– l'aménorrhée (règles absentes) ; la dysménorrhée (règles douloureuses) ; l'hyperménorrhée (règles trop longues) ; l'oligoménorrhée (règles trop courtes) ; la spanioménorrhée (règles prolongées).

Rôle du yoga

Pendant les règles, il vaut mieux éviter les postures à point de départ couché sur le ventre :

– la posture du cobra (340) ;
– la posture de l'arc (341) ;
– la posture de la sauterelle (342).

Ainsi que :

– la posture de Vasistha (343).

340

341

342

343

Divers asana, par contre, conviennent fort bien à certaines modalités de perturbations menstruelles, pour autant qu'ils favorisent la circulation sanguine en général et stimulent directement, pour divers d'entre eux, les fonctions ovariennes.

Le rôle du yoga, néanmoins, ne peut être envisagé effectivement dans les troubles des règles relevant de causes banales. Dès qu'on a affaire à des anomalies anatomiques ou à des maladies ou à des troubles hormonaux définis (ovariens ou hypophysaires ou autres), son usage devient bien aléatoire.

Asana réputés favorables:

- la posture en flexion debout (344) calme les douleurs des règles de cause banale;

344

- la posture en flexion du bassin assis (345) stimule la venue des règles dans les aménorrhées de cause banale et calme certaines dysménorrhées;

345

- la posture du bateau (346) a surtout un effet décongestif sur les ovaires;

346

- la posture du demi-pont lié (347) stimule les ovaires en améliorant globalement la circulation sanguine au niveau des organes du petit bassin;
- la posture en flexion du bassin en étirement latéral (348) décongestionne électivement les ovaires;

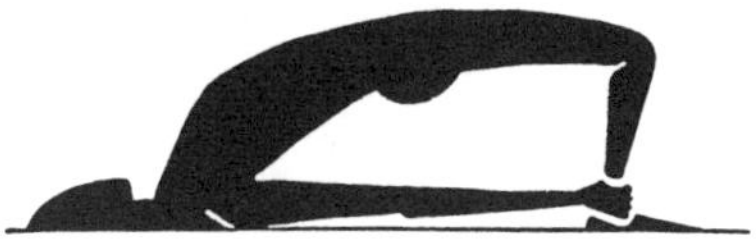

347

348

– la posture du chien museau face au sol (349) et la posture du chien museau face au ciel (350) ont une action favorable sur les organes du petit bassin et, assez électivement, sur les ovaires ;

349

350

– la posture de Marici (351) est régulatrice des fonctions ovariennes ;

– la posture de l'angle du bassin lié (352) ou posture du cordonnier est le type des postures accroupies favorables en gynécologie.

351

352

Rein (Mal de ou maux de)

Terminologie erronée attribuant faussement au rein des douleurs en réalité lombaires. On devrait dire : Lombalgies, symptôme essentiel de la Lumbarthrose (voir ce mot).

Rein (Ptose du)

Synonyme : Néphroptose

Déplacement et mobilité anormale d'un rein, le droit le plus souvent. La cause est due au relachement des éléments fixateurs de l'organe.

Circonstances favorisantes

Amaigrissement rapide, grossesses répétées, efforts physiques trop intenses, etc.

Symptômes

On distingue deux degrés :

Premier degré ou rein mobile : où n'existe qu'un déplacement limité.

Deuxième degré ou Rein Flottant : avec disparition totale des moyens de fixation. Le rein est libre dans l'abdomen.

Rôle du yoga

Les asana favorables sont ceux autorisés contre le prolapsus utérin (voir l'article).

Ils ne doivent jamais faire différer les mesures orthopédiques ou chirurgicales éventuellement décidées.

Respiratoires (Affections)

Un certain nombre d'entre elles constituent des contre-indications formelles à la pratique du yoga. Non seulement aux asana, mais aussi aux diverses modalités respiratoires dans le cadre du prânayama : toutes les affections aiguës; bronchite, trachéite, congestion pulmonaire, pneumomie, pleurésie, tuberculose pulmonaire évolutive, etc. L'obstruction nasale quelle qu'en soit la cause doit être traitée avant de pratiquer le yoga.

Les affections pulmonaires chroniques méritent une étude individuelle attentive. Voir spécialement les articles : Emphysème et Asthme.

Sciatique ou Névralgie sciatique

Douleurs dans le territoire du nerf sciatique, le plus souvent liées à un conflit entre un disque intervertébral et une racine nerveuse. Le cas le plus fréquent correspond à une hernie discale qui comprime les racines postérieures, sensitives du nerf; lorsque les racines antérieures, motrices, sont également touchées, on a affaire à la sciatique paralysante.

Symptômes

La douleur est le symptôme majeur. Elle s'accompagne souvent d'agitation et d'insomnie : elle est accrue par la toux. Les efforts de défécation, l'éternuement. Le repos ne la calme pas ou très peu.

Selon le siège de la douleur, on distingue deux cas principaux :

1. Sciatique L5

Elle correspond, en cas de hernie discale, à une hernie entre la 4ᵉ et la 5ᵉ vertèbre lombaire. Les douleurs siègent dans la région lombaire et descendent le long de la face externe de la cuisse. Elles passent ensuite le long de la région antérieure et externes de la jambe, passent en avant de la région externe de la cheville, croisent obliquement le dos du pied et atteignent finalement le gros orteil.

2. Sciatique SI

Elle correspond en cas de hernie discale, à une hernie entre la 5ᵉ vertèbre lombaire et la 1ʳᵉ Sacrée. La douleur se manifeste également dans la région lombaire, mais descend cette fois le long de la région postérieure ou postéro-externe de la jambe : elle passe en arrière de la région externe de la cheville, continue son trajet sous la plante des pieds et aboutit généralement au niveau du 5ᵉ orteil.

Rôle du yoga

On a coutume de citer la sciatique comme contre-indication formelle à la pratique du yoga. Ceci est exact pour la majeure partie des formes aiguës et douloureuses et même pour un grand nombre de formes chroniques. On verra, pourtant, avec l'étude ci-dessous qu'une certaine discrimination doit être faite :

La posture du cadavre (353) ou shavasana qui ne demande aucun effort physique est toujours réalisable et les techniques respiratoires conservent toujours leur intérêt quel que soit le type de sciatique.

353

Asana réputés bénéfiques dans certaines sciatiques (le plus souvent à titre purement préventif) :

– la posture de la chaise (354) est réputée pour consolider la 5e vertèbre lombaire, cette charnière si fragile de la colonne vertébrale, à condition de conserver le dos bien droit pendant son exécution. Elle se montre favorable préventivement chez le sujet sain. Elle peut aussi amender certaines sciatiques chroniques si l'on met à profit les périodes de calme loin des poussées douloureuses ;

– la posture du diamant (355) a la réputation d'être sédative de l'irritabilité sciatique ; à éviter toutefois, en période douloureuse ou si elle est mal supportée ;

– la posture en flexion-extension des jambes sur le bassin (356) est considérée comme favorable pour le nerf sciatique, chez le sujet sain et chez les malades atteints de sciatique chronique bénigne loin des périodes douloureuses. L'apparition de douleur constitue le signe de Lasègue et l'arrêt de l'asana doit être immédiat ;

– la posture en angle de bassin lié (357) est également sédative ;

– la posture en flexion du bassin en étirement latéral (358) a un effet sédatif sur certaines sciatiques chroniques, loin des épisodes aigus.

354

355

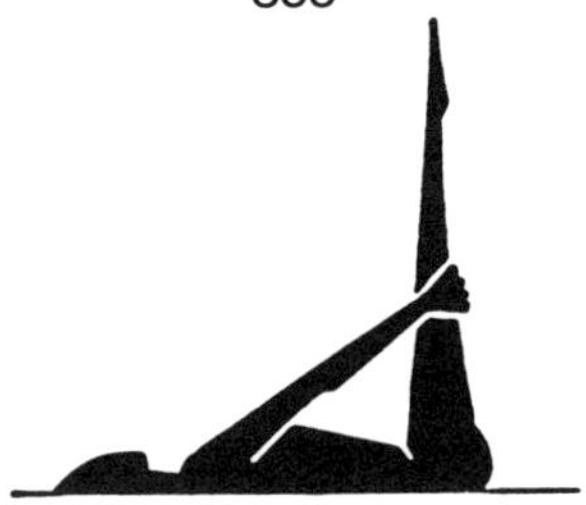

356

357

358

Asana à éviter

Il s'agit surtout de ceux qui ont une influence désastreuse sur la hernie discale ; afin d'éviter des redites, nous vous prions de vous reporter à l'article correspondant.

Scoliose

Déviation latérale de la colonne vertébrale ; on distingue les scolioses droite ou gauche selon que la convexité regarde d'un côté ou de l'autre.

On oppose l'attitude scoliotique à la scoliose vraie. L'attitude scoliotique représente la majorité des scolioses des écoliers. Elle est due à une mauvaise attitude passagère, correctible par la volonté.

Hygiène générale

Eviter le surmenage physique chez l'enfant; mobilier scolaire bien adapté à la taille; surveillance de la bonne tenue permanente de la colonne vertébrale et, en particulier, pendant le séjour en classe ; examen médical régulier du dos ; temps suffisant consacré à la gymnastique et au sport ; fortifier les os et les ligaments.

Un certain nombre de scolioses sont provoquées par le port de cartables trop lourds et toujours portés du même côté par les écoliers ; le port alternatif à droite et à gauche doit être conseillé à l'enfant.

Rôle du yoga

Asana réputés bénéfiques :

- la posture en torsion couchée au niveau de l'estomac (359) prévient la scoliose et s'oppose à son aggravation lorsqu'elle est constituée. Dans les cas avancés ou structurés, le rôle du yoga devient, toutefois beaucoup plus aléatoire. Il peut, tout au plus, servir d'adjuvant des mesures kinésithérapiques de rééducation. En aucune circonstance, le yoga ne pourrait différer les mesures orthopédiques ou chirurgicales décidées par un spécialiste ;

359

- la posture du bâton (360) contribue à la restructuration de la colonne vertébrale ;

360

- la posture avec flexion-extension des jambes sur le bassin (361) prévient les déformations vertébrales quel qu'en soit le type ou s'oppose à leur aggravation sauf en cas de lordose lombaire associée :

361

– la posture en triangle debout (362) et la posture en torsion en triangle debout (363) ont une réputation favorable, mais elles deviennent contre-indiquées s'il existe en même temps que la scoliose une lordose vertébrale ou des troubles articulaires concernant la hanche ;

362

363

– la posture de la tête de vache (364) a un effet correcteur qui porte surtout sur le segment dorsal de la colonne vertébrale ;

– la posture du chien museau face au sol (365) ainsi que :

364

365

– la posture du chien museau face au ciel (366) consolident favorablement la structure du rachis, les répercussions étant surtout sensibles au niveau du segment dorsal ;

366

– la posture du diamant (367) restructure la colonne vertébrale et présente un intérêt particulier lorsque la scoliose s'associe à une cyphose (cyphoscoliose) ;

367

– la posture de la tortue (368) a des effets identiques à ceux de la précédente ;

– la posture du demi-pont lié (369) prévient spécialement les déformations vertébrales au niveau du cou, tout en s'opposant à la raideur du segment dorsal du rachis ;

368

369

– la posture de Vasistha (370) a un effet correcteur des scolioses ;

– la posture en torsion couchée au niveau de l'estomac (371) se montre surtout utile pour la prévention et pour les cas peu structurés.

370

371

Spasmophilie

On nomme ainsi un ensemble de manifestations pathologiques assez complexes qu'on définit d'une façon relativement vague : état permanent, mais latent d'hyperexcitabilité neuro-musculaire, réalisant une prédisposition humorale à une baisse du taux du calcium dans le sang et au déficit magnésien, ces perturbations conditionnant des accès de contracture, de convulsions pouvant aboutir à des crises de tétanie.

Causes

Elles sont très variables et concernent des domaines fort différents : trouble fonctionnel ou lésion organique de glandes à sécrétion interne comme les glandes parathyroïdes, perturbation du métabolisme du calcium, du magnésium, du phosphore, etc., par carence alimentaire ou assimilation déficiente, etc. Outre ces causes qui font appel à des mécanismes concrets, il faut faire une part très grande dans la spasmophilie aux circonstances favorisantes : surmenage prolongé, aussi bien physique que mental, insomnie chronique. Tous les stress peuvent être générateurs de crises de spasmophilie surtout s'il existe un terrain constitutionnellement anxieux chez la personne qui les subit : deuil, vive contrariété financière, familiale, sociale, etc.

Symptômes

La fatigue est la manifestation la plus fréquente, presque constante (9 cas sur 10). Le sujet se réveille fatigué, épuisé et cette fatigue se dissipe dans la soirée. Une autre caractéristique de la spasmophilie concerne une tendance à des crispations musculaires permanentes ou tout au moins facilement provoquées. Elles touchent parfois l'ensemble de la musculature du corps, mais, le plus souvent elles sont localisées aux muscles de la nuque, du dos, des bras et la raideur et la contracture qu'elles engendrent s'accompagnent souvent de douleurs. Parmi les autres signes plus ou moins courants : fourmillements, crampes brutales, malaises de type lipothymiques (voir ce mot), vertiges, spasmes respiratoires ou digestifs, dyspepsie, constipation ou diarrhée ou alternance des deux, déséquilibre nerveux avec tendance dépressive, crises d'anxiété, parfois manifestations phobiques.

Signes d'examen

Les examens de laboratoire, dosages de la calcémie, de la magnésémie, etc., donnent des résultats trop inconstants pour être fiables. L'hyperexcitabilité neuro-musculaire se traduit au praticien par le "signe de Chvostek". Un autre signe spectaculaire est le "signe de Trousseau" ou main d'accoucheur, contracture de la main produite par la compression du bras par un garrot. L'électromyogramme, examen musculaire électrique, malheureusement de pratique délicate, donne des renseignements intéressants sur l'activité des nerfs intéressés dans le déclenchement du phénomène.

L'un des faits les plus importants est que le maintien d'une respiration ample et rapide (hyperpnée) consacre l'état de spasmophilie en le rendant très net s'il était seulement douteux auparavant. "C'est là le signe absolu du terrain spasmophile" (Pr Klotz).

Rôle du yoga

On comprend dès lors le rôle fondamental du yoga dans la spasmophilie : une grande partie du yoga est basée sur des respirations dont les mécanismes sont codifiés de façon très précise. Il en résultera aussi bien des indications avec toutes les modalités respiratoires qui ralentissent le rythme et le régularisent que des contre-indications avec les respirations rapides, puissantes ou irrégulières.

Respirations favorables: Nadi shodana (à condition d'éviter les rétentions de souffle ou kumbakha), respiration complète, pratiquée en détente et avec modération, Samavritti (sans rétention d'air), Ujjayi.

Respirations à éviter: Anuloma, Bhastriska, Kapalabathi, Shitakari, Shitali.

Le type des contre-indications majeures est représenté par le Viloma.

Postures favorables: ce sont toutes celles qui confèrent la détente et la relaxation. Au premier rang, l'on placera évidemment la posture du cadavre (372) ou Shavasana dont la forme "thérapeutique" (voir page 156) permet d'aller beaucoup plus loin dans l'approche de la maladie.

372

La posture de l'accord parfait (373) est également très recommandable. On se reportera pour détails aux articles: Crampes, Angoisse, Anxiété, Calme, Dépression nerveuse, Fatigue, Hypernervosité, Psychisme, Insomnie.

373

Lorsqu'une crise de spasmophilie est déclenchée — ou s'accompagne de respiration trop ample et trop rapide — on assiste, en fait, à une manifestation d'Alcalose Respiratoire (voir l'article). Le yoga a un effet bénéfique indiscutable dans la spasmophilie en évitant le gaspillage de l'énergie nerveuse.

Remarques importantes

Aucune modalité de yoga même parmi celles qui sont les plus indiquées ne doit être poursuivie en cas de fatigue, de gêne et surtout de malaise en présence d'un terrain spasmophile.

Même s'il donne par lui-même des effets bénéfiques appréciables, le yoga ne doit jamais dispenser des mesures médicales classiques, surtout lorsqu'il s'agit de régulariser des métabolismes aussi sensibles que ceux du magnésium et du calcium ou des fonctions de glandes à sécrétion interne.

Spondylarthrite ankylosante

Cette maladie rhumatismale est d'une particulière gravité et touche des sujets relativement jeunes, en général de moins de 40 ans. Il existe une prédisposition héréditaire et les causes sont encore mal élucidées. L'évolution est capricieuse, mais provoque à la longue des déformations très importantes et aboutit à une ankylose totale de la colonne vertébrale avec déformation permanente en cyphose (dos bossu).

Rôle du yoga

Postures contre-indiquées :

Toutes celles qui comportent une flexion du buste en avant :
- la posture en flexion debout (374) ;
- la pince assise (375) ;
- la posture en flexion du bassin assis (376) ;
- la posture du diamant (377), à la dernière phase dite de "feuille pliée".

374

375

376

377

Postures bénéfiques :

Ce seront bien évidemment, toutes celles qui s'opposent à la cyphose en redressant le rachis et qui contribuent à lutter contre l'ankylose du thorax et en accroissent l'amplitude respiratoire :

- Postures couchées sur le ventre :
  – la posture de l'arc (378) ;
  – la posture du cobra (379) ;
  – la posture de la sauterelle (380) ;

- On leur associera des flexions du corps en arrière et des mouvements d'écartement ou d'élévation des membres supérieurs en station debout :
  – la posture de l'attention (381) ;
  – la posture de l'arbre (382).
- La posture du cadavre (383) ou shavasana, par la relaxation qu'elle apporte permettra d'éviter les majorations des blocages d'origine psychique et luttera contre l'état dépressif fréquent dans ce type de maladie invalidante.

Respirations bénéfiques :

Ce sont toutes celles qui se font en longana, c'est-à-dire qui privilégient les

rétentions de souffle après inspiration (antara kumbakha).

Surdité Voir Audition (troubles de l')

Surrénales (Glandes)

Rôle du yoga

Certains asana ont la réputation de stimuler diverses glandes à sécrétion interne. Dans le cadre des glandes surrénales, cet effet est reconnu à :

– la posture du cobra (384) ;

– la posture de l'arc (385).

384

385

386

387

388

389

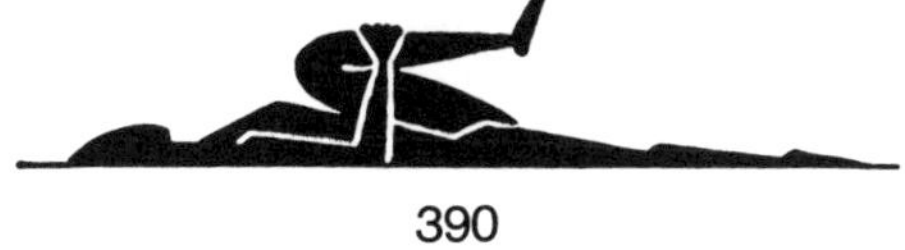

390

Tachycardie

Accélération du rythme cardiaque ; les causes sont multiples et de gravité variable ; certaines sont du ressort exclusif du cardiologue.

Dans les cas bénins, d'origine essentiellement nerveuse, certains asana ont une réputation favorable.

Asana à caractère bénéfique :

- la posture en torsion couchée au niveau de l'estomac (386) ;
- la posture en triangle debout (387) ;
- la posture de l'arc (388) ;
- la posture de la chaise (389) : régularise le rythme cardiaque, mais il est préférable de l'exécuter avec appui du dos contre un mur ;
- la posture de l'élimination (390) est conseillée dans les tachycardies d'origine neurotonique, surtout si elles sont accompagnées de palpitations avec extrasystoles.

Remarque

On peut observer au cours de la posture du bâton (391) (voir ce mot) une certaine tendance à la tachycardie. Il peut s'agir de sujets prédisposés qui feront mieux dorénavant d'éviter ce type d'asana, mais la tachycardie peut aussi être le fait d'une mauvaise technique qui bloque le diaphragme ; cet écueil doit être prévenu par le professeur.

391

Respirations favorables :

– ujjayi, d'action régulatrice de la respiration et du cœur ;
– nadi shodana, avec rétention d'air seulement après inspiration ;
– respiration complète ;
– samavritti, avec rétention d'air seulement après inspiration.

Respirations d'intérêt discutable ou à éviter :

– l'anuloma voit ici une contre-indication majeure ;
– de même le shitali et le shitakari ;
– ne pas exécuter le viloma et surtout le visamavritti ;
– le bhastrikha doit être exécuté avec prudence ;
– le kapalabathi opère un massage doux du muscle cardiaque, mais ne convient pas à bien des sujets. Il présente trop de contre-indications pour être conseillé sans réserve.

Technique annexe favorable :

– l'uddiyana bandha a des effets bénéfiques sédatifs du cœur qui subit un massage doux.

Taille (Affinement de la)

La plupart des asana impliquant une torsion du tronc lors de leur exécution, ont un effet bénéfique favorable à ce niveau.

Asana plus spécialement favorables :

– la posture en torsion couchée au niveau de l'estomac (392) ;
– la posture du vautour (393) ;

392

393

– la posture en torsion assise de Marici (394) ;
– la posture de la tortue (395) ;
– la posture en torsion en triangle debout (396) ;

394

395

396

Respiration favorable :

– la respiration complète présente un intérêt primordial pour éliminer les graisses superflues et la cellulite.

Thyroïde (Glande)

Glande endocrine ou à sécrétion interne.

Cet organe d'importance primordiale, siège au niveau du cou, à l'union des deux-tiers supérieurs avec le tiers inférieur.

L'excès de fonctionnement constitue l'hyperthyroïdie dont la manifestation essentielle est la maladie Basedow.

L'insuffisance thyroïdienne est typiquement représentée par le myxœdème. Le fonctionnement irrégulier de la glande se nomme dysthyroïdie. L'augmentation de volume de la thyroïde réalise un goître. L'inflammation de la thyroïde est la thyroïdite. La thyroïde peut aussi être le siège de tumeurs bénignes ou malignes (cancer).

Un certain nombre d'examens plus ou moins complexes permettent un examen anatomique et fonctionnel approfondi de la thyroïde.

Rôle du yoga

Divers asana ont la réputation de stimuler certaines glandes à sécrétion interne.

Asana favorables pour la thyroïde :

– la posture du cobra (397) est indiquée chez le sujet sain et en cas d'insuffisance thyroïdienne ; elle est contre-indiquée en cas de fonctionnement excessif de la glande : hyperthyroïdie ou maladie de Basedow sauf si un traitement par les anti-thyroïdiens est institué, le yoga étant incapable d'en contrecarrer les effets ;

397

– la posture de l'arc ainsi que :
– la posture de Marici (398) appellent les mêmes remarques que la précédente ;
– les postures inverses déterminent une congestion active favorable à la glande :
– la posture de la demi-chandelle (399) ;
– la posture de la chandelle (400) ;
– la posture sur la tête (401) ;
– la posture du vautour (402) ou rana-haddhu asana stimule aussi bien la thyroïde que les parathyroïdes.

Rôle du prânayama

La respiration type kapalabathi est stimulante de la fonction thyroïdienne. Elle se montre favorable chez le sujet sain et chez l'insuffisant thyroïdien. Elle est contre-indiquée en cas de fonctionnement excessif de la thyroïde. Avec le kapalabathi, les précautions habituelles (voir l'article) sont ici rigoureusement indispensables ; en les négligeant, on pourrait voir se manifester des désagréments par perturbation des fonctions thyroïdiennes avec frissons, hypernervosité, déséquilibre thermique, etc.

Tic

Mouvement pathologique à type de contraction convulsive.

Principaux tics : tic de la face, du cou, des membres, tics respiratoires et phonatoires.

Mesures à prendre

Une éducation bien comprise, la bonne hygiène du système nerveux instaurée dès

398

399

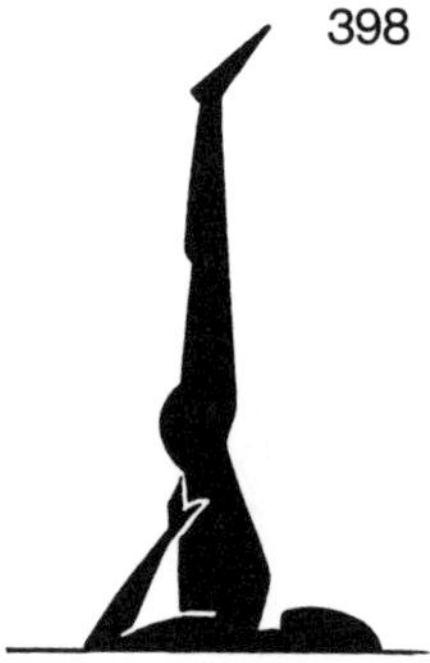

400

401

402

l'apparition des tics peuvent, parfois, enrayer les troubles. Le repos, le calme, l'obscurité, les distractions saines, etc., peuvent avoir des répercussions favorables, alors qu'il faut, au contraire, redouter des aggravations parfois intenses sous l'effet de la fatigue, des ennuis, d'un climat éprouvant.

Rôle du yoga

Le yoga peut s'inscrire dans le contexte de la thérapeutique contre l'hypernervosité (voir ce mot) et en facilitant la respiration.

De l'avis des spécialistes, les tics peuvent retirer un certain bienfait par modification du terrain sans qu'il s'agisse là d'un résultat spécifique du symptôme lui-même.

Le yoga a une influence : 1) par les modalités des techniques respiratoires dans le cadre du prânayama ; 2) par divers asana dont on trouvera la liste à l'article Hypernervosité. Les meilleurs résultats seront obtenus dans les tics dont l'origine n'est pas organique et où il s'agit surtout de l'explosion habituelle brutale d'une accumulation de tensions nerveuses banales ; 3) il complète favorablement en association à la relaxation les résultats obtenus par la thérapie comportementale.

Timidité

Etat constitutionnel ayant en général pour base l'association d'hypernervosité (voir ce mot) et d'un état de dépression nerveuse chronique (voir ce mot).

Les modalités respiratoires du yoga dans le cadre du prânayama ont un effet favorable, en particulier la combinaison de l'inspiration fractionnée si spéciale du viloma avec l'expiration en ujjayi. On peut également avoir des résultats intéressants en combinant l'inspiration en ujjayi avec l'expiration en anuloma (voir chapitre III).

Asana réputés favorables :

– la posture du chien museau face au ciel (403) restaure la confiance en soi, stimule la concentration et chasse la timidité ;
– la posture sur la tête (404) est favorable pour l'irrigation cérébrale à condition d'être exécutée parfaitement et d'éviter d'éprouver la colonne cervicale. On considère que c'est l'un des meilleurs asana du yoga à l'égard de la concentration mentale et de la maîtrise de soi-même ;

403

404

– la posture de Marici (405) a un effet sélectif pour dissiper la timidité ;

– la posture en torsion couchée au niveau de l'estomac (406) a des effets voisins.

405

406

Torticolis

Attitude vicieuse de la tête qui est fléchie sur le côté, le visage légèrement incliné en avant et regardant le côté sain. La douleur, souvent associée est parfois intense mais n'est pas constante. Un certain nombre de cas de torticolis sont chroniques. Il faut distinguer : 1) les torticolis congénitaux qui s'accompagnent en général d'autres malformations. 2) les torticolis obstétricaux. 3) les torticolis dus à diverses causes organiques. 4) Un grand nombre de torticolis s'observent à la suite de refroidissement, efforts, faux-mouvements, tension musculaire prolongée (conducteurs de véhicules, étudiants, dactylos). Ils sont, dans la grande majorité des cas, relativement bénins, de courte durée et ne laissent pas de séquelles. Néanmoins, ils sont souvent très douloureux et générateurs de nombreuses incapacités de travail. Parfois, aucune cause précise ne peut être invoquée ; c'est le torticolis dit "essentiel".

Mesures à prendre

Les rhumatisants qui redoutent cette localisation cervicale de leur mal ou les sujets qui ont déjà fait la cruelle expérience de cette affection devront éviter les refroidissements, porter des sous-vêtements les faisant bénéficier de l'effet protecteur de la tribo-électricité, se garder des efforts qui enraidissent le cou de façon prolongée, faire appel à des accessoires qui protègent le cou pendant le sommeil : oreillers anatomiques, etc.

Ils auront intérêt à assouplir le cou par une gymnastique appropriée, des massages avec rééducation des vertèbres cervicales et des muscles paravertébraux sous la direction d'un kinésithérapeute.

Rôle du yoga

Il est absolument contre-indiqué pendant la période aiguë.

On peut s'adonner à la pratique du yoga après disparition de la raideur et de la douleur. Il s'agit, de toute évidence, de sujets dont la colonne vertébrale cervicale est fragile. En conséquence, on voudra bien se reporter aux conseils donnés à l'occasion de l'article : Cervicarthrose, qui restent impératifs.

On privilégiera les moments indolores qui vont en sens inverse de ceux qui engendrent la douleur ; (règle de la Non-douleur et du Mouvement contraire de Maigne).

Trac

Plaie morale fréquente des orateurs et des artistes (comédiens, musiciens, chanteurs, etc.). Ses manifestations sont multiples. La sensation de peur s'accompagne de trou de mémoire, de striction du pharynx, de spasmes épigastriques, de sécheresse typique de la bouche, de tremblements, de rougeur ou de pâleur du visage, de débâcle diarréique, etc., aboutissant parfois à une véritable hantise.

Rôle du yoga

Respiration :

Parmi les modalités respiratoires du prânayama, le nadi shodana et le shitali (voir ces mots) sont particulièrement indiqués.

Postures :

Outre le shavasana (407) (voir page 156), surtout dans sa forme "thérapeutique", l'une des meilleures postures du yoga contre la trac est la posture de Marici (408) ou Maritcyasana.

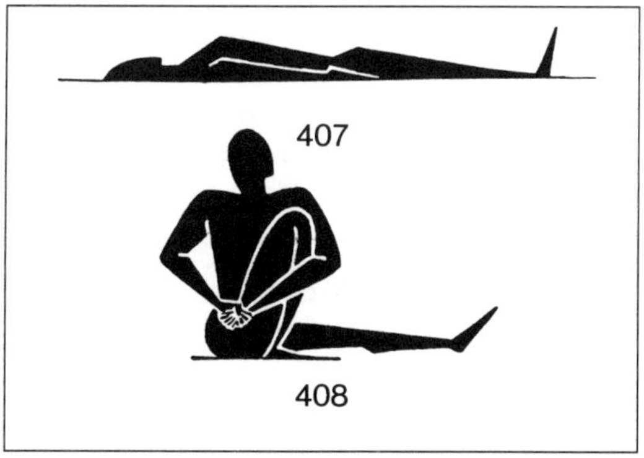

Il faut considérer le trac comme une manifestation de déséquilibre excessif du système nerveux et le traiter comme tel. Voir l'Hypernervosité.

On ne négligera pas pour autant les médications anti-trac dont les dernières en date sont les béta-bloquants en allopathie et diverses préparations homéopathiques : ignatia, arnica, gelsemium, etc., à haute dilution. On pourra faire appel aussi à l'aide plus spécifique de la thérapie comportementale par la technique de l'"immersion" ou flooding.

Tremblement

Oscillations rythmiques involontaires et uniformes observées au niveau des mains ou d'un segment anatomique précis ou encore à la totalité du corps.

Le tremblement peut se produire au repos, au cours des mouvements (tremblement intentionnel), être régulier ou irrégulier, rapide ou lent, tous ces détails ayant une importance primordiale pour le diagnostic neurologique.

On distingue :

A/LES TREMBLEMENTS AYANT UNE CAUSE PRÉCISE

Maladies infectieuses fébriles, affections neurologiques, maladie de Basedow, intoxication chronique par l'alcool, le café, le tabac, sénilité avancée, etc.

Rôle du yoga

Son intérêt est nul ou limité dans l'ensemble des formes de cette catégorie de tremblement. L'état général du malade constitue souvent par lui-même une contre-indication.

B/TREMBLEMENTS D'ORIGINE ÉMOTIONNELLE

Ils sont dénués de caractère pathologique, mais sont, néanmoins, très gênants dans la vie courante, générateurs de maladresse habituelle, de troubles de l'écriture, etc.

Dans cette variété de tremblement, la pratique du yoga reprend tous ses droits. Pour détails, on voudra bien se reporter à l'article Hypernervosité.

C/TREMBLEMENTS CONSÉCUTIFS À UN EFFORT MUSCULAIRE

Sans aucune conséquence sur la santé générale, il faut, toutefois noter la possibilité de leur apparition au cours et surtout à la fin d'une séance de yoga. Ils nécessitent un cours repos en shavasana et disparaissent rapidement.

Tristesse

Les accès de tristesse entrent dans le cadre de la vie courante et nul n'en n'est exempt. Mais, lorsque la tristesse est habituelle, intense, immotivée ou disproportionnée par rapport à sa cause, elle entre dans le cadre d'un état dépressif et doit être traitée comme telle. Voir Dépression nerveuse.

Lorsqu'il s'agit de formes à caractère psychiatrique ou simplement de formes très structurées, le rôle du yoga devient très aléatoire.

Parmi les respirations, le shitali et le shitakari ont la réputation d'apaiser la tristesse et même de rendre euphorique.

Le nadi shodana mérite, de son côté, un essai sérieux suffisamment prolongé.

Varices des membres inférieurs

Etat pathologique des veines saphènes externe et interne d'une ou des deux jambes, caractérisé par des dilatations permanentes et irrégulières ; celles-ci sont provoquées par une incontinence des valvules veineuses, corollaires à une altération de leurs parois.

C'est la distension du vaisseau veineux qui entrave la fermeture des valvules et qui permet au sang de refluer à contre-courant. Certaines varices, plus rarement observées, sont dues à une malformation congénitale des valvules.

On distingue les varices externes, bien visibles et les varices internes appréciables par diverses manœuvres.

Règle d'hygiène et de diététique

Eviter la station debout prolongée, repos suffisant, surélévation des jambes ainsi que des pieds du lit pour la nuit et, si possible par période d'au moins une demi-heure dans la journée, gymnastique et exercices rationnels, contention élastique par bandage, mais éviter d'entraver la circulation et prendre garde surtout aux supports-chaussettes, jarretelles, bas des gaines, etc.

Ne pas prendre de bains trop chauds ni exposer les jambes au soleil. Le chauffage par le sol est également nuisible. Le régime sera léger et éliminera tout ce qui peut entraîner un état congestif : alcool, sauces, graisses cuites, épices, mets faisandés, etc.

La peau sera régulièrement désinfectée, toute plaie sur ce terrain pouvant donner lieu à un ulcère.

Rôle du yoga

Certains asana ont un effet favorable pour la circulation et sont, en règle générale, bénéfiques pour les varices. Voir : Circulation (troubles de la).

Asana réputés favorables:

– la posture de la chaise (409) spécialement favorable aux variqueux;
– la posture avec flexion-extension des jambes sur la bassin (410) qui s'oppose à la formation et au développement des varices.

409

410

Les postures inverses:

– la posture de la demi-chandelle (411);
– la posture de la chandelle (412);
– la posture sur la tête (413).

411

412

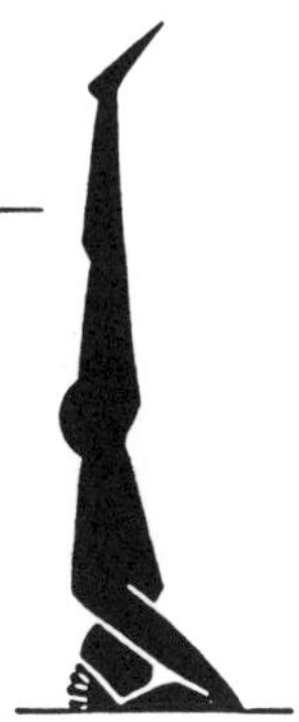

413

Dans ces asana, la surélévation des membres inférieurs et du bassin a un rôle décongestif bien connu. Il a été démontré pour ces postures de yoga avec contrôle par effet Döppler par le Dr Sevestre sur Saïda Elkéfi en juillet 1983 au centre radiologique du Dr Cremniter.

Postures contre-indiquées:

– toutes les postures maintenues en station debout de façon prolongée, leur exécution en phase dynamique étant sans conséquence:
– posture en flexion debout (414);
– la posture de l'arbre (415);
– la posture en triangle debout (416).

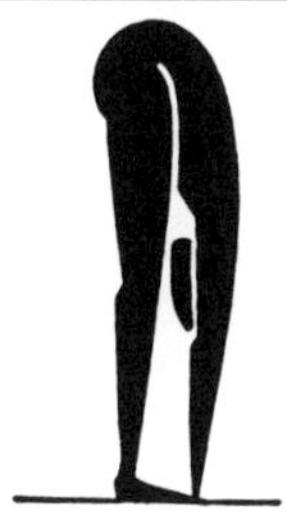

414

415

416

Remarque :

La posture de l'attention (417) entre dans ce groupe, mais si l'on insiste sur la 4e phase avec hissement sur la pointe des pieds en alternance avec des repos sur la plante, les inconvénients sont largement compensés et l'asana devient même favorable.

417

Vertiges

On appelle ainsi dans le langage courant une impression personnelle de déplacement, de balancement, de glissement ou de déséquilibre. Cela ne correspond pas à la définition médicale du vertige qui est une sensation de rotation des objets extérieurs autour du sujet.

Symptômes

Dans les cas courants qui sont plus souvent des "faux vertiges", on note souvent des malaises divers :

- tendances syncopales ou lipothymie (voir ce mot), éblouissements, nausées, etc. Les vertiges peuvent apparaître spontanément ou être provoqués. On distingue, en particulier :
- des vertiges de mouvement, provoqués par de brusques mouvements de la tête ;
- des vertiges de position n'apparaissant que lors du maintien de la tête dans une certaine position fixe.

Les vertiges sont plus ou moins discrets ou intenses et de durée fugace ou prolongée, parfois pendant plusieurs jours.

Dans les formes d'origine organique et selon la localisation de la lésion causale, le vertige peut s'accompagner d'oscillations rythmiques des globes oculaires nommées nystagmus, de troubles de l'équilibre pouvant aller jusqu'à la chute, de bourdonnements d'oreille, parfois de surdité.

Rôle du yoga

Ses effets ne concernent que les faux vertiges et les formes mineures ; ils sont assez aléatoires. On peut, toutefois, essayer :

- le jalandhara bandha (voir page 238) favorable pour certains vertiges d'origine fonctionnelle pure ou psychosomatique ;
- un intérêt spécial a été assez récemment donné aux exercices mis en jeu pour améliorer l'acuité visuelle (voir l'article) : exercices dérivés de la méthode Bates et "dristhis". On conseille pour les vertiges de les exécuter en même temps qu'une posture telle que l'angle de bassin lié ou la posture de l'accord parfait, le jnana mudra étant également systématiquement réalisé.

Certaines modalités respiratoires à rythme rapide du yoga, comme le kapalabathi, peuvent entraîner, en cas d'exécution incorrecte ou trop prolongée, un certain degré d'alcalose respiratoire (voir ce mot) dont l'un des symptômes est constitué par des vertiges. Se méfier également des rythmes irréguliers comme dans le visamavritti.

Les troubles rétrocèdent rapidement avec le retour à un rythme respiratoire normal.

Divers asana peuvent entraîner des vertiges au moment de leur réalisation, de même qu'on observe parfois des bourdonnements d'oreille. Les mêmes considérations s'imposant dans les deux cas, on voudra bien se reporter à l'article : Bourdonnements d'oreille.

Vigilance

La vigilance est une forme particulière de l'activité mentale. C'est elle qui permet de rester éveillé par contraste avec l'activité opposée, l'état de sommeil. On retrouve le sens profond de cette opposition dans le mot : vigile, la personne qui surveille pendant la nuit, qui travaille avec attention pendant que les autres dorment.

Un certain nombre de structures cérébrales ont une action régulatrice de la vigilance ; parmi elles, la formation réticulée du tronc cérébral. On lui distingue deux parties, la première "activatrice", détermine le réveil par mise en jeu des catécholamines ; la seconde, "inhibitrice" contribue à l'endormissement par l'intermédiaire des neuro-médiateurs à sérotonine.

D'intéressants travaux ont été réalisés sur le rôle du yoga dans ce domaine. Le Professeur Moigneteau a montré que les modalités respiratoires du prânayama parvenaient à modifier le chimisme du sang et ceci d'une façon tout à fait inhabituelle en physiologie. On voit ainsi des effets sur les saturations en oxygène du sang, les pressions partielles en oxygène et en gaz carbonique et sur la concentration en bicarbonates. La résultante de ces modifications est une action stimulante bulbaire avec activation des structures cérébrales responsables de la vigilance, formation réticulée activatrice, entre autres. Il en résulte qu'en cas d'insomnie ou de retard de l'endormissement, il est préférable de ne pas exécuter ces exercices respiratoires le soir. On les fera, par contre, le matin si le réveil est difficile ou dans la journée en cas de somnolence intempestive.

La vigilance n'étant qu'un des aspects de l'activité mentale, le lecteur est prié de se reporter aux articles : Psychisme, Concentration (pouvoir de), Insomnie pour l'étude détaillée des postures et des modalités respiratoires adéquates.

Vision, vue, (voir Acuité visuelle).

Chapitre II

CLASSIFICATION DES POSTURES OU ASANA

Nous présentons ci-après un assez grand nombre de postures, mais elles sont loin de représenter la totalité de celles qui entrent dans la nomenclature du yoga. Notre sélection concerne les plus usuelles et les plus pratiques. Nous avons éliminé les postures trop difficiles. La brochette d'asana qui fait l'objet de notre étude répond, néanmoins, à la totalité des maladies décrites au chapitre : Dictionnaire médical du yoga, tant au point de vue des indications que des contre-indications. Les photographies ont été réalisées par Renato Malatesta et posées par Saïda Elkéfi, Professeur de la Fédération Française de Yoga.

Les dessins sont de Mme Michaux et les dessins stylisés de Betty Ballandras.

On peut répartir les postures selon que le point de départ s'effectue :

En position assise

Il existe plusieurs façons de s'asseoir :

- les jambes raides étendues devant soi ;
- les jambes raides écartées sur le côté ;
- les jambes plus ou moins pliées au genou selon la convenance ;
- une jambe pliée au genou, l'autre raide ;
- un pied ramené contre le périnée, l'autre jambe raide ou pliée ;
- les deux pieds ramenés contre le périnée.

On peut s'asseoir les jambes complètement pliées au genou :

- sur les talons ;
- les talons et les pieds encadrant les fesses.

Pour chaque posture assise, la position des pieds n'est pas livrée au hasard et elle est indiquée de façon précise. Néanmoins, lorsqu'il s'agit d'asana avec repli des jambes contre le périnée, le choix de la difficulté est laissé au sujet et ne font le lotus que ceux qui sont aptes à l'exécuter.

Les postures assises se subdivisent selon qu'il y a ou non :

- flexion du tronc en avant ;
- torsion vertébrale ;
- mouvements des jambes ou des bras ou des deux ;
- croisement des jambes avec superposition des genoux.

En position couchée sur le ventre

Avec généralement une flexion du corps en arrière, complétée ou non par des mouvements des bras et des jambes.

En position couchée sur le dos

Avec ou non mouvements des jambes ou des bras ou des deux, avec ou sans torsion ou redressement du corps.

En position debout

Avec ou non ascension d'une jambe, mouvements des bras, flexion en avant ou latérale, torsion.

En posture inverse

On appelle posture inverse les asana où la tête est sur le sol et où les membres inférieurs sont plus ou moins élevés par rapport à elle. Le maximum est réalisé dans la posture sur la tête ou shirsasana dans laquelle le sujet est en station verticale.

Autres définitions

Les postures "fermées" : elles correspondent à des asana avec flexion du buste en avant.

Les postures "ouvertes" : elles correspondent à des asana avec extension du rachis en arrière.

Nous allons, dans ce chapitre étudier la technique et l'aspect médical des différentes postures usuelles dans l'ordre alphabétique.

Accord parfait (Posture de l')

ou siddha asana ou siddhasana.

En sanscrit, siddha : demi-dieu très pur, doué de pouvoirs surnaturels.

Cette posture est l'une des plus importantes du hatha-yoga.

C'est une variété d'asana exécutée en position assise et considérée comme particulièrement facile. Cette posture convient mieux que la posture du lotus ou padmasana, dont la technique est voisine, aux novices et aux sujets qui, pour des raisons de santé et d'âge, sont dans l'incapacité d'exécuter les postures traditionnelles même les plus simples.

Technique :

– asseyez-vous, les membres inférieurs bien allongés devant vous, les mains reposant à plat, paumes au sol à côté des hanches ;
– fermez les yeux, si vous le voulez ;
– repliez la jambe gauche jusqu'au contact du genou ;
– saisissez le pied gauche avec les mains, amenez le talon au contact du périnée, puis appuyez bien la plante du pied gauche contre la cuisse droite ;
– repliez la jambe droite jusqu'au contact du genou et mettez le pied droit sur la cheville gauche. Le talon droit doit être au contact du pubis et bien calé. La partie supérieure du pied droit repose sur la partie inférieure de la jambe gauche ; la pointe du pied droit est au niveau de la partie inférieure du mollet ;
– levez les bras à l'horizontale, puis tendez-les devant vous, bien parallèles ;
– posez la face dorsale des mains sur les genoux ; les paumes de mains sont donc tournées vers le haut ;
– joignez les extrémités des pouces et des index de chaque main en leur donnant une forme circulaire. Conservez les autres doigts étendus. A ce moment, c'est la partie postérieure du poignet qui repose sur les faces supérieures des genoux et vous avez réalisé le jnana mudra (voir ce mot, au chapitre III).
– ne baissez pas la tête ; gardez-la, au contraire, bien droite, de même pour le cou et pour le dos qui reste étiré sans être cambré. Evitez de projeter la poitrine en avant ;

Posture de l'accord parfait

– concentrez-vous et imaginez que votre regard plonge à l'intérieur de vous-même ;
– maintenez cette posture non éprouvante aussi longtemps que vous le voudrez. Elle est propice à la méditation et à l'exécution des modalités respiratoires du prânayama. Arrêtez immédiatement s'il apparaît la moindre trace de fatigue ou une sensation d'inconfort ;
– pour interrompre la posture, relâchez d'abord les pieds, puis reprenez la position initiale en vous relaxant ;
– attendez d'être tout à fait détendu pour recommencer l'asana de l'autre côté, c'est-à-dire en repliant d'abord la jambe droite. Vous pouvez faire ainsi plusieurs cycles consécutifs.

Aspect médical de la posture de l'accord parfait :

– assure une détente physique et psychique des plus heureuses ;
– favorise la concentration mentale et développe les facultés d'attention ;
– maintient la statique du dos et tonifie la partie inférieure de la colonne vertébrale ou région lombaire ;
– assouplit les genoux et les chevilles des sujets indemnes de lésions à ce niveau ;
– stimule favorablement le fonctionnement des organes abdominaux, en particulier ceux du petit bassin.

Eviter cette posture :

– en cas d'arthrite ou d'arthrose douloureuse de la cheville ou du genou ou de séquelles encore sensibles ou mal consolidées de fracture, entorse ou autre traumatisme de ces articulations.

Angle de bassin lié

(Posture de l')

ou baddha kona asana ou baddha konasana.
En sanscrit, baddha : retenu, attrapé ;
kona : angle.

Variété d'asana exécuté en position assise ; jouit d'une flatteuse réputation en gynécologie et chez la femme enceinte. On l'appelle aussi aux Indes posture du cordonnier, ceux-ci ne souffrant jamais, paraît-il, de troubles du petit bassin.

Technique :

– mettez-vous en position assise, les membres inférieurs bien étendus devant vous ;
– repliez les genoux en rapprochant les talons du pubis ;
– joignez les plantes des pieds. Saisissez les pieds avec les mains au niveau des orteils. Croisez les doigts ;
– repoussez les talons au contact du périnée, la partie extérieure ou externe des pieds reste en contact intime avec le sol. Les genoux s'écartent encore davantage pendant l'exercice et doivent parvenir, de chaque côté, au contact du sol par leur face externe ;
– continuez à serrer les pieds avec les doigts croisés. Veillez à ce que la colonne vertébrale reste bien droite et ne s'affaisse pas ;
– vous pouvez exécuter la posture les yeux fermés, si vous le désirez ou regarder au loin en direction de l'horizon ou encore fixer la pointe de votre nez ;
– maintenez la posture le temps qui vous conviendra en l'absence de trace de fatigue ou de sensation de gêne qui nécessitent l'arrêt immédiat ;
– reprenez la position initiale et relaxez-vous.

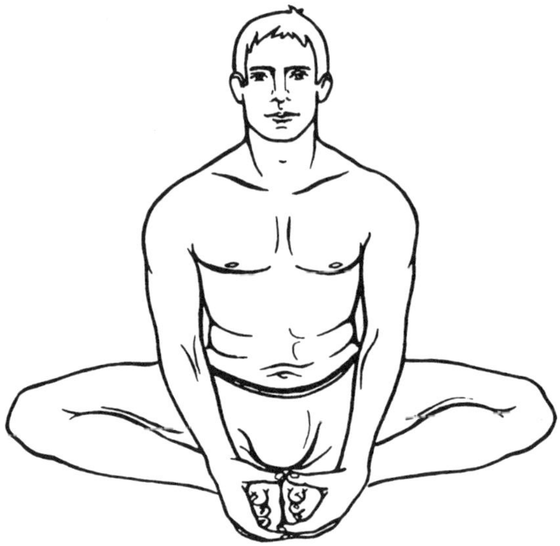

Posture de l'angle de bassin lié

Aspect médical de la posture d'angle de bassin lié

Effets favorables:

- stimule le fonctionnement des viscères abdominaux, en particulier ceux du bassin : vessie, prostate ;
- s'avère particulièrement favorable chez la femme enceinte. Elle rendrait l'accouchement moins douloureux et diminuerait la propension aux varices des femmes en état de grossesse ;
- stimule les fonctions hépatiques et régularise le fonctionnement de la vésicule biliaire dans les dyskinésies sans origine lithiasique ou organique ;
- apporte une action sédative de l'angoisse et favorisante de la détente et de la relaxation.

Eviter cet asana:

- dans tous les cas de genoux fragiles, surtout en cas de lésions méniscales ;
- en cas de douleurs dorsales lors de l'exécution.

Arbre (Posture de l')

ou vrksasana

En sanscrit, vrksa : arbre.

Variété d'asana à point de départ en station debout dont le premier temps est constitué par la posture de l'Attention ou thada asana ou samasthiti.

Technique:

- mettez-vous en position debout, les pieds joints, les talons en contact ainsi que les gros orteils ; la plante des pieds doit reposer bien à plat, l'appui portant sur toute la voûte plantaire, mais essentiellement sur l'avant-pied, c'est-à-dire sur les métatarsiens. Les bras reposent le long du corps, les yeux restent ouverts comme dans toutes les postures où l'équilibre du corps a besoin d'être maintenu ;
- repliez le genou droit, saisissez le pied droit des deux mains au-dessus de la cheville ; placez-le contre la cuisse gauche, le talon appuyé sur le haut de la cuisse, les orteils dirigés vers le sol ; la plante du pied doit être appuyée à plat sur la face interne de la cuisse gauche ;
- redressez-vous au maximum. Pour cela, contractez bien les membres inférieurs en consacrant votre attention sur trois régions :
  - les genoux que vous tendez en remontant les rotules,
  - les fesses que vous serrez,
  - les cuisses dont vous étirez les muscles vers le haut ;
- bombez le thorax, rentrez le ventre, étirez la colonne vertébrale en allongeant surtout sa partie cervicale, c'est-à-dire le cou ;
- élevez les deux bras verticalement au-dessus de la tête et étirez-les ;
- conservez la position aussi longtemps que le permet l'équilibre en l'absence de gêne et de fatigue, si possible pendant trois cycles respiratoires au moins ;
- abaissez la jambe ;
- écartez les mains et abaissez lentement les bras ;
- détendez-vous un temps suffisant puis recommencez la posture de l'arbre en changeant de jambe.

Aspect médical de la posture de l'arbre:

- possède des effets favorables sur l'activité cérébrale ; renforce la lucidité et

Posture de l'arbre
(Variante avec appui de la face dorsale du pied)

la stabilité, améliore le sens de l'équilibre ;
- harmonise la musculature des membres inférieurs ;
- assouplit mécaniquement les épaules, les hanches, les genoux et les chevilles et contribue à renforcer ces articulations ;
- l'ascension verticale des bras dégage la partie basse du thorax.

Arc (Posture de l')
ou dhanura asana ou dhanurasana

En sanscrit, dhanu : arc.

Variété d'asana à point de départ couché sur le ventre ; le corps donne l'impression d'un arc bandé dont la corde serait formée par les bras.

Technique :
- étendez-vous, couché à plat-ventre, le menton au sol, les bras le long du corps ;
- au cours d'une expiration, pliez les genoux et rapprochez les deux fesses ;
- à présent, mettez les bras en arrière, soulevez les genoux et les cuisses et saisissez les chevilles droite et gauche avec les mains correspondantes ;
- levez la tête et portez-la franchement en arrière ;
- ne cherchez pas à serrer les genoux. Au contraire, écartez-les plus ou moins de façon à conserver toutes vos aises ;
- seul l'abdomen, et spécialement sa région inférieure doit être en contact avec le sol. Les côtes ne doivent pas servir de point d'appui ;
- restez immobile pendant deux cycles respiratoires ;
- expirez à fond, puis au cours d'une inspiration, tirez les jambes vers le haut en évitant toujours de serrer les genoux ; ceux-ci ainsi que les cuisses et le buste sont alors décollés du sol, d'autant plus haut que les genoux sont restés plus libres ;
- à ce stade, vos bras tendent le corps comme s'ils étaient la corde d'un arc. Si vous le désirez, vous pouvez maintenant serrer les genoux, les cuisses et les chevilles ou les garder écartés (photo) pour raison de confort ou impératifs de santé ;

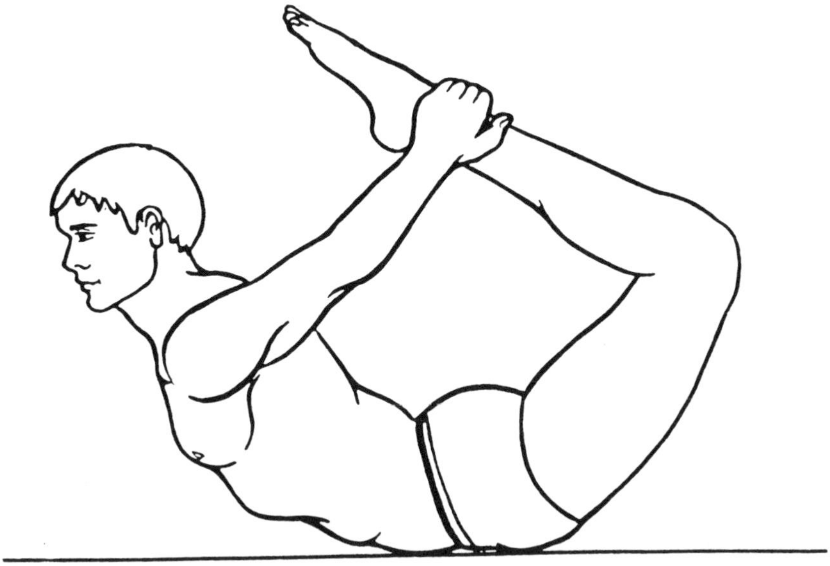

Posture de l'arc

Variante de confort avec écartement des jambes

– conservez les poumons gonflés d'air pendant au moins dix secondes et une minute si possible ;
– ne vous préoccupez pas de votre rythme respiratoire qui doit normalement s'accélérer ;
– reprenez la posture allongée sur le ventre du début de la posture ;
– détendez-vous le temps nécessaire à une bonne récupération et jusqu'à ce que le rythme respiratoire soit redevenu normal ;
– vous pouvez répéter cette posture trois fois de suite si vous êtes en état de le faire.

Aspect médical de la posture de l'arc :

– assouplit la colonne vertébrale chez le sujet sain et renforce les disques intervertébraux en prévenant leur déformation et leur glissement ; s'oppose à la cyphose ;
– tonifie les viscères abdominaux, en particulier les organes digestifs ;
– se montre favorable pour la circulation ;
– stimule diverses glandes à sécrétion interne ou glandes endocrines telle la glande thyroïde (voir ce mot).

Eviter cette posture :

– en cas de fragilité ou d'état douloureux de l'épaule ou du poignet ;
– lorsqu'il existe des troubles statiques de la colonne vertébrale ; du type spondylolisthésis, une sciatique, surtout par hernie discale, de l'arthrose douloureuse ou de l'arthrite ou des lésions vertébrales traumatiques mal consolidées ;
– en cas de hernie inguinale ou crurale ;
– chez la femme, en période de règles ;
– dans l'emphysème et l'asthme en période de gêne respiratoire ;
– dans les affections oculaires chroniques de type inflammatoire et en particulier dans le glaucome et dans les rétinopathies ;
– une simple extraction dentaire contre-indique cette posture et, à plus forte raison une intervention chirurgicale et même une suture superficielle en raison de la poussée congestive qui accompagne cet asana et qui pourrait favoriser l'apparition de chéloïdes sur la cicatrice.

Attention (Posture de l')

ou thada asana ou samasthiti ou posture de l'impassibilité verticale.

En sanscrit, thada : montagne, érigé comme une montagne ; sama : impassible, vertical ; sthiti : stabilité.

Variété d'asana exécuté en position debout et qui, en fait, sert de phase initiale à la plupart des postures debout : postures de l'arbre, du triangle étiré, etc.

Technique

Nous allons la décomposer en phases.

Première phase :

– mettez-vous en position debout, pieds et talons joints ;
– laissez pendre les bras le long du corps ;
– contractez les muscles fessiers et ceux de la partie arrière de la cuisse ; contractez les genoux et remontez les rotules ;
– bombez le thorax, rentrez le ventre, étirez l'ensemble de la colonne vertébrale, mais surtout la région cervicale ;
– veillez à répartir le poids du corps sur l'ensemble du pied et à avoir une assise bien stable en "verrouillage lombaire".

Posture de l'attention

Deuxième phase :

– respirez bien et, au cours d'une inspiration, remontez les bras à la verticale en accolant les paumes des mains.

Troisième phase :

– entrecroisez les doigts et tournez les paumes vers le ciel. Vous devez ressentir un auto-agrandissement favorable à la colonne vertébrale et sentir disparaître à ce moment les maux de tête d'origine congestive et les douleurs cervicales liées à un tassement vertébral non encore structuré.

Quatrième phase :

– redescendez ensuite en posant la plante des pieds bien à plat ;
– faites ensuite des mouvements alternatifs de hissement sur la pointe et de repos sur la plante des pieds. Ce mouvement est particulièrement favorable pour la circulation des membres inférieurs ;
– dressez-vous à présent sur la pointe des pieds en conservant les jambes étendues et jointes et en évitant de cambrer la région dorsale et la colonne lombaire ;
– conservez la position le temps qui vous conviendra, en l'absence de sensation de gêne ou de fatigue ;
– respirez librement et régulièrement, sans rythme imposé ;
– au cours d'une expiration, abaissez les bras le long du corps et reposez-vous à nouveau sur les pieds bien à plat ;
– allongez-vous ensuite sur le dos pour une relaxation en shavasana ou enchaînez avec une autre posture.

Aspect médical de la posture de l'attention :

– développe le sens de l'équilibre, lutte contre la tendance morbide au vertige, mais n'a pas d'influence sur les vertiges d'origine organique dépendant de l'oreille interne ou de lésions neurologiques ;
– harmonise la musculature des jambes ;
– tonifie la colonne vertébrale ;
– stimule le fonctionnement des viscères abdominaux et favorise l'élimination des déchets ;
– la première phase où l'on reste à plat sur les plantes des pieds réalise un stationnement debout défavorable pour la circulation des membres inférieurs, mais dès qu'on se hisse sur les pointes des pieds et que l'on répète plusieurs fois la posture, elle devient bénéfique par l'effet de massage produit, même chez les porteurs de varices ;
– il est possible d'effectuer cet asana pendant la durée de la grossesse ;
– la deuxième phase avec élévation des bras tendus, mains jointes, entrecroisées, et surtout la troisième phase, provoquent un étirement du rachis dont on a vu plus haut les effets bénéfiques : on les mettra à profit dans les céphalées d'origine congestive et dans la cervicarthrose en dehors des poussées aiguës.

Bateau (Posture du)

ou navasana.
En sanscrit, nava : bateau.

Variété d'asana à point de départ en position assise.

Technique :

– mettez-vous en position assise, les mains croisées derrière la nuque ;
– respirez et, au cours d'une expiration, basculez le buste à 45 % vers l'arrière et, simultanément, relevez les jambes à

La posture du bateau
Posture classique, membres supérieurs parallèles au sol

Elévation des membres supérieurs en vue de crocheter
les chevilles en phase terminale (facultative)

60 % environ en les conservant aussi droites et rigides que possible. Les pieds sont à la verticale et les orteils pointent vers le haut ;

- dès que vous avez remonté les jambes à l'angle désiré, portez en avant le buste et le bassin ;
- étendez à présent les bras en avant. Ils doivent rester parallèles au sol, les paumes des mains se faisant face ;
- vous pouvez, facultativement, saisir ensuite les chevilles avec les mains ;
- veillez à ce qu'il n'y ait aucune pliure aux genoux ni aux coudes ;
- notion importante : le poids du corps doit reposer *entièrement* sur les fesses ;
- veillez à ne pas contracter les épaules ni le cou ;
- respirez librement sans rythme imposé ;
- maintenez la posture le temps qui vous conviendra en l'absence de gêne ou de fatigue et selon l'endurance de votre musculature abdominale.

Aspect médical de la posture du bateau :

- fortifie le rachis surtout dans la région lombaire ;
- décongestionne les organes du petit bassin avec action électivement favorable sur les ovaires, accessoirement sur la prostate ;
- stimule l'élimination des déchets, en particulier l'émission urinaire ;
- régularise les fonctions digestives, surtout celles de l'estomac ;
- évite le ballonnement abdominal en s'opposant à l'aérophagie et à l'aérocolie.

Bâton (Posture du)

ou danda asana.

En sanscrit, danda: baguette ou bâton (représentation de la colonne vertébrale).

Variété d'asana à point de départ en position assise. Sert souvent de phase initiale à la posture du bateau ou navasana.

Technique :

- mettez-vous en position assise, jambes étendues sans pliure aux genoux ;
- portez les bras en avant, posez-les sur les genoux puis entrecroisez les doigts en dirigeant les paumes des mains vers l'avant ;
- décroisez à présent les doigts et amenez les mains à côté des hanches. Les paumes des mains reposent fermement sur le sol, les doigts dans la direction des pieds ;
- étirez bien les bras et *raidissez la colonne vertébrale en la conservant aussi droite que possible,* ce détail est très important ;
- aidez-vous des bras pour pousser le thorax vers l'avant tout en conservant la rectitude absolue du dos ;
- élevez les bras à la verticale, mains entrecroisées, paumes tournées vers le bas ;
- maintenez cette position aussi longtemps qu'elle n'est pas génératrice de tensions ;
- faites quelques cycles respiratoires sans rythme imposé. Revenez à la position initiale et relaxez-vous ;
- vous pouvez recommencer la posture une à plusieurs fois de suite ou enchaîner avec la posture du bateau.

Aspect médical de la posture du bâton:

Cette posture simple fortifie le rachis et développe la cage thoracique :
- elle est favorable pour la respiration ;
- elle harmonise la musculature générale et amincit la taille ;
- elle confère un sentiment de calme et de confiance en soi.

Elle ne possède aucune contre-indication particulière en dehors des contre-indications générales du yoga.

Posture du bâton

Cadavre (Posture du)
ou Shavasana ou Mrtasana

En sanscrit, shava : mrta : cadavre.

Cet asana exécuté en position couchée est la posture fondamentale du yoga. Ce n'est pas, en fait, une véritable « posture », puisqu'il n'y a aucune construction technique, aucun mouvement anatomique.

La véritable difficulté est d'ordre mental. Cet asana doit, pour être efficace, apporter un état parfait de relaxation. Il sert, en quelque sorte, de voie d'entrée au yoga tout entier.

Cette posture est conseillée systématiquement pour débuter chaque séance de yoga et pour la clôturer. On voit donc son importance.

Sa simplicité n'est qu'apparente. C'est seulement par la perfection de la réussite de la détente visée que le sujet bénéficiera d'une merveilleuse décrispation physique et mentale.

Il va beaucoup être question de *relaxation* au cours de l'exposé technique qui va suivre. Ce terme désigne une détente spéciale qui est bien plus qu'un simple repos et au cours duquel tout tonus musculaire disparaît.

Si cette relaxation est poussée à l'extrême, elle peut avoir un retentissement bénéfique extraordinaire sur le système nerveux. Ceci nécessite une technique minutieuse et un entraînement assez spécial.

Aussi, distinguerons-nous deux variétés de shavasana :

1. Une *technique simplifiée,* utile aux adeptes courants du yoga, pour qui cette posture n'est qu'une entre les autres ;
2. Une technique de *shavasana thérapeutique* utilisable pour les dérèglements nerveux, la prévention et le traitement des affections psychosomatiques.

1. La technique de shavasana simplifié

– allongez-vous sur le sol, les membres supérieurs et inférieurs bien étendus mais non serrés contre le corps. Les mains reposent par les paumes sur le sol. Les talons restent en contact, mais les pointes des pieds sont légèrement écartées ;
– fermez les yeux. Faites une bonne inspiration puis une forte expiration. A partir de là, la respiration s'effectuera librement et sans effort. Portez votre attention sur le souffle surtout si votre esprit ne peut se concentrer facilement sur la posture ;
– détendez-vous profondément. Tout le corps doit être relâché, mais certaines régions doivent faire l'objet de tous vos soins : les épaules, les yeux, la mâchoire inférieure, le bas du thorax au niveau du diaphragme ;
– conservez cette posture pendant une à deux minutes si elle débute et clôture une séance de yoga. Si vous la pratiquez isolément, un quart d'heure suffira pour vous apporter une remarquable détente nerveuse et une incomparable lucidité.

2. Shavasana thérapeutique

Si vous demandez à brûle-pourpoint à quelqu'un sans expérience en la matière de se décontracter, il lui sera bien difficile d'y parvenir seul.

L'aspect pratique du problème est donc fondamental. Comment réaliser scientifiquement une relaxation authentique.

Celui qui a déjà suivi des cours de relaxation ou qui a pratiqué le training autogène

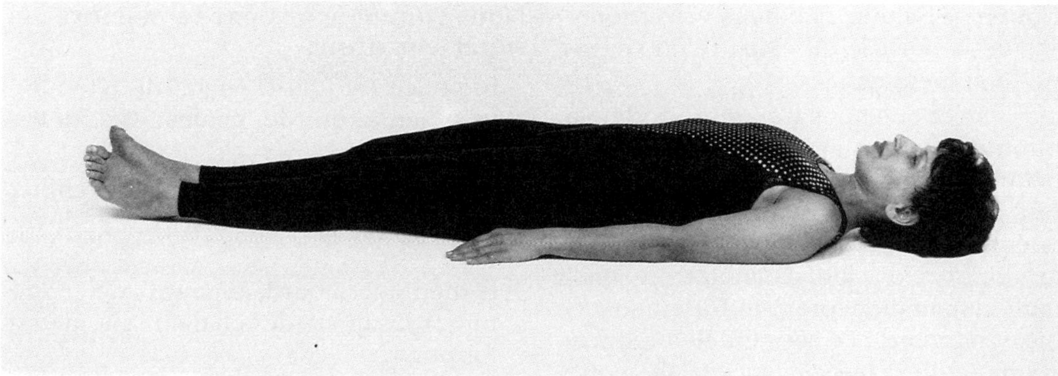

Posture du cadavre ou shavasana

de Schultz, n'aura aucune difficulté à suivre les instructions qui vont suivre.

Pour les autres, nous allons nous permettre de leur donner quelques conseils. Nous allons prendre le pied comme exemple anatomique de segment à décontracter, mais ce que nous allons dire peut s'appliquer à n'importe quelle autre région.

Quelle que soit cette région, il importe d'abord de prendre compte du tonus musculaire présent en permanence. Les fléchisseurs et les extenseurs continuent à s'affronter même au repos et sont toujours prêts à l'action, l'un dominant brusquement l'autre selon le sens du jeu articulaire décidé par le cerveau. Si le mouvement est bien conçu, en cas de flexion, par exemple, les extenseurs favoriseront par leur effacement passif la force et la rapidité du geste.

Pour obtenir une bonne relaxation, il faut faire disparaître le tonus résiduel des muscles antagonistes et le faire par suggestion, que cette suggestion provienne du sein de vos pensées ou qu'elle soit faite sous le verbe d'autrui ce qui facilite grandement les choses.

Prenons le cas où vous décidez d'agir par vous-même. Tentez de penser fortement : mon pied est lourd, engourdi, détendu. Mais, si vous n'obtenez, malgré vos efforts, qu'un piètre résultat, nous vous conseillons de faire intervenir une étape préparatoire, calquée sur la méthode originale de Jacobson.

1. Phase Jacobson

Avant de tenter la décontraction, contractez le plus fortement possible le pied puis relâchez-le. Plus la contraction aura été intense, plus la décontraction sera valable. Faites la même chose avec la main puis avec les diverses articulations. Notez, toutefois, qu'il faudra vous passer le plus rapidement possible de cet artifice. Il représente une perte de temps importante, compte tenu des nombreux segments anatomiques à décontracter, mais surtout il donne une primeur excessive à la sensation mécanique sur l'esprit, alors que c'est la prise de conscience des moindres éléments du corps que vise le shavasana thérapeutique.

Lorsque vous aurez appris à bien vous décontracter sans passer par une phase antérieure de décontraction, vous allez pouvoir aborder avec fruit la technique inspirée de Schultz que nous vous proposons de la posture du cadavre ou shavasana thérapeutique.

Vous verrez que nous y avons introduit la notion de chaleur au niveau des régions anatomiques traitées. Cette sensation n'est pas facile à obtenir et vous ne la ressentirez point au début. Peut-être n'y parviendrez vous jamais, même en l'évoquant systématiquement et fortement. Si vous y parvenez, ce sera un élément très positif et un gage de succès de votre relaxation. Si cette chaleur invoquée brille par son absence, cela n'a, toutefois, pas une importance rédhibitoire.

2. Phase Schultz

Technique:

– allongez-vous à votre aise sur un plan dur, à même le sol ou sur une carpette, jamais sur un lit ou un tapis moelleux. Vous pouvez, par contre, mettre un petit coussin sous la tête si vous vous sentez mieux ainsi. Le confort de la tête et du cou est indispensable et doit être soigneusement recherché ;
– les membres inférieurs sont étendus, sans pliure aux genoux ; ils restent joints, mais non serrés l'un contre l'autre ;
– les membres supérieurs reposent librement le long du corps ; le coude n'est absolument pas plié. Les membres frôlent le corps sans le serrer. Les paumes des mains reposent à plat sur le plan de repos.

Nous accordons tant d'importance à cet asana que nous allons le suivre pas à pas avec vous. Si vous êtes seul, dites-vous mentalement – et sans jamais parler – le texte de mémoire. C'est très vite appris. Si quelqu'un peut lire le texte, c'est plus efficace. Si vous disposez d'un magnétophone, c'est encore mieux.

Nous commençons par le membre supérieur droit :

– le pouce est lourd, engourdi détendu ; une sensation de chaleur s'y développe ;
– l'index est lourd, engourdi, détendu ; une sensation de chaleur s'y développe ;
– le médius est lourd, engourdi, détendu ; une sensation de chaleur s'y développe ;
– l'annulaire est lourd, engourdi, détendu, une sensation de chaleur s'y développe ;
– le cinquième est lourd, engourdi, détendu, une sensation de chaleur s'y développe ;
– à présent, depuis l'extrémité des ongles jusqu'au poignet, la main droite entière est lourde, engourdie, détendue ;
– le poignet est lourd, engourdi, détendu ; une sensation de chaleur s'y développe ;
– du poignet au coude, l'avant-bras est lourd, engourdi, détendu ; une sensation de chaleur s'y développe ;
– le coude est lourd, engourdi, détendu ; une sensation de chaleur s'y développe ;
– du coude à l'épaule, le bras est lourd, engourdi, détendu ; une sensation de chaleur s'y développe;
– l'épaule est lourde, engourdie, détendue. *Elle s'enfonce profondément* sur le plan de repos ; une sensation de chaleur s'y développe.

Nous traitons ensuite le membre supérieur gauche :

– de façon identique en insistant sur la détente de l'épaule qui reste l'élément clef de la relaxation globale du membre.

Passons maintenant à la tête :

– le front est lourd, engourdi, détendu, mais *reste frais ;*
– tout le reste du visage est lourd, engourdi, détendu ; une sensation de chaleur s'y développe ;
– les paupières sont lourdes comme des chapes de plomb. Les globes oculaires s'enfoncent profondément au fond des orbites ;
– le menton est particulièrement lourd ; il tire sur la lèvre inférieure et tend à entrouvrir la bouche. Un certain degré de chaleur l'envahit ;
– à présent, le visage est en état de détente complète, avec trois zones particulières :
  – le front, lourd, engourdi, détendu qui reste frais ;
  – les globes oculaires, de plus en plus lourds avec une sensation légère de sommeil ; les paupières sont lourdes comme des chapes de plomb ;
  – le menton qui tire fortement sur la lèvre inférieure.

La relaxation suit à présent une ligne descendante

– le cou est lourd, engourdi, détendu ; une sensation de chaleur s'y développe ;
– la face antérieure du thorax est lourde, engourdie, détendue ; une sensation de chaleur s'y développe ;
– les faces latérales du thorax et le dos sont lourds, engourdis, détendus ; une sensation de chaleur s'y développe. Le dos paraît faire corps avec le plan de repos ;
– la relaxation s'arrête pour l'instant au niveau du diaphragme. La respiration passe à ce niveau, libre et agréable et il faut bien prendre conscience de la douceur et de la régularité de ces mouvements respiratoires bénéfiques et efficaces.

Nous arrêtons ici notre relaxation descendante et passons directement aux membres inférieurs :

– les deux pieds sont lourds, engourdis, détendus ; une sensation de chaleur s'y développe. Les talons s'enfoncent profondément sur le plan de repos ;
– les chevilles sont lourdes, engourdies, détendues ; une sensation de chaleur s'y développe ;
– des chevilles aux genoux, les jambes sont lourdes, engourdies, détendues ; une sensation de chaleur s'y développe ;
– les genoux sont lourds, engourdis, détendus ; une sensation de chaleur s'y développe ;
– des genoux aux aines les cuisses sont lourdes, engourdies, détendues ; une sensation de chaleur s'y développe.

Si l'on fait à présent le point, les quatre membres sont relaxés ainsi que la tête, le cou et le thorax. Seul, l'abdomen n'a subi aucun travail de détente. C'est le moment de passer en revue la nature et l'intensité des résultats obtenus :

– le membre supérieur droit est dans son ensemble lourd, engourdi, détendu depuis l'extrémité des ongles jusqu'à l'épaule qui s'enfonce profondément sur le plan de repos. Il est chaud ;
– le membre supérieur gauche est dans son ensemble lourd, engourdi, détendu, depuis l'extrémité des ongles jusqu'à l'épaule qui s'enfonce profondément sur le plan de repos. Il est chaud ;
– la tête est lourde, détendue avec trois zones particulières : le front, lourd,

engourdi, détendu qui reste frais, les globes oculaires qui s'enfoncent de plus en plus profondément dans l'orbite, le menton particulièrement lourd qui tire sur la lèvre inférieure ;

– le cou est lourd, engourdi, détendu, chaud ;
– le thorax est lourd, engourdi, détendu, chaud ;
– les membres inférieurs sont lourds, engourdis, détendus, chauds.

C'est à présent le moment de réunir dans une relaxation unique la moitié supérieure du corps et les membres inférieurs :

– *l'abdomen* est lourd, engourdi, détendu. La peau, le tissu cellulaire sous-cutané, les muscles droits, transverses, obliques, les viscères dans la profondeur : foie, estomac, intestin grêle, gros intestin, vessie, rate, reins, prostate ou utérus et ovaires, pancréas, vésicule biliaire, sont lourds, engourdis, détendus, chauds.

Revenons à présent au visage maintenant que le corps entier est lourd, engourdi, détendu :

– le front ; lourd, engourdi, détendu reste frais ;
– les globes oculaires s'enfoncent toujours davantage au plus profond des orbites ;
– les paupières sont lourdes comme deux chapes de plomb ;
– néanmoins, vous ne vous endormez pas et vous restez parfaitement lucide. Si vos pensées ont tendance au vagabondage, réagissez en vous concentrant sur le bruit respiratoire.

A présent, la décontraction totale est obtenue. Vous êtes imperméable aux contrariétés, aux ennuis, à tous les stress que la vie ne nous ménage pas. L'acier de votre système nerveux résiste à toute tentative de dépression.

Goûtez-bien la sérérité qui vous envahit !

– avant de vous lever, faites une contraction générale de votre système musculaire afin de favoriser le retour au tonus normal. En langage médical, cela s'appelle « **faire une reprise** ».

Chaise (Posture de la)

ou uthkata asana
En sanscrit, uthkata : puissant

Variété d'asana dont le départ se fait en position debout dans la posture de l'attention et où l'on s'assied sur une chaise imaginaire ; comporte des variantes dans la position des mains lorsque les membres supérieurs sont élevés et selon qu'on la pratique avec ou sans appui dorsal.

Technique :

– mettez-vous debout dans la position initiale de la posture de l'Attention ;
– élevez les bras verticalement au-dessus de la tête, les doigts étant : soit croisés, paumes étendues et retournées vers l'avant, soit étendus et joints verticalement comme les paumes ;
– conservez les bras étendus à la verticale ou allongez-les, mains jointes, à l'horizontale (dessins) ;
– imaginez que vous vous asseyez sur une chaise fictive : repliez les genoux et poussez-les en avant afin de diriger la descente verticale du tronc ; celui-ci doit parvenir à une position où les cuisses sont parallèles au sol ;
– la descente du siège peut s'arrêter à mi-course ou aller jusqu'à s'asseoir sur les talons (photo) ;

Posture de la chaise

- surveillez l'équilibre général et celui de la région lombaire tout spécialement ;
- respirez normalement, sans rythme imposé ;
- évitez d'arrondir le dos ou de le creuser. Ne vous penchez pas en avant ; au contraire conservez le thorax aussi en arrière que possible ;
- maintenez les jambes jointes et appliquez bien les pieds sur le sol avec répartition égale du poids du corps sur l'ensemble des surfaces plantaires (dessins) ; ou faites l'appui sur l'avant-pied (photos) si l'assise est sur le talon.
- la tête ne doit pas se relever et la nuque reste souple, sans crispation ;
- la posture doit être maintenue au moins 30 secondes si l'équilibre le permet et s'il n'apparaît ni gêne ni fatigue ;
- au cours d'une inspiration, redressez les jambes ; baissez les bras ;
- vous êtes alors revenu au stade initial de la posture de l'Attention ;
- détendez-vous suffisamment et recommencez la posture une à deux fois si cela vous convient.

Posture de la chaise

Variante :

Elle consiste à réaliser l'asana en appuyant la région dorsale contre un mur. Ceci apporte plus de facilité dans l'exécution chez les sujets fragiles de la région dorsale ou âgés ou fatigués. Assez curieusement les effets favorables sur le cœur de cet asana sont accentués par la variante avec appui dorsal (voir ci-dessous). Seule cette variante est autorisée pendant la grossesse et le post-partum.

Aspect médical de la posture de la chaise :

– régularise et amplifie la respiration avec impression subjective de détente ;
– contribue au maintien et à l'équilibre de la colonne vertébrale ; peut contri-

buer à prévenir ses déformations (scoliose, lordose, cyphose) et à aider l'action du kinésithérapeute dans les formes structurées, accessibles à la rééducation. Elle est, toutefois, inopérante dans les formes avancées ou d'ordre orthopédique ou chirurgical ;

– possède un effet favorable sur la région lombaire pouvant, si les indications sont judicieusement sélectionnées, prévenir certaines formes de sciatique et en soulager quelques variétés ;
– améliore l'équilibre et concourt à l'harmonisation de la musculature des jambes ;
– lutte contre les crampes sans dispenser, toutefois, de suivre le régime et le traitement médical ;
– stimule le rein et les fonctions urinaires ; peut contribuer à prévenir la formation de cristaux et à servir d'adjuvant au régime et au traitement dans les lithiases urinaires ;
– stimule les fonctions intestinales et lutte contre la constipation ;
– améliore le fonctionnement du cœur et en régularise le rythme, spécialement lors de l'exécution le dos appuyé.

Eviter la posture de la chaise :

– en cas de fragilité des genoux et tout particulièrement des ménisques ;
– dans tous les cas où existent des déformations douloureuses de la colonne vertébrale.

Chameau (Posture du)

ou ustrasana

En sanscrit, ustra : chameau.

Variété d'asana à point de départ en position à genoux.

Technique :

– mettez-vous à genoux, les membres inférieurs bien joints et serrés, les orteils pointant vers l'arrière ;
– mettez les mains à plat sur les cuisses juste en dessous des hanches ;
– cambrez la colonne vertébrale ;
– faites quelques cycles respiratoires et, au cours d'une expiration réalisez le temps essentiel de la posture en allant placer la paume ouverte de la main droite sur la plante du pied droit et de même du côté gauche. Si vous ne parvenez pas à joindre la paume des mains à la plante des pieds sur toute sa longueur, essayez au moins de poser l'extrémité des mains sur le talon ;
– rejetez la tête vers l'arrière, et abaissez le dos jusqu'à l'horizontale. Il est alors parallèle à la partie des membres inférieurs comprise entre les genoux et les orteils. Les cuisses, par contre, ne doivent subir aucun balancement en arrière et sont perpendiculaires au dos et aux jambes et parallèles aux membres supérieurs. L'obliquité des segments verticaux est autorisée pour raisons médicales ou de confort.
– maintenez la position le temps qui vous conviendra, au moins une minute si possible, en respirant librement et régulièrement, sans rythme imposé. Arrêtez en cas de gêne ou de fatigue ;
– replacez les mains sur le haut des cuisses, revenez ensuite à la position à genoux ; enfin asseyez-vous et relaxez-vous suffisamment.

Aspect médical de la posture du chameau :

– tonifie la colonne vertébrale et l'assouplit ;

Posture du chameau
(Variante de confort)

– La variante de confort de la posture convient particulièrement aux sujets âgés, à ceux dont les épaules sont tombantes et le dos voûté et à ceux qui souffrent de dorsalgies sans rapport avec des lésions organiques mais avec un surmenage professionnel de la colonne vertébrale (secrétaires, dactylos ou métiers analogues où la colonne vertébrale est trop longtemps maintenue en avant surtout quand la musculature paravertébrale qui la soutient est trop fragile) ;
– assouplit et renforce les articulations des membres et le bassin chez les sujets sains.

Eviter cette posture :

– en cas de lordose ;
– dans tous les cas où les articulations intéressées sont touchées par de l'arthrite, de l'arthrose douloureuse ou par des séquelles de fracture, d'entorse ou de traumatismes ;
– ne pratiquer la posture qu'avec prudence et après avis médical en cas de sciatique.

Chandelle (Posture de la) ou salamba sarvanga asana ou salamba sarvangasana.

Variété d'asana entrant dans le cadre des postures inverses.

Cette posture est plus complète et plus intense que celle de la demi-chandelle ou viparitha karani, qui peut servir de stade préparatoire. Elle sert aussi de point de départ à la posture de la charrue.

En sanscrit, sa : accompagné par ;
alamba : support ; sarva : entier ;
anga : corps d'où : salamba : accompagné par un support ; sarvanga : le corps tout entier.

Les Hindous veulent exprimer ainsi que la totalité du corps ressent les bienfaits de cet asana.

Technique :

– couchez-vous sur le dos et allongez-vous bien à plat ;
– étirez les jambes et tendez les genoux. Les membres supérieurs reposent à plat à côté des jambes, les paumes au sol.
– respirez profondément ;
– au cours d'une inspiration, levez lentement les jambes, les genoux restant pliés et amenez les cuisses au contact de la partie supérieure de l'abdomen ;
– faites deux cycles respiratoires ;
– en expirant, pliez les coudes, posez les mains sur les hanches et soulevez-les ;
– faites deux cycles respiratoires ;
– en expirant, soulevez le dos du sol en le soutenant avec les mains ; les membres inférieurs restent pliés au niveau des genoux ;
– amenez en contact la partie supérieure et antérieure de la poitrine avec le menton ;
– mettez les mains à plat sur le milieu de la colonne vertébrale et soutenez-la ;
– à ce moment, seuls gardent contact avec le sol : la face postérieure des bras, les épaules, le cou, la tête ;

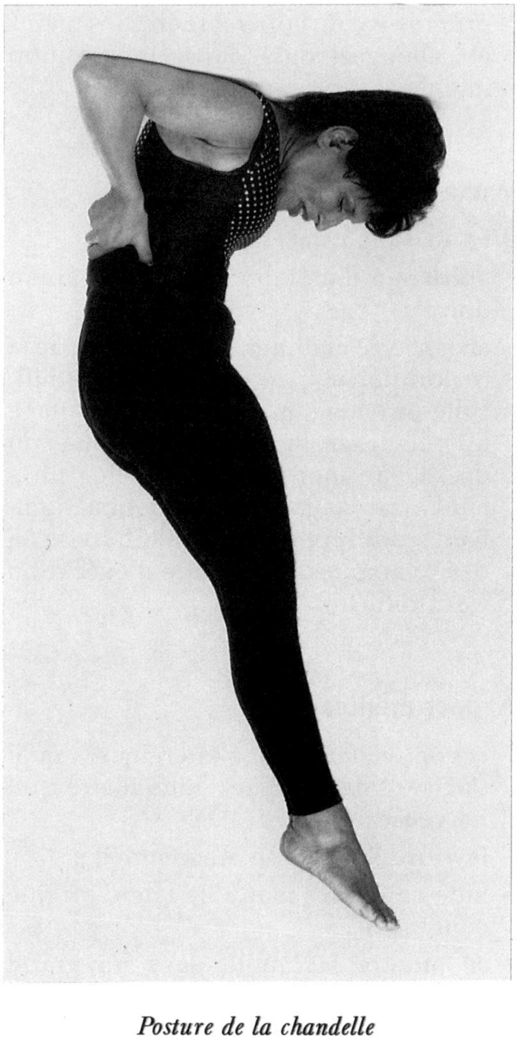

Posture de la chandelle

- faites deux cycles respiratoires ;
- en expirant, tendez les jambes restées jusque là pliées, les orteils pointent à présent vers le haut ;
- le menton est pressé contre le sternum jusqu'à créer un double menton, mais la tête doit conserver une immobilité absolue ;
- conservez la posture le temps qui vous conviendra en contrôlant la régularité du rythme respiratoire ;
- en expirant effectuez la descente progressive du corps. Libérez les mains et allongez-vous dans la position initiale.

Variantes

Il en existe plusieurs :
- utilisation d'un tabouret comme appui dorsal ;
- absence de maintien par les mains de la région dorsale, ce qui accroît la difficulté physique, mais fortifie davantage les muscles de l'abdomen, du cou et du dos. Cette modalité est appelée niralamba sarvangasana, niralamba signifiant : sans support ; elle se subdivise en deux variantes, la seconde d'exécution assez difficile.

Aspect médical :

- action défatigante, énergique, qu'il s'agisse de fatigue musculaire ou nerveuse ;
- favorise l'induction au sommeil ;
- lutte contre les maux de tête d'origine congestive ;
- se montre favorable dans un grand nombre d'états pathologiques concernant :
- le cœur : palpitations, dyspnée d'effort d'origine purement fonctionnelle ;
- les voies respiratoires : bronchite chronique, asthme ;
- la gorge : angines et pharyngites, caractérisées par un état local congestif ;
- les intestins : lutte contre la constipation ;
- les glandes thyroïdes et parathyroïdes qui se voient stimulées grâce à l'accroissement de l'irrigation sanguine au niveau du cou.

Les ovaires : leurs fonctions sont améliorées ce qui permet de lutter contre certaines dysménorrhées, c'est-à-dire des règles douloureuses, exclusion faite des cas d'origine organique ou hormonale précise.

Eviter cette posture :

- dans tous les cas où la colonne vertébrale est fragile ou douloureuse au niveau du cou et lorsqu'il existe des signes d'arthrose cervicale, même en l'absence de douleurs ;
- chez les hypertendus et scléreux artériels et chez les insuffisants cardiaques, même légers ;
- en cas d'intervention chirurgicale récente ;
- chez les obèses ;
- chez les sujets ayant facilement des malaises et une tendance aux vertiges ou à l'évanouissement ;
- en cas d'affections oculaires chroniques, glaucome en particulier et lésions rétiniennes ;
- chez les sujets saignant facilement du nez ou qui font des « bleus » au moindre contact.

Charrue (Posture de la)

ou hala asana.

En sanscrit, hala : charrue.

Variété d'asana entrant dans le cadre des postures inverses. On le construit en partant de la posture de la chandelle ou de la demi-chandelle et en complétant par un mouvement de jambes ou de la façon suivante :

Technique :

- couchez-vous sur le dos, jambes tendues, les bras le long du corps, les paumes des mains au contact du sol ;
- élevez lentement les jambes ; contractez les muscles de l'abdomen et des jambes ;
- basculez les jambes par-dessus la tête en essayant de toucher le sol avec les orteils ;
- le corps doit fléchir au niveau de la taille. Même si les pieds ne parviennent pas jusqu'au sol, évertuez-vous à conserver les jambes raides et jointes ;
- vous pouvez conserver les bras allongés ou les replier les mains soutenant le bas du dos ;
- maintenez cette position aussi longtemps que vous le désirez en l'absence de sensation de gêne ou d'inconfort qui exigent l'arrêt immédiat de l'exercice ;
- respirez librement sans rythme imposé ;
- si vous vous en sentez capable, vous pouvez, à présent *enchaîner avec la posture des oreilles pressées* (voir ce mot) en repliant les genoux et en pressant chacun d'eux contre l'oreille correspondante ;
- si vous vous en tenez à la posture de la charrue, conservez la position un peu plus d'une minute si possible, puis relevez les jambes à la verticale afin de reconstituer la posture de la chandelle, en soutenant les hanches avec les mains.

Pour finir, abaissez lentement les jambes jusqu'à vous retrouver couché en position initiale et relaxez-vous suffisamment.

Aspect médical de la posture de la charrue :

- améliore et amplifie la respiration ; c'est un asana privilégié dans l'asthme (voir l'article et le rôle des postures en "fermeture") ;
- stimule favorablement les fonctions de divers organes abdominaux, spécialement ceux du tube digestif et le rein ;
- améliore la vision et l'audition chez le sujet sain ;
- décongestionne la gorge ; est même recommandée chez les sujets présentant des végétations, des amygdales hypertrophiées, des amygdalites ou des pharyngites chroniques.

Cet asana, d'effet intense, doit être exécuté avec précaution, en sélectionnant les pratiquants et en les surveillant attentivement.

Eviter cette posture :

- en cas d'insuffisance cardiaque, hypertension artérielle ;
- fragilité ou douleurs de la colonne vertébrale ;
- affections oculaires chroniques de type inflammatoire, glaucome en particulier ou de lésions rétiniennes ;
- chez les obèses ;
- chez les sujets ayant une propension facile aux lipothymies, et surtout aux syncopes ;

Posture de la charrue

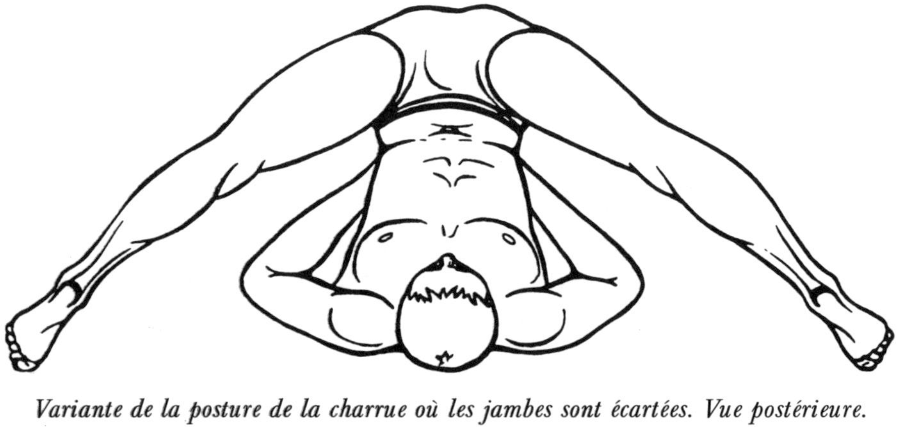

Variante de la posture de la charrue où les jambes sont écartées. Vue postérieure.

– chez les sujets qui saignent facilement du nez ou qui ont tendance à faire des ecchymoses spontanément ou au moindre traumatisme ou encore qui sont sujets à des hémorragies d'origine viscérale : hémorragies intestinales, vomissements de sang ;
– une intervention chirurgicale récente contre-indique aussi cette posture.

Chien museau face au ciel

(Posture du)
ou urdhvamukha shvana asana.

En sanscrit, schvana : chien ; urdhva : tourné vers le haut ; mukha : visage.

Variété d'asana ayant pour point de départ une position couchée sur le ventre.

Technique :

– placez-vous en position allongée sur le ventre, bien à plat ;
– conservez les jambes tendues et jointes ; pointez en arrière les pieds qui doivent prendre appui sur les orteils ;
– fermez les yeux et écartez les pointes des pieds d'environ 25 cm ;
– posez les mains au sol à côté des hanches, les doigts dirigés vers l'avant. Le menton conserve pour l'instant le contact avec le sol ;
– faites une inspiration puis, au cours de l'expiration, appuyez-vous sur les bras et tendez-les afin de soulever le buste en même temps que vous rejetez la tête en arrière aussi loin que possible. La poitrine est, au contraire, poussée en avant ;
– évitez de voûter les épaules ;
– les genoux ont à présent décollé du sol et finalement, l'appui des membres inférieurs qui doivent rester joints et droits finit par se faire exclusivement sur les orteils ;

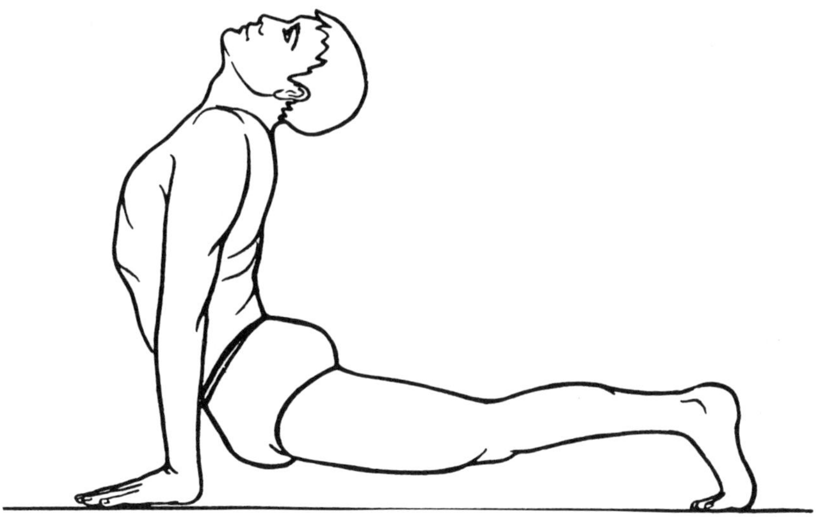

Posture du chien museau face au ciel

– veillez à ce que les fesses soient serrées et à ce que la colonne vertébrale, les mollets et la partie postérieure des membres supérieurs soient fortement étirés ;
– maintenez la position pendant une minute au moins si possible, en adoptant un rythme respiratoire libre et non guidé ;
– repliez les coudes, détendez-vous et reprenez la position initiale.

Aspect médical de la posture du chien museau face au ciel :

– développe la cage thoracique et accroît l'ampleur de la respiration ;
– décontracte le dos et s'oppose aux douleurs dorsales par surmenage musculaire ou maintien prolongé de la station assise ou penchée en avant, au travail, par exemple ;
– effet spécialement bénéfique au niveau du petit bassin chez la femme avec régularisation des fonctions ovariennes, effet bénéfique sur les règles, tonification de l'utérus ; on a même avancé que cette posture s'opposerait au développement des fibromes. Chez l'homme, la décongestion pelvienne intéresse surtout la prostate ;
– stimule globalement les fonctions des organes digestifs de l'abdomen ;
– stimule légèrement le myocarde, muscle du cœur ;
– agit sur le système nerveux avec nette amélioration de l'équilibre psychique, développement de la concentration mentale, de la capacité de réaction au stress, renforce l'assurance.

Eviter cette posture :

– dans toutes les contre-indications classiques : affections fébriles ou douloureuses, fatigabilité excessive, etc. ;
– spécialement en cas de fragilité lombaire, hernie discale, névralgie sciatique, lombago, etc. ;
– dans les affections oculaires chroniques de type inflammatoire et spécialement dans le glaucome ou en cas de lésions rétiniennes.

Chien museau face au sol

(Posture du)

ou adhomukha shvana asana.

En śanscrit, adho : tourné vers le bas ; mukha : visage ; shvana : chien.

Variété d'asana à point de départ couché sur le ventre. Peut être utilisé en compensation des effets trop intenses de la posture sur la tête ou shirsha asana.

Technique :

– mettez-vous en position couchée à plat ventre sur le sol ;
– écartez les pointes des pieds dirigées en arrière de 25 cm environ ;
– mettez les mains sur le sol, à plat, de chaque côté de la poitrine, les doigts dirigés vers l'avant ; ils doivent rester parallèles ;
– au cours d'une expiration, soulevez le bassin et la poitrine. Tendez les bras, glissez la tête entre les bras vers les pieds ;
– mettez le sommet du crâne en contact avec le sol ;
– étirez le dos et conservez les coudes tendus ;
– les membres inférieurs restent également tendus, sans pliure aux genoux. Les pieds sont bien à plat, reposant sur l'ensemble des voûtes plantaires, leurs pointes dirigées vers l'avant ;

Posture du chien museau face au sol
(Avant le contact du crâne avec le sol)

– maintenez la position pendant une minute au moins si possible ;
– effectuez calmement plusieurs cycles respiratoires ;
– au cours d'une expiration, relevez la tête, avancez le buste jusqu'à ce que le corps repose sur le ventre dans la position initiale ;
– détendez-vous suffisamment et appréciez combien la fatigue antérieure s'est dissipée.

Aspect médical de la posture du chien museau face au sol :

– renforce la musculature du dos et assure la statique de la colonne vertébrale, en s'opposant à ses déformations ; peut prévenir la scoliose, la cyphose, la lordose et servir d'adjuvant au traitement kinésithérapique dans les cas confirmés justiciables de rééducation. Elle est inopérante dans les cas avancés, stabilisés ou d'ordre chirurgical ou orthopédique ;
– s'adresse assez électivement à la prévention et, dans certains cas, au traitement de diverses malpositions des disques intervertébraux : pincements, baillements, glissements, etc. Il faut toutefois l'éviter dans toutes les formes douloureuses et dans d'autres circonstances nécessitant un avis médical préalable. Cette posture devrait toujours être contrôlée par un professeur.

On n'oubliera pas que les sujets au cou fragile ne peuvent l'exécuter sans danger que si la réalisation est parfaite et que, même chez le sujet normal, la négligence de l'attitude de la tête peut être désastreuse.

– l'action sédative du système nerveux dissipe la fatigue d'origine musculaire ou psychique ;
– stimule favorablement les fonctions des organes abdominaux, en particulier les

reins, le foie, les organes génitaux féminins et les organes génitaux internes chez l'homme (prostate, glandes séminales).

Asana à éviter:

- chez la femme, en période de règles ou pendant la grossesse;
- dans les affections oculaires chroniques de type inflammatoire, et spécialement dans le glaucome et en cas de lésions rétiniennes.

Cobra (Posture du)

ou bhujanga asana.

En sanscrit, bhujanga: serpent, cobra.

Variété d'asana exécuté en position couchée sur le ventre et qui comporte plusieurs variantes.

Cet asana est d'une grande intensité et il faut distinguer nettement sa forme statique où la posture est maintenue et sa forme dynamique où les mouvements sont liés, les répercussions étant différentes.

Technique:

- mettez-vous en position couchée sur le ventre;
- étirez bien les jambes qui restent parallèles et jointes, les pieds sont réunis et leurs extrémités pointent en arrière;
- placez les mains, les paumes à plat sur le sol, à la hauteur de la partie moyenne du thorax;
- respirez bien puis, au cours d'une inspiration, appuyez-vous fermement sur les mains, et tendez les bras afin de soulever le buste;
- effectuez quelques cycles respiratoires, puis, au cours d'une inspiration, relevez davantage encore le thorax; soulevez en même temps le bassin jusqu'à ce que le contact du corps avec le sol s'effectue au niveau du pubis;
- le poids du corps repose alors sur les membres inférieurs étendus sur le sol et sur les mains;
- contractez les muscles des cuisses et serrez les fesses;
- à présent, vous avez le choix entre:
- *le cobra dynamique:* vous effectuerez alors des flexions de la jambe droite, puis de la jambe gauche puis des deux à la fois. Ensuite, jambes allongées, vous effectuerez des mouvements des bras avec soulèvement des bras parallèles et joints vers l'avant, ce qui dégage la respiration costale basse, bien qu'elle soit entravée partiellement par la position couchée.

Ce qu'on appelle cobra royal consiste à appliquer les pieds sur la tête.

Ces variantes dynamiques apportent une difficulté supplémentaire à la posture orthodoxe; elles accroissent l'intensité des répercussions physiologiques, ce dont il faut tenir compte aussi bien pour des indications que pour les contre-indications.

- *le cobra statique:* consiste à maintenir la posture initialement décrite le temps qui convient, une minute au moins, davantage si possible, en l'absence de sensation de gêne ou de fatigue. Les effets du cobra statique sont différents de ceux du cobra dynamique (voir ci-dessous).

Naturellement, il n'y a aucune obligation de pratiquer la forme dynamique et la forme statique. Si votre programme ne peut consacrer suffisamment de temps à cette posture, revenez immédiatement

Posture du cobra
C'est le buste qui travaille et non les bras qui peuvent être fléchis ou tendus ou portés horizontalement librement en avant.

à la position initiale dès que vous aurez réalisé la posture orthodoxe.

Aspect médical de la posture du cobra:

- la particularité de cet asana est son action régulatrice sur certaines glandes à sécrétion interne ou glandes endocrines, telles que la thyroïde et la surrénale ;
- stimule d'une façon générale la digestion, l'élimination des déchets et l'assimilation ;
- agit favorablement sur le système nerveux en favorisant la concentration ;

– régularise la circulation sanguine ;
– améliore, semble-t-il, la vision mais uniquement chez les sujets sains présentant une faiblesse visuelle passagère d'origine non organique. Seul le cobra dynamique paraît avoir des effets positifs, le cobra statique aurait plutôt des effets congestifs sur l'œil ;
– sur le plan respiratoire, c'est également la forme dynamique exclusivement dont se trouveront bien certains asthmatiques en dehors des crises ;
– c'est toujours la forme dynamique à laquelle on fera appel pour stimuler la glande thyroïde en cas d'insuffisance fonctionnelle. L'action régulatrice de la posture du cobra peut contribuer à lutter contre certains excès de fonctionnement de la glande thyroïde à la condition expresse d'être systématiquement associée à un traitement médical spécifique par les anti-thyroïdiens ;
– nous retrouvons encore le cobra dynamique au secours de la lutte contre la fatigabilité due à l'insuffisance surrénale souvent accompagnée d'hypotension artérielle ;
– les vertus du cobra dynamique sont aussi liées à la présence des mouvements et à leurs répercussions physiologiques : assouplissement des genoux, des épaules, du rachis, dégagement des respirations costales inférieures ou supérieures selon le type de mouvement adopté ;
– dans le cobra statique, il ne faut pas rechercher les mêmes effets en profondeur. Par contre, le maintien de la posture a un effet mécanique important sur la colonne vertébrale. Nous avons ici une lordose accentuée et prolongée. Tout sujet présentant déjà une lordose excessive et qui en souffre, doit être éliminé de même pour ceux chez qui la mise en lordose est génératrice de troubles. Le spondylolisthésis constitue une contre-indication formelle pour les deux formes de cobra.

Par contre, un certain nombre de sujets se trouvent bien du cobra, surtout dans sa forme statique, lorsque le rachis est simplement enraidi ou lorsque certaines déformations ou malpositions vertébrales sont améliorées par la mise en lordose.

Un avis médical sera toujours le bienvenu, étant donné qu'un examen clinique permettra de pratiquer la posture et de s'en trouver bien ou évitera, au contraire, de courir au devant de dégâts dont les conséquences dans cette région anatomique sont parfois lourdes.

Contre-indications de la posture du cobra

Nous ne reviendrons pas sur celles qui concernent le rachis et qui viennent d'être exposées plus haut.

On évitera formellement cet asana dans :
– l'hypertension artérielle ;
– les affections oculaires type glaucome ou lésions rétiniennes, chez la femme en période de règles et chez la femme enceinte.
– l'emphysème, l'asthme en période de gêne respiratoire.

Contre-posture

Posture compensatrice des effets excessifs ou défavorables d'une posture précédente.

Cette notion s'applique assez couramment, mais pas exclusivement à la colonne vertébrale ; dans ce cas, le but est d'opérer une inclinaison dans une direction opposée à celle qui vient d'être pratiquée.

En ce qui concerne les membres, les contre-postures consistent à fléchir ou à étendre un ou deux membres en allant à l'encontre de celles qui ont été effectuées au cours de l'asana précédent.

D'une façon générale; on cherche à conserver l'harmonie de la musculature, à éviter qu'un côté ne soit développé au détriment d'un autre et on vise surtout à estomper toutes les manifestations d'intolérance susceptibles de se manifester après certains asana.

A titre d'exemple, la posture du fœtus est la contre-posture classique de la posture du cobra.

Dynamique (phase)

Phase d'asana où la posture est construite avec, éventuellement addition de mouvements annexes, contrairement à la phase statique. Pour exemple, voir Cobra (posture du).

Demi-chandelle (Posture de la)

ou viparitha karani
En sanscrit, viparitha : inverse ;
karani : faire.

Variété d'asana à point de départ en position couchée.

Cette posture est moins complète et moins intense dans ses effets que la posture de la chandelle, mais elle peut servir d'acte préparatoire.

Elle comporte la même variante que la chandelle avec flexion des membres conjuguée à des mouvements actifs qui en renforcent l'intensité d'action, mais aussi qui accroissent les contre-indications.

Technique :

– mettez-vous en position couchée sur le dos ;
– fermez les yeux ; respirez bien ;
– fléchissez les jambes à fond sur l'abdomen ;
– soulevez le bassin et soutenez-le à l'aide des mains posées à plat sur le bas de la colonne vertébrale dans la région lombaire ;
– surveillez l'équilibre puis tendez les jambes en les dépliant et amenez-les en position oblique tout en les gardant bien jointes ;
– arrêtez le mouvement lorsque la pointe des pieds est au-dessus des yeux.

A ce moment, les membres supérieurs sont repliés : le segment allant de l'épaule au coude repose sur le sol ; les avant-bras sont relevés, légèrement obliques en avant ; les mains, à plat, soutiennent le bas du dos.

Variante

Elle comporte les mouvements suivants, exécutables à la file en l'absence de sensation de gêne ou de fatigue :
– flexion d'une jambe ;
– flexion de l'autre jambe ;
– flexion des deux jambes ;
– écartement des jambes tendues.

Aspect médical de la posture de la demi-chandelle :

– stimule favorablement les fonctions ovariennes et peut avoir un rôle utile dans les règles douloureuses d'origine banale, ni organique ni hormonale ;
– a une action tonique qui dissipe la fatigue musculaire ou nerveuse ;

Posture de la demi-chandelle

– est sédative du système nerveux et prépare au sommeil.

Asana à éviter:

– dans un certain nombre de troubles cardiaques et vasculaires: hypertension artérielle, insuffisance cardiaque, artériosclérose avancée;
– chez les sujets présentant facilement des douleurs au niveau du cou, des torticolis, de l'arthrose (cervicarthrose);
– dans les affections oculaires chroniques à caractère inflammatoire tel le glaucome ou les affections rétiniennes;
– en dépit de son influence favorable sur les règles, ne pas pratiquer cet asana en période de règles;
– bien qu'étant l'une des moins éprouvantes des postures inverses, ne doit être exécutée qu'après avis autorisé chez la femme enceinte;
– à éviter en cas de tendance aux saignements de nez ou autres types d'hémorragies;
– prudence chez les obèses;
– à ne pas pratiquer avant un délai suffisant après une opération;
– éliminer les sujets ayant tendance aux malaises ou aux lipothymies pendant l'exécution.

Demi-pont lié (Posture du)
ou ardha setu bandha

En sanscrit, ardha: demi; setu: pont; bandha: construction.

Variété d'asana à point de départ couché sur le dos.

Technique:

– couchez-vous sur le dos, les jambes fléchies. Les pieds reposent bien à plat sur toute la surface de la voûte plantaire. Veillez à leur parallélisme rigoureux;
– encerclez les chevilles avec les mains, les membres supérieurs restant bien tendus, les genoux bien joints;
– faites quelques cycles respiratoires puis au cours d'une inspiration, réalisez le temps principal de la posture en soulevant l'ensemble du corps. Evitez tout balancement dysharmonieux;
– baissez la tête afin que le menton soit serré contre la partie supérieure de la poitrine (jalandhara bandha);
– rentrez le ventre et serrez les fesses. Vous réaliserez alors un "verrouillage lombaire" grâce à l'action protectrice des fessiers et des abdominaux;
– le dos, le bassin et les cuisses forment alors une ligne droite oblique vers l'arrière coupée à angle droit par les jambes au niveau des genoux. Les mains encerclent toujours solidement les chevilles. Vu de côté, on semble apercevoir l'arche d'un pont, coupée en deux par la ligne verticale des jambes;
– faites quelques cycles respiratoires sans rythme particulier pendant que vous maintenez la position le temps qui vous conviendra en l'absence de gêne ou de fatigue;
– au cours d'une expiration, reposez le corps sur le sol sans effort et sans brutalité;
– relaxez-vous un temps suffisant.

Aspect médical de la posture du demi-pont lié:

– assouplit et tonifie le dos; décontracte la musculature paravertébrale en s'opposant aux douleurs dues à la contracture ou consécutives aux positions

Posture du demi-pont lié
(Avant l'abaissement de la tête en jalandhara bandha)

assises avec flexion en avant trop prolongées, au cours du travail, par exemple chez des sujets au dos peu musclé. Se montre particulièrement favorable dans les douleurs et contractures au niveau du cou ;

- s'oppose aux déformations vertébrales du type scoliose ou cyphose, mais doit être évitée dans les lordoses ;
- assouplit les genoux, mais doit être évitée en cas de lésions déjà installées avec douleurs : arthrose du genou (gonarthrose), arthrite et surtout en cas de pathologie des ménisques ;
- stimule favorablement d'une façon générale la circulation ainsi que le fonctionnement du cœur et de divers organes abdominaux (rein, estomac, intestins, ovaires).

Eviter cette posture :

- dans toutes les contre-indications classiques, états fébriles, douloureux, fatigabilité excessive, etc. ;
- tout spécialement dans les diverses formes de sciatiques.

Diamant (Posture du)

ou vajrasana.

En sanscrit, vajra : diamant ou foudre de guerre lancé par les dieux.

Variété d'asana dont le point de départ est en position assise sur les pieds joints.

Technique

Première phase :

- asseyez-vous sur les talons les pieds joints. Les jambes étendues et serrées reposent sur le sol depuis les genoux jusqu'aux orteils ; ceux-ci pointent en arrière. Les mains sont pour l'instant posées, les paumes à plat sur les cuisses ;
- baissez la tête, croisez les mains en retournant les paumes vers l'avant, puis au cours d'une inspiration, tendez les bras en avant et élevez-les ensuite obliquement jusqu'à la hauteur des yeux en même temps que vous prenez la position à genoux et redressez les cuisses afin de relever le buste ;
- levez les deux bras à la verticale, le visage se porte également vers le haut, les yeux en direction des mains dont les

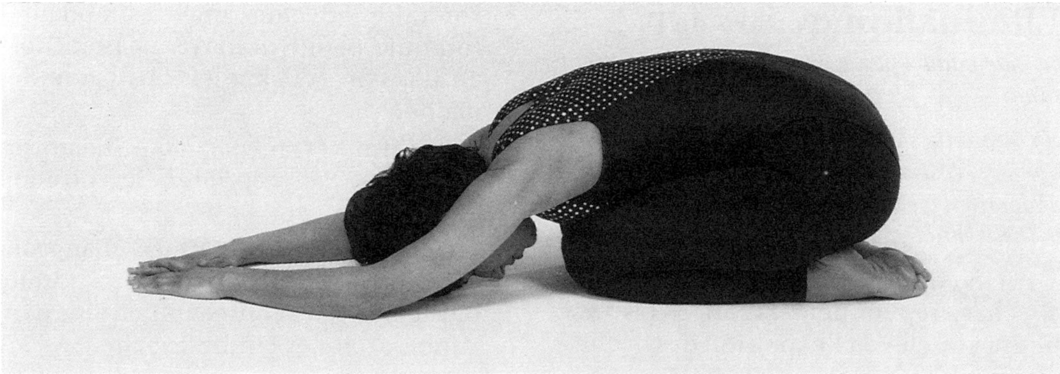

Posture du diamant, stade de "feuille pliée"

doigts sont toujours entrecroisés, les paumes tournées vers le ciel ;

– respirez bien et, au cours d'une expiration, revenez en position assise ; abaissez les bras et posez les mains sur les cuisses ; les doigts restent entrecroisés et les paumes sont dirigées vers l'avant.

Deuxième phase dite de "Feuille pliée" :

– A présent, fléchissez complètement le tronc sur les membres inférieurs jusqu'à ce que le *front vienne se poser sur le sol.* La tête est, à ce moment en avant des genoux, la partie inférieure du menton presque en contact avec eux ;
– les membres supérieurs vont alors se porter en avant, encadrant la tête et se poser sur le sol, la position des doigts et des mains reste inchangée ;
– en cas de difficulté ou d'impossibilité de la flexion totale du tronc, restez à mi-course, mais évitez surtout de décoller le siège ;
– maintenez la position le temps qui vous conviendra, en l'absence de sensation de gêne ou de fatigue. Respirez régulièrement sans rythme imposé ;
– revenez enfin à la position initiale et détendez-vous.

Aspect médical de la posture du diamant

C'est un des asana les plus intéressants médicalement parlant :

– s'oppose aux troubles et aux déformations de la colonne vertébrale, non seulement à titre préventif mais également curatif de certains cas caractérisés : gibbosité, par exemple, en excluant les cas fixés ou trop marqués ;
– décontracte le dos et les épaules et s'oppose aux douleurs de ces régions produites par la contracture prolongée, le surmenage, les positions vicieuses (dorsalgies des travailleurs en position assise prolongée) ;
– action favorable sur le système nerveux avec augmentation de la qualité de la réponse aux stress de la vie quotidienne et un effet calmant qui se manifeste dès que le front entre en contact avec le sol ;
– stimule la circulation et favorise l'élimination des toxines.

Eviter cette posture :

– chez les sujets aux genoux fragiles et surtout en cas de lésions des ménisques.

Élimination (Posture de l')

ou eka pada apana asana ou pavanamuktasana.

En sanscrit, eka : un ; pada : pied ; apana : ensemble des fonctions de la région abdominale basse d'éliminer les selles et les urines ; mukta : libéré.

Variété d'asana exécuté en position couchée, réputé pour favoriser les fonctions naturelles et l'expulsion des déchets.

Technique :

- mettez-vous en position couchée sur le dos, les membres inférieurs bien allongés et tendus ;
- respirez bien et, au cours d'une expiration, fléchissez la jambe droite sur l'abdomen ;
- saisissez le genou avec les deux mains en entrecroisant les doigts et, simultanément, baissez la tête jusqu'au contact du menton avec la partie supérieure du sternum (c'est le jalandhara bandha, voir ce mot au chapitre III). Evitez de contracter la gorge ;
- bien noter les repères anatomiques de la position correcte : les épaules reposent sur le plan du sol, les bras sont relevés à trente degrés environ mais restent collés au corps ainsi que les coudes ; les avant-bras sont relevés à la verticale, les mains croisées serrent fortement le genou droit ; la jambe est horizontale, bien étirée du genou à la cheville ; le pied pointe en avant mais librement, sans forcer et surtout sans crispation ;
- maintenez la position le temps qui vous conviendra en l'absence de sensation de gêne ou d'inconfort qui commanderait l'arrêt de l'exercice. Respirez librement sans rythme imposé ou, au contraire, effectuez une des modalités respiratoire du prânayama praticable en position couchée et sans l'aide des mains ;
- pour terminer, relaxez-vous, décroisez les mains et reprenez la position initiale ;
- recommencez la posture en changeant de jambe. Vous pouvez faire ensuite plusieurs cycles consécutifs en alternant jambe droite et jambe gauche.

Variante

La posture est réalisable en faisant intervenir les deux jambes en même temps. Elle est alors nommée en sanscrit apana asana.

Aspect médical :

- stimulation de la digestion et des fonctions intestinales, évacuation des gaz et des selles ;
- amélioration des fonctions rénales ; stimulation de l'élimination urinaire. La posture préviendrait, si l'on en croit la tradition, la formation de cristaux et de calculs et favoriserait même l'élimination spontanée de lithiases urinaires constituées. On poursuit les recherches en ce sens, mais l'on ne peut pour l'instant se porter garant d'une telle assertion.

Dans le cadre si important des lithiases urinaires, il convient essentiellement de tenir compte de la nature de cette lithiase (urique, oxalique, phosphatique, etc.), de contrôler le pH urinaire, d'alcaliniser ou d'acidifier l'urine selon le cas, de ne pas négliger le traitement médical, de ne jamais différer le traitement chirurgical s'il a été décidé.

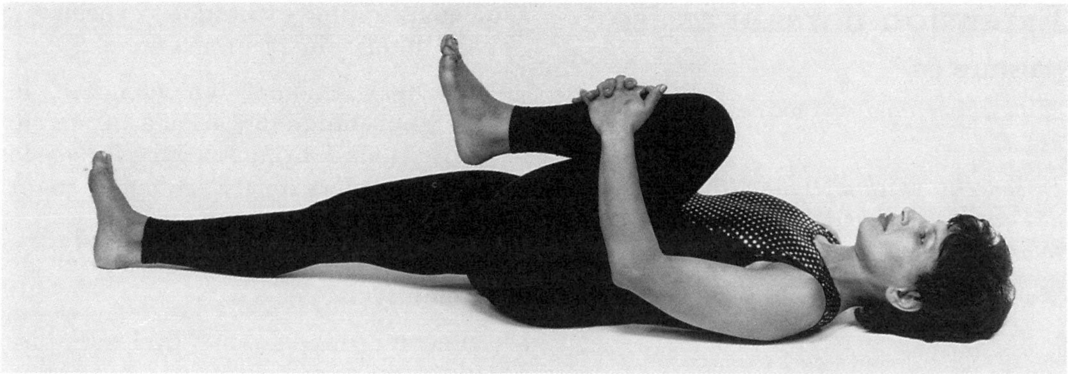

Posture de l'élimination avec une seule jambe, eka pada asana

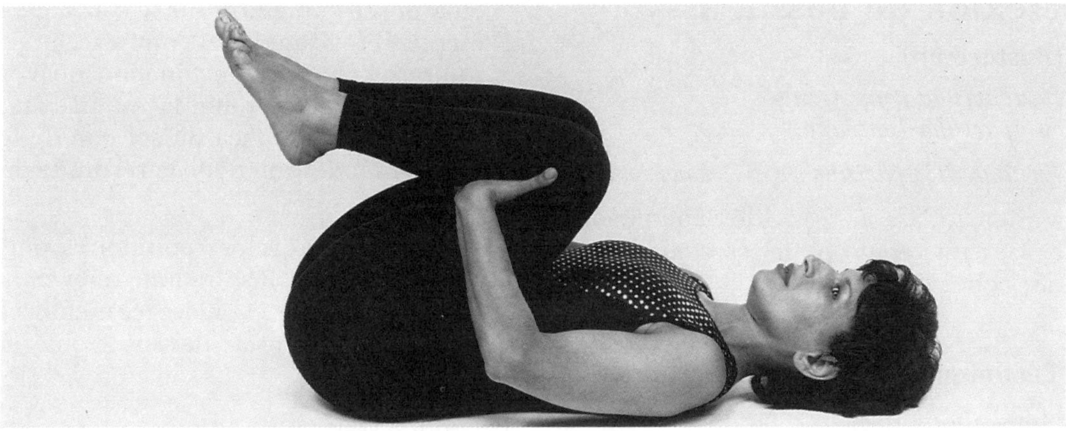

Posture de l'élimination avec les deux jambes, apana asana

Les lithiasiques doivent boire suffisamment et parfois un volume liquide très important, fixé sur appréciation médicale.

– stimule et régularise la fonction ovarienne;
– amélioration de la circulation; les douleurs des règles sont atténuées dans certains cas de dysménorrhée; les jambes lourdes et douloureuses sont soulagées, en particulier lorsqu'elles accompagnent la prise de la pilule ou lors du syndrome de tension prémenstruelle;
– serait favorable dans certains types de fibromes utérins (selon la tradition, mais toujours sous la plus grande réserve);
– la posture favorise le fonctionnement du cœur en réalisant une sorte de massage indirect de cet organe; en conséquence, on peut la conseiller contre les extrasystoles d'origine exclusivement neurotonique et dans les dérèglements du rythme d'origine nerveuse pure;
– lorsque les deux jambes sont fléchies, on annihile les effets du psoas iliaque et l'on peut en profiter pour effectuer des mouvements qui permettent de mieux prendre conscience du muscle transverse.

Extension dorsale assise

(Posture en)

ou paschimottanasana ou posture de la pince assise.

En sanscrit, paschimottana : étirement intense de l'arrière du corps depuis la nuque jusqu'aux talons.

Voir Pince assise (Posture de la).

Flexion du bassin assis

(Posture en)

ou upavistha kona asana
ou upavistha konasana.

En sanscrit, upavistha : assis ; kona : angle.

Variété d'asana exécuté en position assise ; est réputé pour ses effets bénéfiques chez les femmes.

Technique

Nous allons décrire quatre mouvements consécutifs. L'ordre que nous adoptons est modifiable ; il est d'ailleurs variable selon les auteurs.

– asseyez-vous sur le sol, jambes allongées en avant, le dos bien droit – c'est essentiel –, les mains fortement appuyées au sol de chaque côté des hanches ;
– faites plusieurs cycles respiratoires ;
– écartez, à présent, les membres inférieurs avec l'angle le plus large possible. Si vous parvenez au grand écart ou presque, tout en conservant l'équilibre, n'hésitez pas à le faire. En général, toutefois, on se contente d'un angle de 45° par rapport au buste pour chaque jambe.

Au cours d'une expiration, exécutez la phase initiale du 1er mouvement :

– penchez le buste en étendant les membres supérieurs jusqu'à attraper les gros orteils à droite et à gauche avec les trois premiers doigts de chaque main ;
– veillez à conserver le dos droit et à tendre les jambes sans pliure aux genoux ;
– effectuez un ou deux cycles respiratoires puis, au cours d'une expiration, penchez-vous davantage encore jusqu'à poser le menton sur le sol, si cela est possible. Dans le cas contraire, interrompez l'avancée en fonction de vos possibilités. De toute façon, il vaut mieux rester en deçà du sol que de le toucher au détriment de la rectitude du dos ;
– faites quelques cycles respiratoires, puis au cours d'une inspiration, relevez la tête et la poitrine et placez les membres inférieurs allongés devant vous et joints.

Détendez-vous suffisamment, puis entamez le 2e mouvement :

– écartez à nouveau les membres inférieurs à l'angle le plus large possible, compte tenu de vos possibilités comme pour le mouvement précédent ;
– respirez bien puis, au cours d'une inspiration, élevez les bras à la verticale au-dessus de la tête. Joignez les mains, doigts croisés, paumes en l'air (photo 1) ;
– effectuez une torsion du tronc jusqu'à ce qu'il soit face à la jambe droite ;
– fléchissez le buste et les membres supérieurs qui vont se joindre au contact de la partie supérieure de la cheville droite. La tête est posée sur le genou droit ;

1

2

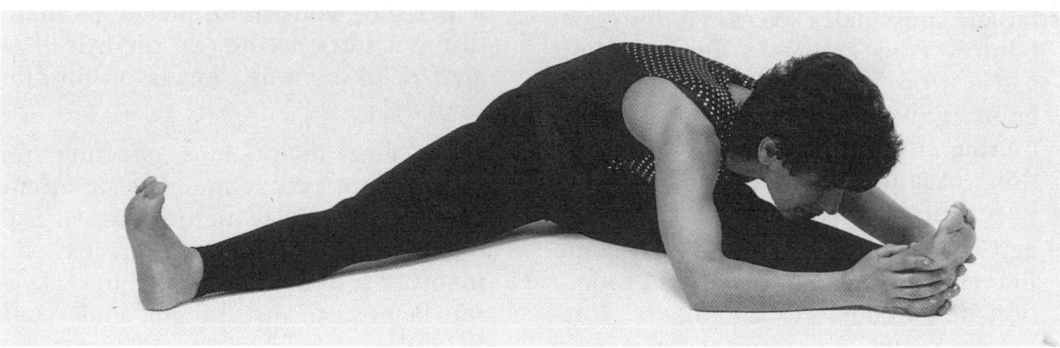

3

Posture en flexion du bassin assis
Posture de départ et mouvements latéraux ultérieurs

– si vous avancez encore plus en avant les mains en encerclant le pied vous réalisez la variante pied-genou-tête ou eka pada janu-shirsasana (photo 2) ;
– respirez et, au cours d'une inspiration, relevez la poitrine et la tête. Rapprochez au contact les membres inférieurs toujours étendus ;
– relaxez-vous un temps suffisant.

3e mouvement : c'est le même que le précédent, mais réalisé cette fois avec le membre inférieur gauche (photo 3).

4e mouvement : cette fois, il y a flexion en avant, la tête touche terre, entre les jambes écartées ; les mains entrecroisées touchent aussi la terre en avant de la tête.

Aspect médical de la posture en flexion du bassin assis :

– possède une action particulièrement favorable sur le petit bassin ; peut contribuer, en corrélation avec le traitement médical et les soins gynécologiques à soulager les règles douloureuses de certaines dysménorrhées de causes banales. D'une façon générale, elle régularise les fonctions ovariennes ;
– contribue à prévenir et à soulager les douleurs du bas du dos dues à une fatigue musculaire excessive, les courbatures consécutives à une position assise trop prolongée ; on doit par contre s'abstenir si la douleur est due à un rhumatisme aigu ou à une détérioration organique (arthrose lombaire, hernie discale, spondylolisthésis, etc.) ;
– agit favorablement sur le système nerveux avec action sédative et réduction de l'anxiété et de l'angoisse lorsqu'elles sont en rapport avec une simple neurotonie ; est inopérante dans les états dépressifs structurés.

Flexion du bassin en étirement latéral (Posture avec)

ou utthita parsva kona asana.

En sanscrit, utthita : levé, étiré, étendu ; parsva : le côté, le flanc, latéral ; kona : un angle.

Variété d'asana effectué en position debout et ayant, dans la phase initiale, une certaine analogie avec la posture du triangle debout ou trikonasana.

Technique :

– mettez-vous en position debout, les jambes jointes et les bras pendant le long du corps ;
– respirez bien et, au cours d'une inspiration, écartez très largement les membres inférieurs ;
– écartez les membres supérieurs latéralement à l'horizontale, les paumes des mains tournées vers le sol ;
– au cours d'une expiration, faites exécuter aux deux pieds une rotation vers la droite : 90° pour le pied droit, beaucoup plus discrète pour le pied gauche ;
– à présent, vous allez placer la main droite à terre à côté du pied droit et *derrière* lui (comme dans la posture du triangle) ;
– vous allez maintenant effectuer un mouvement avec le membre supérieur gauche. Vous ne le mettrez pas vertical dans le prolongement inverse du membre supérieur droit, ce qui réaliserait la posture du triangle, mais vous l'étendrez vers l'horizontale en passant auprès de l'oreille gauche. Conservez la tête dans la ligne du corps.

Flexion du bassin en étirement latéral

Flexion du bassin en étirement latéral (variante)

– vous devez ressentir une sensation d'étirement concernant le corps tout entier et surtout la partie lombaire de la colonne vertébrale. Pour que cet étirement soit pleinement conscient, il vous faut veiller à différents points : concentrez-vous bien sur la partie postérieure de la colonne vertébrale ; conservez les jambes et les hanches sur un même plan et, pour cela, mobilisez éventuellement le thorax en le redressant en haut et en arrière. Etirez l'arrière du genou gauche ;
– maintenez la posture le temps qui vous conviendra, une minute au moins si possible, en respirant régulièrement et profondément sans rythme imposé ;
– respirez et, au cours d'une inspiration, remettez les membres supérieurs dans la position de départ ;
– relaxez-vous suffisamment et refaites la posture en inversant les membres.

Aspect médical de la posture avec flexion du bassin en étirement latéral :

– renforce les articulations des membres inférieurs et celles des épaules ;
– harmonise la musculature des membres ;
– développe la capacité respiratoire ;
– stimule le péristaltisme intestinal et l'évacuation des déchets ;
– possède une action favorable sur certaines sciatiques, en dehors des formes graves et des périodes aiguës, sur indication médicale et sous surveillance d'un professeur ;
– stimule assez électivement les fonctions ovariennes et peut être employée dans certains troubles des règles en excluant les cas d'origine organique ou liés à des causes hormonales précises.

Flexion debout (Posture en)

ou posture en étirement intense ou uttanasana.

En sanscrit, uttana : étirement intense.

Variété d'asana pratiqué au départ en station debout.

Techniques :

– mettez-vous debout, membres supérieurs pendant le long du corps, membres inférieurs joints et serrés, les bords internes des pieds bien en contact. Vous êtes alors dans la posture de l'attention ;
– respirez bien et, au cours d'une inspiration, élevez les bras à la verticale en conservant le dos droit et non cambré ;
– respirez et, au cours de l'expiration, fléchissez le tronc vers l'avant en gardant les jambes tendues ;
– mettez les mains au sol si vous le pouvez, sinon restez en fin de course sans forcer.

Si vous parvenez à toucher terre avec les mains, vous pouvez tenter de mettre les faces dorsales à plat devant vous, appuyées sur le sol ou encore de mettre les mains à plat derrière les talons ou à côté du bord des pieds.

Maintenez la posture le temps qui vous conviendra en l'absence de gêne ou de fatigue, une minute au moins si possible ; puis reprenez la posture de l'attention.

Apect médical de la posture en flexion debout :

– comme toutes les postures "fermées" elle est favorable dans l'asthme et dans les affections respiratoires chroniques où l'expiration est entravée.

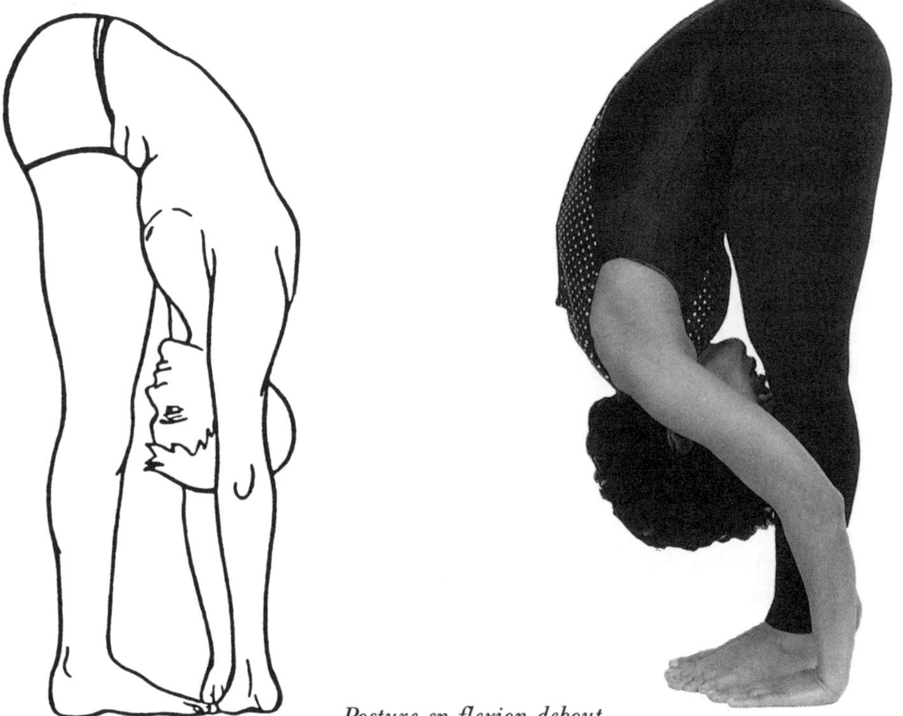

Posture en flexion debout

– se montre favorable en cas de fatigue nerveuse, de difficulté de concentration mentale, de troubles de l'attention ; peut prévenir certains états dépressifs en restant essentiellement dans le cadre des dépressions réactionnelles ; peu ou pas d'action dans les autres types de dépressions et dans tous les cas où les troubles sont déjà structurés ; peut cependant servir d'adjuvant au traitement médical ;
– prévient ou peut même faire disparaître certaines migraines d'origine non organique et dues à la neurotonie ou à des perturbations digestives ;
– stimule favorablement les fonctions hépatiques et rénales ; serait également favorable au fonctionnement de la rate ;
– peut prévenir ou améliorer les douleurs des règles dans certaines variétés de dysménorrhées ;
– pratiquée avant la posture sur la tête (shirsasana), peut en favoriser l'exécution en évitant les malaises que celle-ci provoque parfois.

Eviter cette posture :

– chez les porteurs de grosses varices surtout si elles sont douloureuses ;
– en cas de souffrance de la colonne vertébrale ;
– dans les contre-indications classiques du yoga : arthrite, arthrose douloureuse, asthénie marquée, états fébriles, etc.

Flexion-extension des jambes sur le bassin
(Posture avec)

ou urdhva prasarita pada asana.

En sanscrit, urdhva : monté élevé, se dirigeant vers le haut ; prasarita : étendu ; pada : le pied.

Variété d'asana à point de départ couché sur le dos. En dépit de son apparente simplicité, nécessite une grande rigueur dans son exécution, si l'on veut profiter de ses répercussions favorables pour la santé, beaucoup plus nombreuses qu'on ne l'imaginerait (voir ci-après).

Technique :

– allongez-vous sur le dos. Etirez bien les jambes en surveillant l'absence de toute pliure aux genoux. Laissez reposer les membres supérieurs, étendus sans raideur, le long du corps ;
– faites deux à trois cycles respiratoires et, à l'issue d'une expiration, levez les jambes jusqu'à faire un angle de 30° environ ;
– à présent, contentez-vous de respirer sans effort ni rythme particulier pendant une demi-minute ;
– au cours d'une expiration, soulevez les membres inférieurs jusqu'à la verticale (dessin du bas) et maintenez-les par les mains accrochées à la face postérieure du genou ;
– maintenez la position une minute environ puis abaissez les jambes et relaxez-vous suffisamment ;
– recommencez autant de fois qu'il vous conviendra, mais respirez convenablement et relaxez-vous effectivement entre chaque renouvellement de posture. Intercalez éventuellement les variantes.

Variantes

La posture peut être effectuée en utilisant successivement le membre inférieur droit puis le gauche ; on peut la faire aussi avec les deux jambes, une fois sur deux, par exemple, étendues ou repliées (dessin du haut).

Divers mouvements annexes des membres supérieurs peuvent aussi intervenir.

On réalise la posture de *la table à quatre pieds à l'envers* en élevant les membres supérieurs à la verticale alors que les membres inférieurs le sont déjà (photo page 208).

Aspect médical de la posture :

– renforce la statique et la solidité de la colonne vertébrale ;
– en renforçant la musculature paravertébrale et en la décontractant, elle prévient les déformations du rachis telles que la cyphose et la scoliose. Elle sert d'adjuvant à la kinésithérapie dans les cas justiciables de rééducation ; est inopérante dans les formes avancées ou requerrant un traitement orthopédique ou chirurgical ;
– bien remarquer toutefois qu'elle est contre-indiquée en cas de lordose ;
– s'oppose aux déplacements des disques intervertébraux (baillement, pincement, glissement) et peut même servir d'appoint au traitement kinésithérapique ou orthopédique dans certains cas médicalement sélectionnés ;
– agit préventivement en s'opposant aux déplacements des organes abdominaux (ptose de l'estomac, des reins, de l'utérus, tendance aux hernies acquises et aux éventrations). Est inopérante, toutefois, dans les formes constituées,

Posture avec flexion-extension des jambes sur le bassin

pouvant tout au plus s'opposer à leur aggravation ;

- assure l'équilibre et l'harmonie musculaire des membres inférieurs ;
- améliore la circulation au niveau des membres inférieurs avec répercussions favorables sur les lourdeurs de jambe, les varices et les hémorroïdes ;
- stimule le fonctionnement des organes du tube digestif ;
- favorise l'élimination rénale ; peut ainsi prévenir la formation de cristaux ou de calculs urinaires ; sert d'adjuvant au régime et au traitement lorsque la lithiase urinaire (voir ce mot) est constituée.

Fœtus (Posture du)

ou pindasana.

En sanscrit, pinda : fœtus.

Variété d'asana à point de départ couché sur le dos. C'est la contre-posture classique de la posture du cobra.

Technique :

- allongez-vous sur le dos, membres inférieurs étendus et joints ;
- effectuez une respiration et, au cours de l'expiration, repliez les genoux contre la poitrine à l'aide des mains jointes en arrondi ;
- baissez la tête et arrondissez légèrement le dos ;
- respirez bien et, au cours d'une expiration essayez de mettre en contact les genoux et le front ;
- à présent, vous allez pratiquer une rétention de souffle (kumbakha), les poumons vidés par une forte expiration ;
- faites quelques cycles respiratoires pendant une demi-minute au moins, en l'absence de fatigue ou de gêne puis revenez lentement à la position couchée initiale, au cours d'une expiration ;

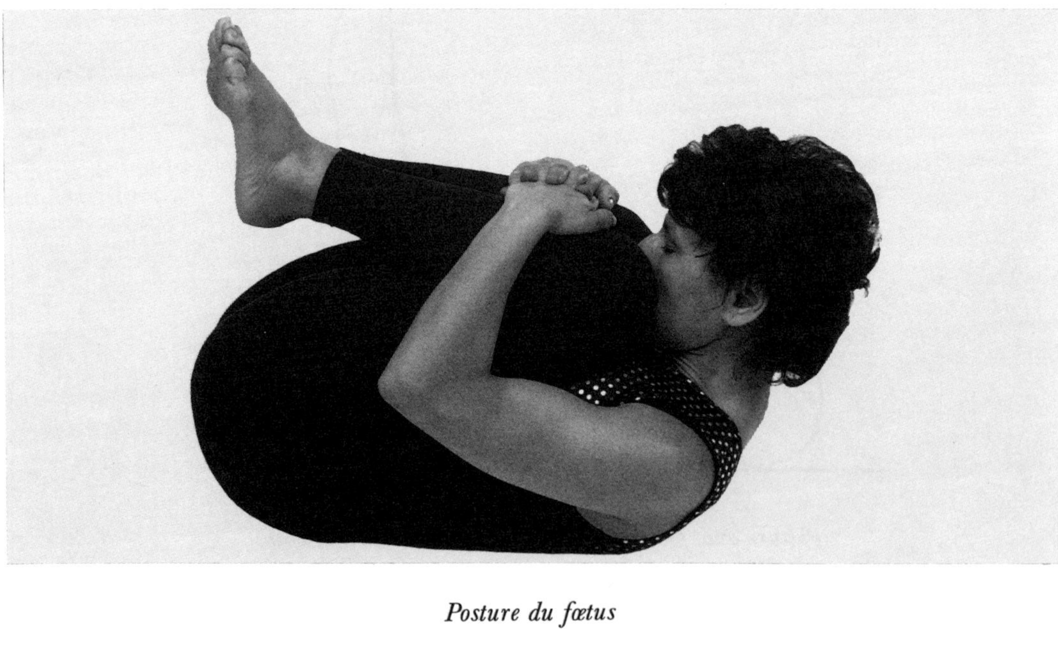

Posture du fœtus

– relaxez-vous ensuite de préférence dans la posture du cadavre ou shavasana.

Aspect médical de la posture du fœtus :

– améliore la circulation au niveau des membres inférieurs avec répercussions favorables sur les lourdeurs de jambe, les varices et les hémorroïdes ;

– stimule favorablement le fonctionnement des viscères digestifs ;

– agit favorablement sur les reins et accroît l'élimination urinaire.

Asana à éviter :

– dans tous les cas où la colonne vertébrale présente des déformations à caractère de cyphose et ceci d'autant plus que cette cyphose est plus structurée ;

– en cas de douleurs de la colonne vertébrale : arthrite, arthrose, spondylolisthésis, lésions traumatiques mal consolidées, etc.

Variante

On peut, en fin de posture effectuer des mouvements de "rocking" en basculant le corps alternativement en arrière et en avant.

Cette variante assouplit le rachis et majore les effets sur les viscères abdominaux.

Grand étirement de l'avant du corps (Posture en)

ou purvattana asana

En sanscrit, purva : l'Est, c'est-à-dire toute la partie antérieure du corps allant du front jusqu'aux orteils ; uttana : étirement intense.

Variété d'asana dont le point de départ est en position assise et qui présente quelque parenté avec la posture de la Table à quatre pieds. Elle est apparemment plus simple et pourtant son intensité physiologique est supérieure.

Technique :

– mettez-vous en position assise, les membres inférieurs bien étendus devant vous. Mettez les mains sur le sol à coté des hanches, paumes à plat, doigts pointés vers l'avant ou l'arrière ;

– pliez les genoux (ils ne le resteront pas longtemps) et appliquez les plantes des pieds fermement à plat sur le sol, les talons paraissant s'enfoncer à terre ;

– vous diposez ainsi d'un ferme appui des pieds. Vous allez, à présent, faire appel, au cours d'une expiration, aux membres supérieurs : tendez-les et soulevez le corps. Les membres inférieurs se tendent simultanément et, les genoux sont, à présent, verrouillés en extension ;

– vu de côté, l'apparence est celle d'une demi-arche de pont, mais il n'y a aucune confusion possible avec la posture du demi-pont lié dont la technique est absolument différente ;

– tirez la tête en arrière en étirant le cou, mais veillez à rester dans la ligne du corps en évitant une chute intempestive de ce segment anatomique ;

Posture en grand étirement de l'avant du corps

– veillez à ce que les membres supérieurs soient perpendiculaires au sol ;

– la ligne allant des hanches aux chevilles est oblique et forme avec le sol un angle de 45° environ. Les pieds restent bien à plat.

C'est au prix du respect scrupuleux des détails que les répercussions physiologiques favorables seront les plus marquées.

Aspect médical de la posture en grand étirement de l'avant du corps:

- effet sédatif du système nerveux, favorable en cas de troubles localisés au plexus solaire: battements aortiques, lourdeur ou pesanteur épigastrique;
- stimule favorablement l'émission d'urines et entre dans le cadre de la prévention des lithiases urinaires et d'adjuvant au régime et au traitement médical lorsqu'elles sont constituées;
- assouplit les épaules, la nuque et les hanches chez les sujets sains.

Asana à éviter:

- en cas de torticolis, cervicarthrose, périarthrite de l'épaule et dans tous les cas de fragilité ou de lésions douloureuses des mains, des poignets et des coudes.

Grand mudra (Posture du)

ou maha mudra.

En sanscrit, maha: noble, grand; mudra: sceau, qui verrouille.

Variété d'asana à point de départ en position assise.

Technique:

- mettez-vous en position assise. Les membres inférieurs reposant sur le sol, étendus devant vous;
- repliez le membre inférieur gauche au genou et placez la plante du pied gauche au contact de la partie supérieure de la cuisse. Le gros orteil doit toucher la cuisse et le talon être appuyé sur le périnée.

Respirez bien et, au cours d'une inspiration, tournez le buste vers le membre infé-

Posture du grand mudra
(Inversion des jambes dans un deuxième temps)

rieur droit puis penchez-vous en avant, les membres supérieurs tendus, afin d'attraper le gros orteil droit avec les pouces et les index. Si vous ne parvenez pas à terminez le mouvement, contentez-vous d'utiliser les deux index superposés ou encore arrêtez-vous aux chevilles ou même à mi-jambe.

– étirez fortement la colonne vertébrale et veillez à ce que le membre inférieur étendu n'ait pas tendance à tourner vers l'extérieur ;
– respirez à fond et, au cours d'une expiration, opérez une contraction de l'ensemble du ventre comme si vous vouliez attirer les organes abdominaux en haut et en arrière contre la partie antérieure de la colonne vertébrale et la face inférieure du diaphragme ;
– relâchez la tension du ventre. Faites quelques cycles respiratoires puis déclenchez à nouveau, dans les mêmes conditions une ou plusieurs contractions abdominales ;
– pour terminer, relâchez toute tension musculaire, respirez tranquillement, laissez la tête et les mains revenir en position initiale et dépliez la jambe gauche ;
– lorsque vous aurez bien récupéré, recommencez la posture en inversant les jambes. Dans un but de symétrie, consacrez le même temps à la 2e posture qu'à la première (photo).

Aspect médical de la posture du grand mudra :

– stimule d'une façon très générale la plupart des fonctions organiques : respiration, tonus des organes abdominaux, en particulier, ceux du tube digestif : foie, reins, organes du petit bassin ;
– contribue à harmoniser la musculature ;
– stimule la concentration intellectuelle.

Lotus (Posture du)

ou padmasana.

En sanscrit, padma : lotus.

Variété d'asana exécuté en position assise, les jambes croisées de façon caractéristique. C'est la posture type du yoga et nombre d'individus ne connaissent du yoga que cette posture et le salamba shirsasana ou posture de la tête.

Technique :

– asseyez-vous, les membres inférieurs étendus devant vous ;
– pliez le genou du membre inférieur droit, prenez dans les mains le pied droit et mettez-le sur la cuisse gauche à la base ;
– pliez à présent la jambe gauche au genou, prenez le pied dans les mains et mettez-le à la base de la cuisse droite ;
– veillez à ce que la plante des pieds regarde vers le haut et à ce que le rachis reste bien droit ;
– étendez les membres supérieurs et mettez les mains droite et gauche sur les genoux correspondants, paumes en l'air ;
– repliez l'un sur l'autre les pouces et les index de façon à leur donner une forme circulaire. Vous avez ainsi réalisé le jnana mudra (voir page 240) ;
– en l'absence de douleurs des genoux (fréquentes au début et handicapantes en permanence pour les sujets aux genoux fragiles), maintenez la position le temps qui vous conviendra. Pour ceux qui la tolèrent bien, elle est

Posture du lotus

propice aux exercices respiratoires du prânayama ;
- pour terminer, vous revenez aisément dans la position de départ en décroisant les membres inférieurs. Vous pouvez recommencer en intervertissant les jambes une à plusieurs fois de suite.

Aspect médical de la posture du lotus :
- assure une parfaite détente physique et psychique ;
- assouplit les articulations des membres inférieurs et du bassin chez le sujet sain ;
- tonifie le dos et renforce la musculature paravertébrale ;
- stimule favorablement les fonctions des organes abdominaux.

Eviter cette posture :
- chez les sujets aux genoux fragiles et douloureux ; elle est spécialement contre-indiquée en cas d'arthrose douloureuse ou d'arthrite même légère des articulations du membre inférieur et du bassin ;
- les lésions méniscales constituent une contre-indication absolue ;
- prudence ou abstention, selon avis médical, dans les suites de fractures, entorses, traumatismes, etc.

Maha mudra

Voir Grand mudra (Posture du).

Marici (Posture de)

(Prononcer Maritchi) ou Maricyasana.

Marici était un sage, fils de Brahma et aïeul de Surya, le dieu du soleil aux Indes.

Variété d'asana exécuté en position assise. Cette posture est très réputée pour ses effets bénéfiques sur le psychisme.

Elle comporte deux phases.

Technique :

Première phase :

– asseyez-vous, jambes jointes et tendues, le dos bien droit ;

– repliez le genou gauche et placez le pied gauche à plat, la plante du pied et le talon bien appuyés sur le sol ;

– serrez le talon gauche contre le périnée ;

– depuis le genou jusqu'à la cheville, la jambe gauche doit être rigoureusement perpendiculaire au sol. Le pied gauche est en angle droit avec la cheville ;

– le bord interne du pied gauche est en contact avec le bord interne de la cuisse droite étendue sur le sol ;

– les membres supérieurs reposaient jusqu'à présent sur le sol de chaque côté des hanches, paumes en bas, doigts dirigés vers l'avant ;

– en passant derrière le dos, tentez de réunir les membres supérieurs, de crocheter tout au moins deux doigts de chaque main et, si possible, de saisir le poignet droit avec la main gauche ;

– veillez à ce que le membre inférieur droit reste fermement étendu et surveillez l'équilibre des mains, du coude gauche et du membre inférieur gauche.

Deuxième phase :

– elle est facultative pour les novices et pour les sujets de souplesse insuffisante ;

– conservez la position antérieure pendant quelques cycles respiratoires ;

– au cours d'une expiration, penchez le buste en avant jusqu'à poser le front, le nez puis, si possible le menton sur le genou droit. Surveillez la régularité de la respiration et veillez au parallélisme des épaules avec le sol. Ne pliez surtout pas le membre inférieur droit ;

– effectuez quelques cycles respiratoires puis, au cours d'une inspiration, redressez la poitrine et la tête, libérez les mains, allongez le membre inférieur gauche et revenez à la position de départ ;

– respirez bien et relaxez-vous un temps suffisant. Vous pouvez ensuite recommencer la posture une à plusieurs fois en inversant les jambes à chaque fois.

Aspect médical de la posture de Marici :

– fortifie considérablement les poignets, les mains et surtout les doigts ;

– assouplit la colonne vertébrale et plus précisément le dos, le bassin au niveau de la hanche ;

– stimule favorablement les fonctions des organes abdominaux : vésicule biliaire, intestins, reins, ovaires, etc. ;

– possède une action assez curieuse sur le psychisme en luttant contre les états dépressifs ; rétablit le calme, la confiance en soi ; elle donne de la confiance aux timides, aux indécis, aux mous, aux sujets impressionnables et à ceux qui sont sujets au trac.

Asana à éviter :

– en cas de fragilité des genoux ou de douleurs à ce niveau : arthrite ou arthrose douloureuse des genoux (gonarthrose) et surtout en cas de lésions méniscales ;

– chez les sujets présentant des lésions ou des séquelles mal consolidées de fracture, entorse ou traumatisme de la main, des poignets ou des doigts.

Posture de Marici

Montagne (Posture de la)

ou parvatha asana.

En sanscrit, parvatha : montagne.

Variété d'asana exécuté en position assise. Peut se réaliser librement ou avec appui dorsal ; celui-ci est conseillé en cas de fragilité et de manque de résistance de la colonne vertébrale lombaire ou des genoux.

A côté de la posture type dont nous allons donner la description, il existe de nombreuses variantes, en particulier dans les mouvements annexes des mains et des bras.

Technique :

– mettez-vous en position assise, jambes bien étendues ;
– repliez le genou droit, prenez dans la main le pied droit et placez-le sur la base de la cuisse gauche ;
– pliez ensuite le genou gauche, prenez-le dans les mains et appliquez-le sur la base de la cuisse droite ;
– veillez à ce que la plante des pieds soit dirigée vers le haut et à ce que le rachis reste bien droit ;

Posture de la montagne
Avant-dernière phase avec élévation des mains

– les adeptes qui ne peuvent pas s'asseoir en lotus peuvent adopter une position plus facile, accord parfait, par exemple ou en tailleur ;
– joignez les mains comme en prière devant la poitrine en appuyant les paumes l'une contre l'autre ;
– élevez lentement les bras tendus au-dessus de la tête, les paumes toujours jointes ;
– à présent, retournez les paumes des mains vers le haut tout en entrecroisant les doigts et en surveillant la rectitude du dos ;
– maintenez la posture le temps qui vous conviendra, une demi-minute au moins, si possible. Lorsque vous vous sentirez bien à l'aise, vous pourrez prolonger ce temps à volonté et en profiter pour mettre en œuvre les diverses techniques respiratoires dans le cadre du prânayama ;
– pour terminer, abaissez lentement les mains. Détendez les membres inférieurs en revenant à la position initiale. Relaxez-vous suffisamment ;
– recommencez l'exercice en intervertissant le croisement des membres inférieurs.

Posture de la montagne
Posture complète avec auto-étirement par retournement des mains

Aspect médical de la posture de la montagne :

– assouplit les épaules chez les sujets sains ;

– favorise le développement de la cage thoracique et l'amplitude respiratoire ;

– stimule la digestion et, de façon globale, les fonctions des organes abdominaux : reins, foie, intestins, etc. ;

– lutte contre la fatigue physique et nerveuse ;

– améliore la concentration mentale, le pouvoir d'attention, la lucidité ;

– le retournement des mains jointes au-dessus de la tête provoque un auto-étirement du rachis cervical favorable dans les maux de tête d'origine congestive et dans la cervicarthrose en dehors des poussées aiguës.

Eviter cette posture :

– chez les sujets aux genoux fragiles, en particulier en cas de lésions méniscales.

Mudra de l'estomac

ou thataka mudra.

En sanscrit, thataka : estomac ; mudra : sceau ou posture qui verrouille.

Variété d'asana à point de départ couché sur le dos. D'apparence assez simple, cette posture a néanmoins un grand retentissement physiologique, à condition d'être exécutée très correctement. Diverses variantes basées surtout sur des mouvements annexes des mains et des bras sont parfois mises en œuvre. Elles n'apportent aucun élément nouveau sur le plan médical. Nous n'en parlerons donc pas.

Technique :

– couchez-vous sur le dos, les membres inférieurs bien tendus devant vous ;

– tendez vos bras vers l'avant, croisez les doigts, tournez à présent les paumes vers l'avant, les pouces joints reposent sur la partie antérieure et supérieure des cuisses ;

– vous devez sentir à ce moment un étirement des membres supérieurs accompagné d'une tendance à la torsion vers la partie médiane du corps ;

– respirez bien et, au cours d'une inspiration, les membres supérieurs vont s'élever, décrire un arc de cercle et les mains jointes, doigts toujours entrecroisés, vont se poser sur le sol en arrière de la tête ;

– à présent, abaissez la tête en jalandhara bandha ;

– faites un ou plusieurs cycles respiratoires, abaissez les bras et revenez à la position de départ au cours d'une expiration ;

– c'est, comme vous le voyez, assez simple. Il faut, toutefois, se garder de toute incorrection dans l'exécution.

Veillez surtout aux points suivants : la tête doit rester baissée pendant toute la posture ; les membres inférieurs ne doivent ni se plier ni s'écarter ; le thorax ne doit pas se soulever ; il doit garder un contact intime avec le sol, en particulier pendant l'ascension des membres supérieurs. Le dos doit rester droit sans lordose de la colonne lombaire. Bien respecter les indications concernant les mouvements et les temps respiratoires : inspiration, expiration.

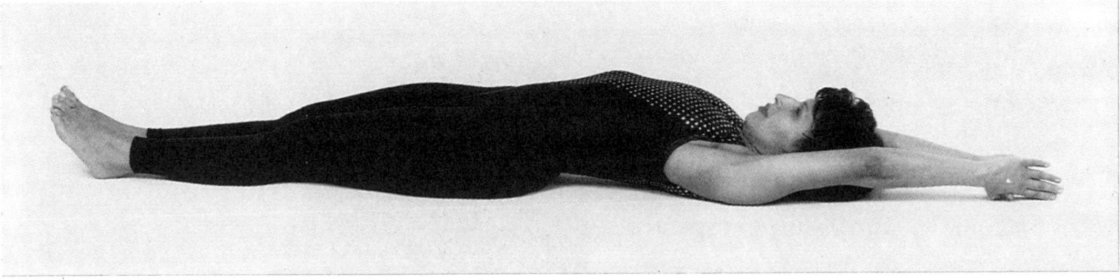

Posture du mudra de l'estomac
Posture complète avec insertion du menton dans la fourchette sternale

Aspect médical de la posture du mudra de l'estomac :

- développement de la cage thoracique ; le mouvement circulaire des bras favorise surtout la respiration costale inférieure ;
- accroissement des échanges respiratoires avec ralentissement et régularisation de rythme ;
- augmentation de l'élimination des déchets toxiques rejetés par les voies respiratoires ;
- stimulation de la digestion ;
- apaise l'agitation mentale et stimule les capacités d'attention ;
- peut être utilisée chez la femme enceinte sous surveillance d'un professeur pendant toute la durée de la grossesse.

Oreilles pressées (Posture des)

ou karnapidasana.

En sanscrit, karna : oreille ; pida : pression.

Variété de posture entrant dans le cadre des postures inverses.

On peut la considérer comme une variante de la posture de la charrue.

Technique :

Nous prions le lecteur de se reporter à la technique de la charrue et de la suivre jusqu'au paragraphe proposant l'option d'enchaînement avec karnapidasana.

- dans la posture de la charrue exécutée comme indiqué, fléchissez les membres inférieurs jusqu'à ce que les genoux parviennent par leur face interne au contact des oreilles ;
- pressez fortement chaque genou contre l'oreille correspondante et assurez-vous du bon contact des genoux avec le sol ;
- veillez à ce que les talons et les faces internes des pieds et des orteils restent joints ;
- pour les membres supérieurs, vous avez deux solutions : les replier et appuyer la paume des mains dans le dos ou les conserver étendus ; éventuellement vous entrecroiserez les doigts.

Respirez normalement sans rythme imposé et ne vous étonnez pas d'une éventuelle accélération cardiaque qui doit toutefois rester modérée et ne pas être source d'inconfort.

- maintenez la posture le temps qui vous conviendra en l'absence de sensation

Posture des oreilles pressées, mains aux lombes

Posture des oreilles pressées avec les membres supérieurs étendus

de gêne ou de malaise qui conditionnerait l'arrêt immédiat de l'exercice ;

– au bout d'une demi-minute à une minute, reprenez la position initiale après avoir opéré un déroulement en sens inverse de celui de la construction de l'asana.

Aspect médical de la posture des oreilles pressées

Ce sont les mêmes que ceux de la posture de la charrue (voir ce mot), mais beaucoup plus intenses aussi bien pour les indications que pour les contre-indications. A l'égard de ces dernières, la fragilité ou les douleurs de la colonne vertébrale cervicale sont ici rédhibitoires.

Afin d'éviter des répétitions, veuillez vous reporter pour détails à l'aspect médical de la posture de la charrue où les contre-indications, en particulier, sont étudiées de façon complète.

Phase dynamique

Période d'une posture ou asana dans laquelle les mouvements sont liés harmonieusement pour construire une position ; celle-ci devient "statique" si on la maintient telle quelle ; la phase "dynamique", au contraire, met en jeu des mouvements complémentaires ou annexes et parfois des variantes, sans qu'il n'y ait jamais de fixité durable de la posture.

Phase statique

Période d'une posture ou asana consécutive à la construction initiale d'une position définie. Parvenu à ce stade, le pratiquant maintient l'attitude acquise sans la modifier pendant un temps plus ou moins long. Simultanément, il cherche, en général, à ralentir son rythme respiratoire en en prenant d'avantage conscience ; il peut ou non adopter une des modalités respiratoires du prânayama (ujjayi, etc.) ; il peut aussi, s'il le désire et si la posture est maintenue suffisamment longtemps, se livrer à la méditation.

Les phases dynamiques et statiques d'une même posture ont parfois des effets physiologiques très différents.

A titre d'exemple, voir Cobra (Posture du).

Pince assise (Posture de la)

ou paschimottanasana ou posture de l'extension dorsale assise.

En sanscrit, paschima : ouest, c'est-à-dire l'arrière du corps depuis la tête jusqu'aux talons. Cet asana comporte un étirement intense de toute cette partie arrière du corps.

Technique :

– mettez-vous en position assise, les membres inférieurs bien étendus ;

– posez les paumes des mains à plat sur le sol à côté des hanches ;

– effectuez plusieurs cycles respiratoires ;

– au cours d'une expiration, tendez vers l'avant les membres supérieurs en les glissant le long des jambes. A la fin de votre avancée, saisissez les gros orteils avec les trois premiers doigts respectifs de chaque main.

Veillez à étirer la colonne vertébrale en conservant le dos bien droit. S'il apparaît une sorte de bosse, c'est que la technique est défectueuse.

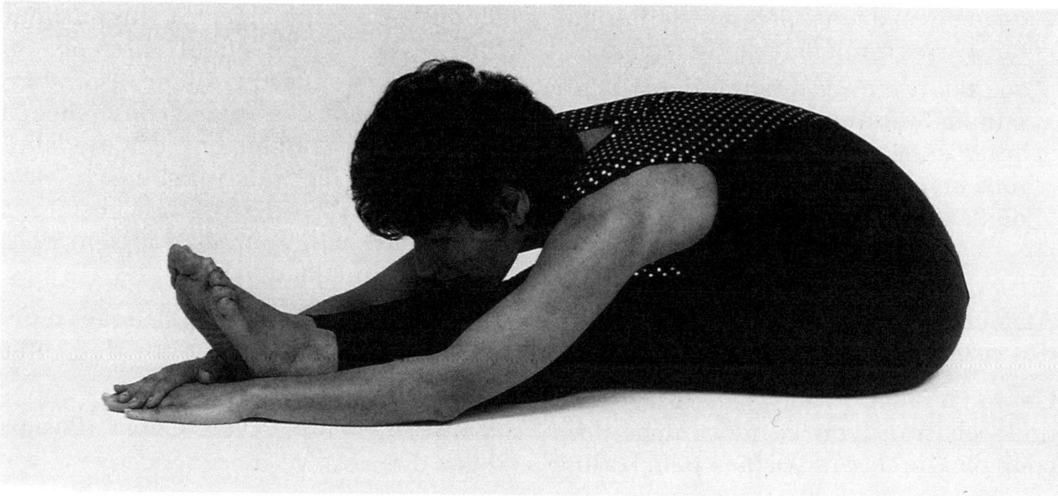

Posture de la pince assise, mains étendues au sol et superposées

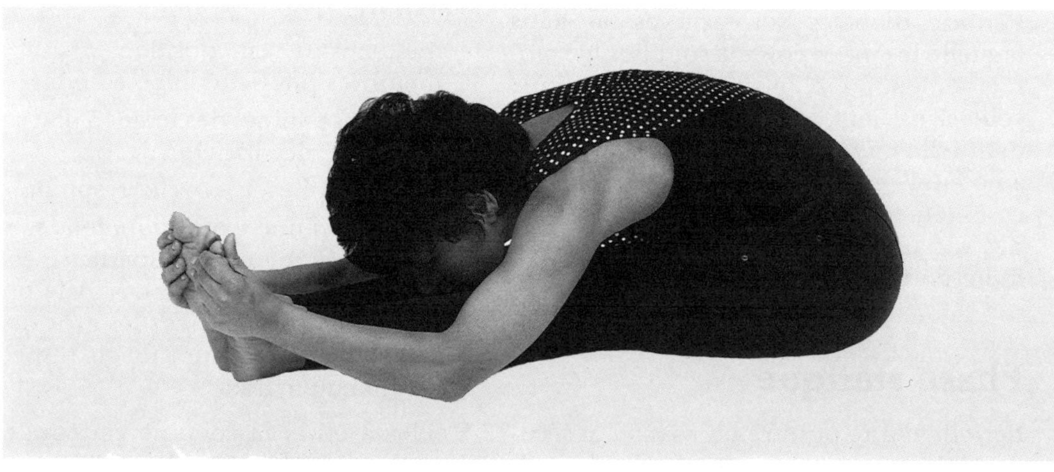

Posture de la pince assise, mains crochetant l'extrémité des pieds

– à présent, au cours d'une expiration vous allez écarter vos coudes et vous en servir comme leviers pour porter la poitrine en avant jusqu'à toucher les genoux avec le front puis le nez puis le menton si possible. Vous vous aiderez pour ce dernier temps d'une traction sur la plante des pieds ;
– les pratiquants avancés ou particulièrement souples peuvent compléter encore ce dernier stade technique.

Il est préférable de ne pas maintenir trop longtemps cette posture et de revenir à la position après un ou quelques cycles respiratoires.

Aspect médical de la posture de la pince assise :

– la pratique régulière de cet asana permet souvent un assouplissement progressif étonnant du rachis et renforce la musculature paravertébrale, spécialement au niveau de la région dorsale ;
– stimule les fonctions digestives et améliore l'assimilation ;
– régularise les fonctions génitales, spécialement chez l'homme ;
– comme toutes les postures "en fermeture", a des effets favorables dans les affections respiratoires où l'expiration est entravée, asthme en particulier.

Asana à éviter :

– dans tous les cas de hernie discale même en l'absence de douleurs.

Pince debout :

voir Flexion debout (posture en)

Sauterelle (Posture de la)

ou salabha asana ou salabhasana.

En sanscrit, salabha : sauterelle.

Variété d'asana à point de départ couché sur le ventre et comportant un mouvement des deux jambes, du bassin et des bras.

Lorsque cet asana n'est réalisé qu'avec une seule jambe, la posture devient celle de la demi-sauterelle, nettement plus facile mais, physiologiquement, moins intéressante.

Technique :

– mettez-vous en position allongée, couchée sur le ventre ;
– fixez provisoirement le front à terre ;
– allongez les membres inférieurs en les étendant et en les collant fortement au sol. Ils serviront ensuite à exécuter le mouvement essentiel ;
– notion capitale, les épaules sont serrées contre le sol et vont servir de charnière aux mouvements corporels ;
– portez les membres supérieurs en arrière, le long du corps, paumes des mains en contact avec le sol ; on peut aussi serrer les poings et les glisser sous les cuisses au niveau du pubis ;
– respirez bien et, au cours d'une expiration, soulevez en même temps le thorax et la tête d'une part et les membres inférieurs de l'autre ;
– tentez d'élever les membres inférieurs le plus haut possible ;
– veillez à ce que seul le ventre supporte le poids du corps et à ce que les membres inférieurs restent bien accolés au début et ne se plient que modérément ensuite aux genoux ;

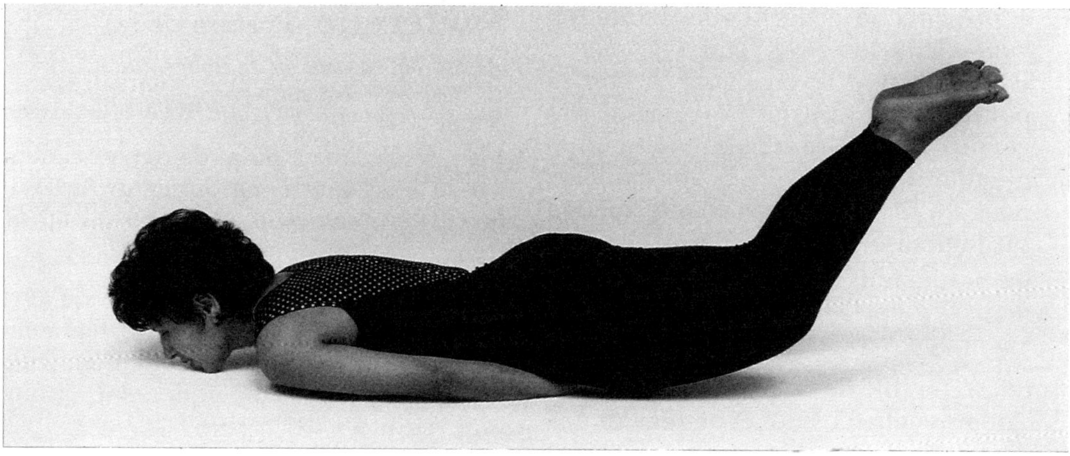

Posture de la sauterelle

– vous devez ressentir une forte tension des muscles de la région dorsale ;
– vue de profil, la posture prend l'aspect d'une sauterelle installée sur le sol ;
– faites un ou plusieurs cycles respiratoires et maintenez la posture si vous vous en sentez capable le temps qui vous conviendra.

Au cours d'une expiration, reprenez la position de départ et relaxez-vous suffisamment.

Aspect médical de la posture de la sauterelle :

– stimule fortement la circulation sanguine ;
– assouplit et fortifie la région lombaire chez le sujet sain ;
– décongestionne la vessie et les organes du petit bassin : prostate, utérus et annexes, etc. ;
– stimule la digestion et s'oppose aux désordres gastriques fonctionnels et surtout à l'aérophagie ;
– développe la cage thoracique et favorise la respiration, mais seulement chez les sujets indemnes de troubles respiratoires ;
– modifie favorablement le psychisme en facilitant le pouvoir de concentration.

Asana à éviter :

– dans les formes aiguës de rhumatisme vertébral : arthrite, poussées douloureuses d'arthrose, etc. ; dans les formes chroniques de rhumatismes du rachis ou dans les séquelles mal consolidées de fracture, traumatisme, etc., la plus grande prudence et souvent l'abstention s'imposent ;
– comme pour toutes les postures couchées sur le ventre, cet asana doit être évité en cas de spondylolisthésis, de lordose et, chez la femme, en période de règles ainsi que pendant la grossesse ;
– il est difficile d'expliquer pourquoi les asthmatiques et les emphysémateux tolèrent habituellement mal cet asana.

C'est, néanmoins, un fait établi. Les précautions techniques que certains auteurs ont voulu mettre en œuvre ne paraissent pas très satisfaisantes. En conclusion l'abstention s'impose chez ce type de malades ;

– si cet asana procure une fatigue dorsale ou lombaire plus ou moins douloureuse, exécutez immédiatement la contre-posture, soit ici, la posture du fœtus (voir ce mot).

Table à quatre pieds

(Posture de la)

ou catur pada.

En sanscrit, pada : pied ; catur : quatre.

Variété d'asana à point de départ couché sur le dos.

Technique :

– asseyez-vous sur le sol, les membres inférieurs étendus et les membres supérieurs perpendiculaires au sol, les mains à terre, pointées vers les pieds et placées de chaque côté des hanches ;

– respirez bien et, au cours d'une expiration, repliez les jambes ;

– respirez à nouveau et, au cours d'une expiration soulevez le buste et les cuisses pour les porter à l'horizontale en poussant avec les membres inférieurs et avec les membres supérieurs ;

– prenez un ferme appui sur le talon des mains qui sont dirigées vers l'avant ;

– lorsque la posture est construite les membres inférieurs forment, des chevilles aux genoux, une ligne verticale presque à l'angle droit avec les cuisses, de même pour les membres supérieurs, des poignets aux épaules par rapport au buste.

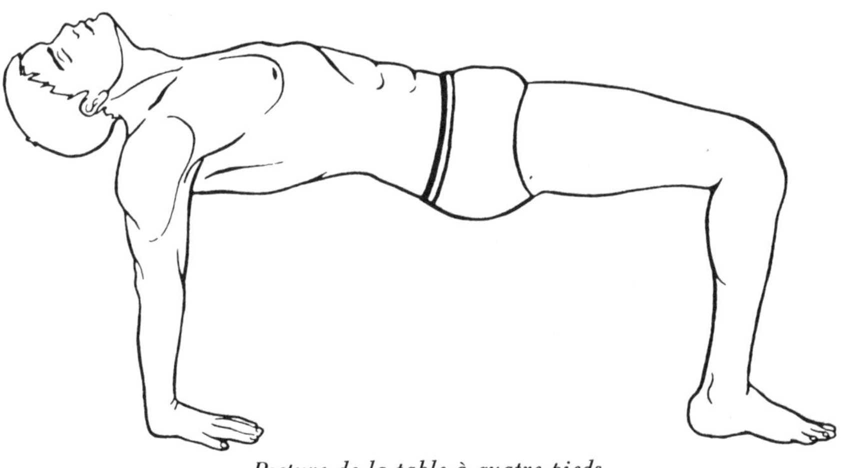

Posture de la table à quatre pieds

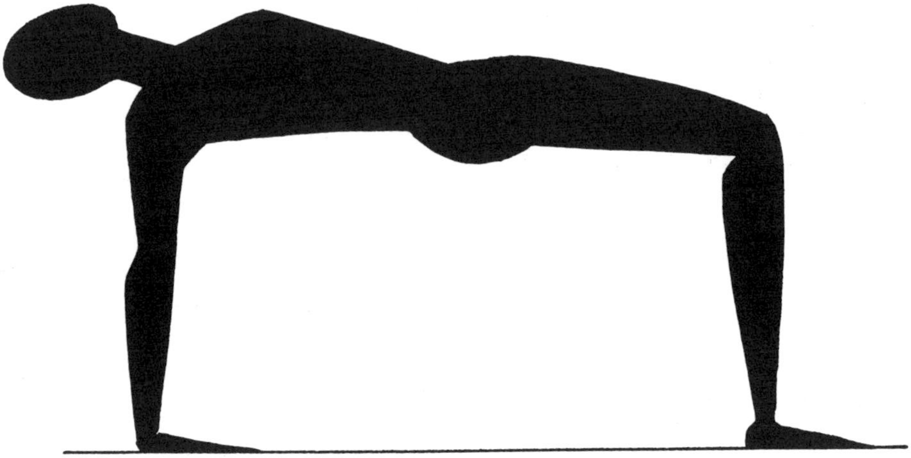

Posture de la table à quatre pieds à l'envers - C'est une variante avec élévation des bras à la verticale de la posture avec flexion-extension des jambes (page 188)

Aspect médical :

- fortifie la colonne vertébrale et l'ensemble des articulations chez le sujet sain ;
- tonifie l'ensemble de la musculature, la développe et l'harmonise ;
- stimule les organes digestifs et les fonctions rénales ;
- contribue à assurer l'équilibre ;
- stabilise le système nerveux et accroît la lucidité.

A éviter :

- en cas de fragilité des articulations des poignets, des épaules et des chevilles ;
- en cas de douleurs vertébrales.

Tête (Posture sur la)

ou shirsasana ou salamba shirsasana.

En sanscrit, shirsa : tête; salamba : avec support.

Variété d'asana entrant dans le cadre des postures inverses.

C'est une des postures fondamentales du yoga et aussi l'une des mieux connues du public avec la posture du lotus. Les techniques d'exécution sont multiples. Celle que nous avons sélectionnée nous a paru claire et pratique, mais il en existe d'autres.

Technique :

- disposez à terre une couverture pliée en quatre et mettez-vous à genoux derrière elle ;
- mettez la partie antérieure des membres supérieurs depuis les mains jusqu'aux coudes, au centre de la couverture. Veillez à ce que la distance séparant les deux coudes ne dépasse pas la largeur des épaules ;
- croisez les doigts et modelez les paumes des mains en forme de coupe ;
- posez à présent le sommet du crâne sur la couverture de telle sorte que ce soit l'arrière de la tête (et non le front ou autre partie) qui soit coiffée par la coupe formée par les mains. Afin d'aider ce mouvement de tête, les genoux vont glisser vers l'avant ;
- à présent, vous allez avancer les orteils le plus près possible de la tête en soulevant les genoux ;
- à ce stade, la tête, le buste et les hanches forment une ligne verticale, perpendiculaire au sol. Les cuisses sont obliques en arrière, formant avec le corps un angle de 30° environ ;
- les jambes, depuis les genoux jusqu'aux chevilles, forment un angle obtus avec les cuisses ;
- les pieds, enfin, sont fléchis à 90° sur les jambes ;
- respirez bien et, au cours d'une expiration, réalisez l'ascension des membres inférieurs en conservant les jambes fléchies ;
- surveillez l'équilibre et, lorsqu'il est bien assuré, levez les jambes en l'air jusqu'à la verticale. L'ensemble du corps, depuis le sommet du crâne jusqu'à l'extrémité des orteils forme une ligne verticale qui doit rester bien stable ;
- la durée du maintien de la posture varie selon les individus. En l'absence de gêne ou de douleurs (surtout localisées dans les mains et en cas de technique défectueuse), vous pouvez rester ainsi au moins une demi-minute si possible et jusqu'à 5 minutes si vous êtes bien entraîné ;

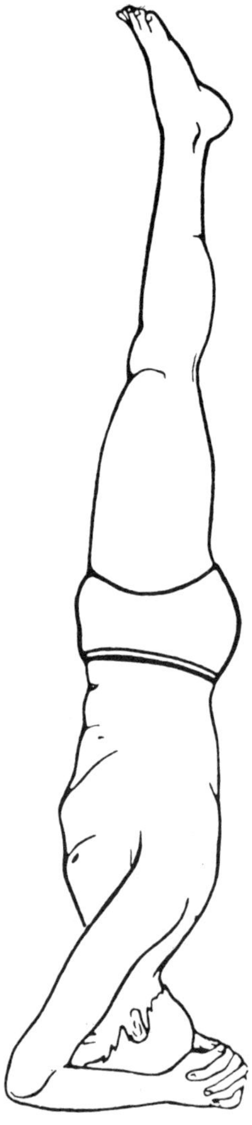

Posture sur la tête

– si cet asana ne peut être réalisé sans aide, il est possible de faire appel à un tiers ou de s'appuyer contre un mur ou mieux à l'angle de deux murs. La surveillance par un professeur est fortement conseillée, car toute incorrection dans l'exécution des mouvements a des répercussions physiologiques défavorables. En outre, les chutes ne sont pas rares au début et il est rassurant et utile d'être guidé ;

– pour terminer, pliez les genoux et refaites les divers mouvements en sens inverse jusqu'à retrouver la position de départ.

Aspect médical de la posture sur la tête :

– améliore la stabilité et affine le sens de l'équilibre ;

– chez le sujet sain, l'afflux dans le cerveau de sang est bénéfique. Il améliore l'oxygénation des cellules cérébrales en déterminant une idéation plus claire, une amélioration de la mémoire et des facultés d'attention, une diminution de la fatigabilité psychique et une meilleure résistance aux ennuis de la vie ;

– l'insomnie et la fatigue nerveuse ont tendance à se dissiper ;

– la capacité thoracique est développée et la résistance des voies respiratoires aux infections : angines, trachéites, laryngites, coryza, etc., est accrue ;

– la tendance aux palpitations et aux extrasystoles purement neurotoniques est atténuée ;

– les sujets souffrant en permanence d'une sensation de refroidissement sans rapport avec les conditions climatiques, se sentent réchauffés ;

– cette posture a une action favorable sur la constipation surtout si on l'associe à la posture de la chandelle et à la posture de l'élimination.

Eviter cet asana:

– dans les contre-indications générales des postures inverses: troubles vasculaires des artérioscléreux et des athéroscléreux; perturbations tensionnelles: hypotension et surtout hypertension artérielle;
– dans les affections oculaires de type inflammatoire et en particulier dans le glaucome et dans les lésions rétiniennes;
– lorsque le rachis est fragile, douloureux ou très déformé;
– prudence chez les obèses;
– éliminer les sujets ayant une propension facile aux malaises, aux vertiges, aux lipothymies et surtout aux syncopes vraies;
– éliminer également les personnes saignant facilement du nez ou ayant une propension naturelle à faire "des bleus" pour des traumatismes minimes;
– une intervention chirurgicale récente contre-indique aussi cette posture.

Tête de vache (Posture de la)

ou gomukha asana.

En sanscrit, go: vache; mukha: visage; gomukha: dont le visage ressemble à une tête de vache.

Variété d'asana exécuté en position assise.

Technique:

– asseyez-vous à terre, les membres inférieurs allongés devant vous;
– mettez les mains à terre et servez-vous en pour soulever le corps;
– pliez le membre inférieur gauche au genou. Asseyez-vous sur le creux de la voûte plantaire du pied gauche;
– enlevez les mains;
– élevez la jambe droite et faites passer la cuisse droite par dessus la cuisse gauche. Les genoux se superposent facilement;
– soulevez les fesses et servez-vous des mains pour rapprocher jusqu'à leur contact, la partie postérieure des talons et des chevilles;
– à présent, laissez les chevilles reposer sur le sol. Pointez les orteils vers l'arrière. Ils forment un V à ouverture postérieure;
– vous allez à présent procéder à une manœuvre délicate:
– respirez et, au cours d'une inspiration, élevez le membre supérieur gauche à la verticale puis repliez le coude en arrière et glissez le bras gauche derrière la tête jusqu'à ce que la paume de la main gauche repose à plat entre les épaules au niveau de la nuque;
– laissez pendre le membre supérieur droit, au cours d'une expiration, pliez le coude et remontez la partie antérieure du bras dans le dos jusqu'à ce que la main droite parvienne au niveau des doigts de la main gauche;
– tentez alors de crocheter les doigts des deux mains et même d'agripper totalement les deux mains. Si vous n'y parvenez pas, interposez un mouchoir ou une pièce de tissu et évertuez-vous à rapprocher les deux mains le plus possible;
– vue de dos, la posture montre la ligne des deux bras formant une oblique rectiligne; l'avant-bras droit est au

(de face)

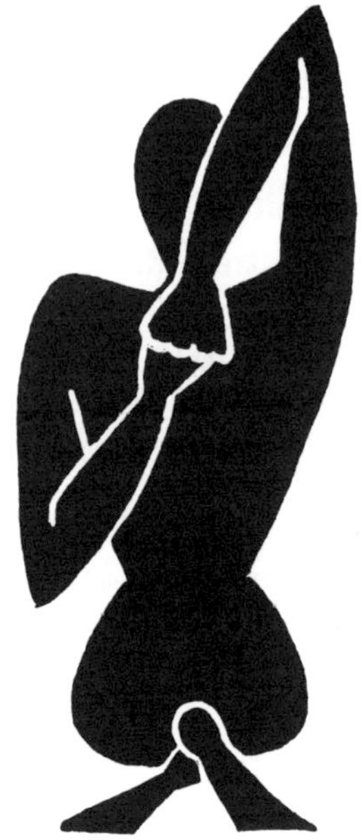

(de dos)

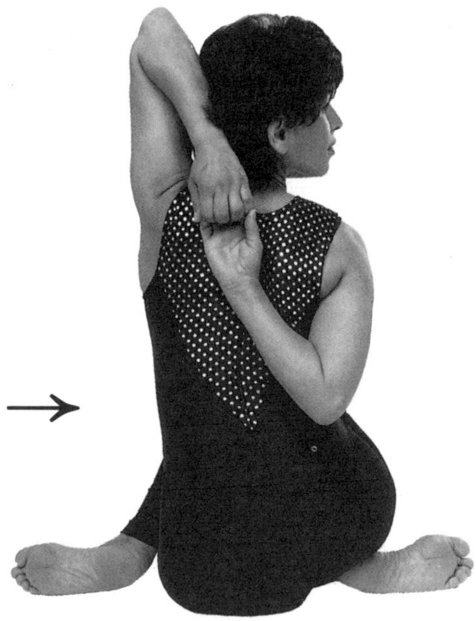

Posture de la tête de vache
Une assise incorrecte peut déséquilibrer le bassin (flèche)

contact de la partie postérieure droite de la tête, le coude surplombe le crâne ;

- vue de face et d'en haut, l'asana évoque une tête de vache pour ceux qui ont de l'imagination... ;
- maintenez la position le temps qui vous conviendra en l'absence de sensation de gêne ou de fatigue, une demi-minute au moins, si possible ;
- respirez régulièrement sans rythme imposé. Veillez à conserver le cou et la tête bien droits ;
- au cours d'une expiration, libérez les mains, reprenez la position de départ et relaxez-vous un temps suffisant ;
- vous pouvez ensuite recommencer la posture une à plusieurs fois en inversant les membres à chaque exécution.

Aspect médical de la posture de la tête de vache :

- assouplit les épaules, les poignets, les hanches et les membres inférieurs, en particulier les genoux et les pieds ;
- s'oppose aux déformations de la colonne vertébrale et assez électivement à celles du segment dorsal. Elle peut prévenir l'apparition de scoliose, de lordose ou de cyphose et servir d'adjuvant au traitement kinésithérapique dans les cas judiciables de rééducation ; est inopérante dans les cas avancés, stabilisés ou justifiables de la chirurgie ;
- améliore la capacité respiratoire ; son intérêt spécial est de développer la partie basse et postérieure du thorax ;
- prévient certaines migraines dues à la rectitude pathologique du rachis cervical ou à la raideur de la nuque avec contracture musculaire dans les cas d'attitude antalgique ;
- stimule d'une façon générale le fonctionnement de divers organes abdominaux, en particulier le rein et la vésicule biliaire ;
- s'oppose aux crampes des membres inférieurs.

Asana à éviter :

- dans tous les cas de genoux fragiles ou douloureux ;
- en cas de lésion ou de douleurs de la hanche, des mains ou des poignets.

Torsion couchée au niveau de l'estomac

(Posture en)

ou jathara parivritti
ou jatharaparivartasana.

En sanscrit, jathara : ventre, estomac ; parivartana : torsion autour.

Variété d'asana exécuté en position couchée, réputé pour son influence favorable sur la colonne vertébrale et sur la digestion.

Technique :

- couchez-vous à plat sur le dos ;
- étendez les membres supérieurs latéralement, à la hauteur des épaules, de manière à ce qu'ils soient bien perpendiculaires à l'axe du corps, donnant l'aspect d'une croix ;
- respirez bien et, au cours d'une expiration profonde, levez les membres inférieurs à la verticale en les conservant joints. Veillez à ce qu'il n'y ait aucune pliure aux genoux ;
- respirez à nouveau et, au cours d'une expiration, déplacez les jambes sur le côté gauche, en formant un demi-cercle

Posture de la torsion couchée au niveau de l'estomac

Posture de la torsion couchée au niveau de l'estomac (Variante eka pada)

jusqu'à ce que les pieds touchent les doigts de la main gauche. Ce mouvement doit être lent et progressif et ne jamais procéder par saccades ;

- pendant ce temps, les membres inférieurs continuent à être joints et bien serrés et maintiennent leur torsion. Il faut contracter surtout les muscles des cuisses et l'articulation du genou. Une des difficultés principales consiste à éviter le soulèvement de l'épaule droite lorsque s'effectue la rotation des jambes ;
- le contact intime du dos avec le sol doit être contrôlé en permanence ;
- seule, une exécution rigoureuse de cette posture, apparemment simple, donne les résultats physiologiques attendus. Il en est très souvent ainsi avec les asana les plus élémentaires du yoga ;
- à présent, vous allez tourner la tête vers la droite, du côté opposé aux jambes, l'oreille droite reposant à plat sur le sol ;
- c'est à ce moment que l'aspect esthétique de l'asana est le plus frappant ; toutefois, la rotation de la tête vise un autre but : elle est destinée à renforcer la **congestion** cervicale **active** et à intensifier les effets physiologiques de la posture sur l'organisme ;
- faites plusieurs cycles respiratoires et maintenez la position le temps qui vous conviendra, en l'absence de gêne ou de fatigue, une minute au moins si possible ;
- au cours d'une expiration, remontez d'abord les jambes à la verticale ;
- maintenez cette position pendant une demi-minute puis abaissez les jambes, redressez la tête et reprenez la position de départ ;
- relaxez-vous suffisamment et recommencez l'asana une à plusieurs fois en intervertissant à chaque exécution la position de départ ;
- les débutants ne doivent pas faire plus d'une posture, à droite et à gauche, par séance.

Variante eka pada

Cette posture peut être réalisée avec un seul membre à la fois en alternant les côtés. Ceci n'apporte pas de modifications aux difficultés techniques ni aux effets physiologiques.

Aspect médical de la posture en torsion couchée au niveau de l'estomac :

- prévient les déformations de la colonne vertébrale : lordose, cyphose et surtout scoliose ; contribue à la correction par le kinésithérapeute pour celles qui sont justifiables d'une rééducation. Se montre, toutefois, inopérante dans les cas fixés, avancés ou de ressort orthopédique ou chirurgical ;
- stimule favorablement la digestion ;
- contribue à restaurer la confiance en soi et à lutter contre la timidité.

Torsion en triangle debout (Posture en)

ou parivritti en trikonasana.

En sanscrit, parivritti : retourner, tourner autour ; trikona : triangle.

Variété d'asana qui constitue la contre-posture de celle du triangle étiré debout ou uttita trikonasana.

Technique :

Elle est calquée au départ sur celle de la posture en triangle étiré debout dont on voudra bien se reporter à la description.

C'est au moment où l'on effectue la flexion et la torsion du thorax et du bassin que la technique change.

– fléchissez le thorax et le bassin en effectuant une torsion vers la droite. Mais c'est le membre supérieur gauche (et non le droit comme dans la posture du triangle étiré debout) qui se porte en arrière du pied droit ;
– reprenez la position initiale, relaxez-vous et recommencez la posture **symétriquement (telle qu'elle est présentée sur le dessin).**

Aspect médical de la posture en torsion en triangle debout

C'est pratiquement le même que celui de la posture du triangle étiré debout (voir l'article).

Posture en torsion en triangle debout
(Deuxième temps : inversion symétrique)

Tortue (Posture de la)

ou kurnasana.

En sanscrit, kurna : tortue.

Variété d'asana à point de départ en position assise.

Technique :

Asseyez-vous, les membres inférieurs étendus :

- respirez bien et, au cours d'une expiration, écartez les jambes d'un peu moins de 50 cm et fléchissez légèrement les genoux (suffisamment pour laisser le passage aux bras ensuite) ;
- faites un cycle respiratoire puis, au cours de l'expiration, portez le buste en avant ;
- glissez à présent les membres supérieurs sous les genoux ;
- tentez de saisir les fesses avec la paume des mains dont la face dorsale reste en contact avec le sol ;
- si vous avez réussi la phase précédente, lâchez les fesses et poussez les bras un peu plus en arrière. Avec un peu d'entraînement, les pratiquants souples arrivent à croiser les mains derrière le dos ;
- poussez les talons vers l'avant en amplifiant l'avancée du buste ; tentez si possible, d'établir le contact du front avec le sol ;
- maintenez la posture pendant quelques cycles respiratoires une minute au moins si possible, en l'absence de fatigue ou de gêne ;
- ralentissez progressivement le rythme respiratoire en insistant sur la prolongation de l'expiration ;
- au cours d'une expiration, reprenez lentement la position de départ.

Variante pour pratiquants plus avancés :

- au lieu de saisir les fesses avec les mains, glissez les membres supérieurs à l'horizontale en les faisant passer en-dessous des genoux ;
- étendez les bras aussi complètement que possible ou contentez-vous d'accoler la paume des mains sur les chevilles ;
- maintenez la posture le temps qui vous conviendra puis retirez d'abord les bras au cours d'une expiration ;
- reprenez à présent la position de départ assise ;
- vous pouvez recommencer cet asana plusieurs fois de suite en l'absence de gêne ou de fatigue. Faites, toutefois, plusieurs cycles respiratoires entre chaque posture.

Aspect médical de la posture de la tortue

Elle est réputée pour son action sédative psychique et euphorisante mise à profit chez les grands nerveux, les colériques et chez ceux qui réagissent d'une façon excessive aux stress que la vie courante ne nous ménage pas.

- tonifie la colonne vertébrale et s'oppose à ses déformations chez le sujet sain ;
- stimule favorablement le fonctionnement des viscères digestifs, foie, estomac, intestins ;
- on l'utilise favorablement dans les constipations du début de la grossesse si nul problème mécanique n'y fait obstacle.

Asana à éviter:

- dans tous les cas de fragilité ou douleurs de la colonne vertébrale et de la hanche;
- en cas de genou fragile et surtout de lésion méniscale.

Posture de la tortue, posture type

Posture de la tortue, posture pour pratiquants avancés

Triangle debout (Posture en)

ou utthita trikonasana.

En sanscrit, utthita: levé, étiré, étendu; trikona: triangle.

Variété d'asana exécuté en position debout.

Technique:

– mettez-vous debout, les pieds joints, les gros orteils et les talons bien serrés;

– veillez à ce que les membres inférieurs soient bien tendus, sans aucune pliure au genou. Contractez les genoux comme si vous vouliez remonter les rotules, étirez en arrière les muscles des cuisses et serrez les muscles fessiers. Rentrez bien le ventre; gonflez le thorax, maintenez la colonne vertébrale droite et tendue, en particulier dans les régions lombaires et cervicales: allongez le cou, ne le rentrez surtout pas. C'est au prix du respect de ces menus détails que l'asana prendra toute sa valeur physiologique;

– pour l'instant, les membres supérieurs pendent le long du corps, à son contact. Respirez bien et, au cours d'une inspiration, élevez les bras à l'horizontale, à la hauteur des épaules;

– dirigez la paume des mains vers le sol;

– simultanément, écartez les membres inférieurs d'un mètre environ de manière à ce que les extrémités des doigts et celles des orteils soient sur la même verticale à droite et à gauche.

C'est à présent la phase délicate de l'asana:

– le pied droit tourne à droite de manière à faire un angle de 90° avec l'axe du corps;

– le pied gauche tourne également à droite de 45° (photo 2);

– veillez à ce que les membres inférieurs restent tous deux bien tendus (dessin), sans pliure aux genoux, sauf pour raison médicale impérative (photo 2);

– respirez bien et, au cours d'une expiration, effectuez une flexion du thorax et du bassin en bas et vers la droite de manière à ce que le membre supérieur droit, resté étendu, se porte en arrière de la partie inférieure de la jambe droite. Si vous le pouvez, faites parvenir la main droite au sol derrière le pied droit et appuyez-la à plat. Si vous n'y parvenez pas, tentez au moins de crocheter la cheville;

– étendez le membre supérieur gauche vers le haut à la verticale. Les deux membres supérieurs doivent, à ce moment, être dans la même ligne perpendiculaire au sol, celle qu'avait l'axe du corps au début de la posture;

– la tête est tournée vers le haut, les yeux regardant la main gauche (photo 2);

– maintenez la posture, en respirant régulièrement sans rythme imposé pendant le temps qui vous conviendra, en l'absence de gêne ou de fatigue, une minute au moins, si possible;

– pour terminer, enlevez de terre la main droite, redressez-vous et revenez à la position de départ, membres supérieurs pendant le long du corps et jambes jointes et serrées;

– relaxez-vous suffisamment et recommencez la posture plusieurs fois, en intervertissant les côtés à chaque exécution dans un but de **symétrie (dessin).** Consacrez le même temps à la posture lorsque vous changez de côté. Les débutants devront s'abstenir de faire plus d'une posture au cours de la même séance.

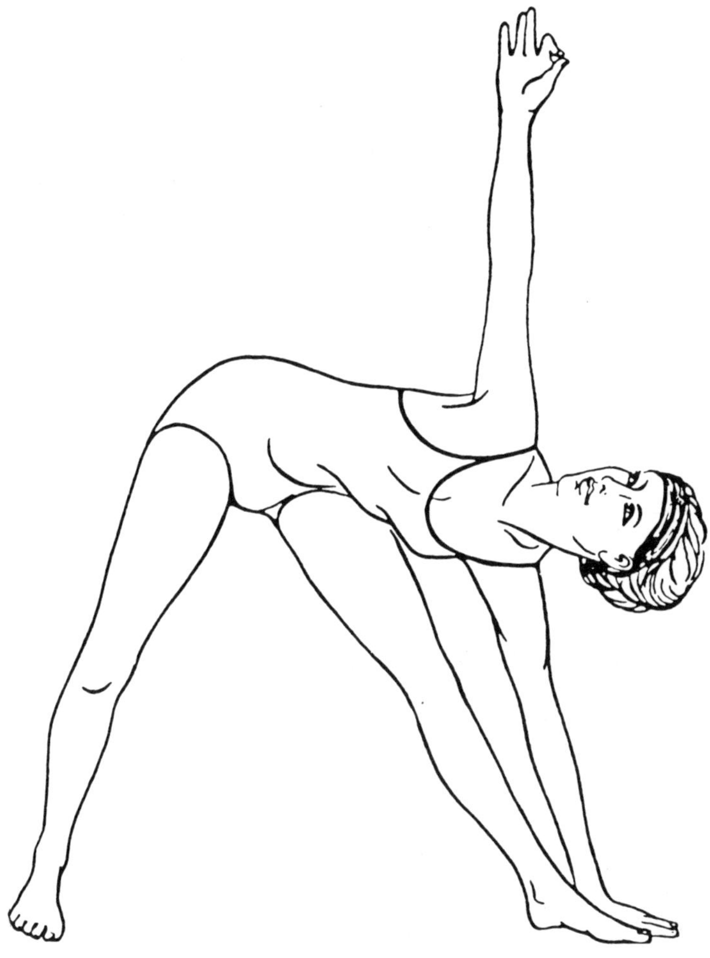

Posture en triangle debout (Deuxième temps).
Par souci de la symétrie, une posture de ce type réalisée d'un côté doit l'être ensuite de l'autre.

Variante de la posture
en triangle debout

1

2

Posture en triangle debout
Posture de confort
avec flexion du genou

Aspect médical de la posture en triangle debout:

- développe mécaniquement la cage thoracique et améliore la capacité respiratoire ;
- prévient les déformations thoraciques du type scoliose, cyphose et sert d'adjuvant au traitement kinésithérapique dans les formes constituées lorsqu'elles sont justiciables de rééducations. Elle est inopérante dans les formes structurées, ou de ressort orthopédique ou chirurgical ;
- harmonise la musculature des jambes ;
- renforce l'équilibre, la musculature de l'abdomen, le tonus des organes abdominaux, en particulier des reins et des intestins ;
- calme le système nerveux et s'adresse plus spécialement aux cœurs irritables et rapides (tachycardie).

Eviter cette posture:

- dans les déformations vertébrales du type lordose ;
- en cas de sciatique surtout lorsqu'elle est due à une hernie discale ;
- dans des troubles articulaires concernant la hanche: arthrite, arthrose douloureuse (coxarthrose), etc. et les genoux fragilisés.

Vasistha (Posture de)

ou Vasistha asana ou Vasisthasana.

En sanscrit, Vasistha est le nom d'un grand sage, auteur réputé d'hymnes védiques.

Variété d'asana à point de départ couché sur le ventre.

Technique:

- mettez-vous en position couchée à plat, ventre sur sol ;
- écartez les pointes des pieds ;
- mettez les mains sur le sol, à plat, de chaque côté de la poitrine ;
- respirez bien et, au cours d'une expiration, soulevez le bassin et la poitrine. Les fesses sont en l'air et le corps est plié en V à l'envers. Vu de profil, le corps forme un triangle avec le sol. Les pieds et les mains reposent à plat sur le sol. La tête se plie vers la partie supérieure de la poitrine avec laquelle le menton entre en contact au niveau du manubrium sternal (jalandhara bandha) ;
- veillez à étirer le dos et à conserver les coudes tendus sans pliure ; de même, aux membres inférieurs, évitez toute pliure aux genoux ; les pieds doivent être bien à plat, reposant sur la totalité des voûtes plantaires et rester bien parallèles dirigés vers l'avant ;
- maintenez la position pendant une minute environ en respirant calmement, sans rythme imposé ;
- **faites pivoter** le corps tendu vers la droite jusqu'à ce que le bord externe du pied gauche repose sur le sol dont il supporte le poids en conjonction avec la main gauche qui est restée bien à plat sur le sol (dessin) ;
- simultanément, le bras droit s'est élevé à la verticale. Les membres supérieurs droit et gauche sont dans le prolongement l'un de l'autre, faisant une ligne perpendiculaire au sol. Redressez la tête et tournez-la, les yeux regardant la main en haut, étendue (dessin) ou en jnana mudra (photo).

Posture de Vasistha (Deuxième temps : inversion symétrique).
On ne pense pas toujours suffisamment au surmenage de certaines articulations au cours de l'exécution des postures. Dans la posture de Vasistha, surveiller le bon état des articulations du poignet et de l'épaule est impératif.

Posture de Vasistha

– vue de profil, la posture donne l'aspect d'un triangle, le corps en oblique à 45° par rapport à la ligne verticale des bras ;
– reprenez la position initiale, relaxez-vous et recommencez la posture de l'autre côté, symétriquement (photo).

Aspect médical de la posture de Vasistha :

– contribue au maintien du corps en position harmonieuse, tonifie et consolide la colonne vertébrale ;
– s'oppose aux déformations vertébrales du type scoliose et sert d'adjuvant au traitement kinésithérapique dans les cas confirmés lorsqu'ils sont justifiables de rééducation. Elle est inopérante dans les cas structurés ou de ressort orthopédique ou chirurgical ;
– améliore la concentration, la mémoire, l'attention, stimule les fonctions psychiques tout en s'opposant à l'agitation nerveuse.

Eviter cette posture :

– en cas de fragilité ou de douleurs au niveau des articulations du membre supérieur : arthrite, périarthrite, arthrose douloureuse, golf-elbow, tennis-elbow, etc. ;
– chez les sujets porteurs de lithiase biliaire ;
– contre-indiquée chez la femme enceinte ou en période de règles.

Vautour (Posture du)

ou ranahaddhu asana

Variété d'asana dont le point de départ est en position assise.

Technique :

– asseyez-vous, puis écartez largement les jambes, genoux légèrement pliés ;
– faites une expiration au cours de laquelle vous inclinerez le buste en avant, les coudes écartés. Posez-les au sol ; les mains sont jointes en avant, l'extrémité des doigts placée sous le menton.

Variante :

– adopter le même début, jambes écartées et buste fléchi en avant, mais posez les mains sur les pieds. En expirant, baissez la tête jusqu'à ce que le front repose sur le sol ;

Posture du vautour

Variante de la posture du vautour

– redressez ensuite les bras à la verticale, mains entrecroisées, paumes en bas.

Aspect médical de la posture du vautour:

– développe la musculature abdominale et amincit la taille;
– accroît l'expansion de la cage thoracique et la ventilation pulmonaire;
– se montre favorable chez les asthmatiques et dans les affections des voies respiratoires caractérisées par l'accumulation de mucosités;
– augmente la résistance physique et les forces;
– équilibre les fonctions thyroïdiennes et parathyroïdiennes; a même la réputation de s'opposer au développement des goîtres;
– particularité curieuse: elle développerait l'odorat.

Annexes

Danseur

(Posture du) ou Natarâjasana

En sanscrit, nata: danseur; rajâ: seigneur. C'est aussi l'un des noms de Shiva, dieu de la destruction, mais aussi seigneur de la danse.

Technique:

– prendre la posture de l'Attention à sa phase initiale ;
– mettez le bras gauche parallèle au sol ;
– pliez le genou droit de sorte que la jambe et le pied soient à la verticale, la cuisse étant parallèle au sol;

Posture du danseur

– saisissez le pied avec la main libre ;
– les interversions des membres permettent de multiples combinaisons ;
– les sujets souples et doués pourront tirer le pied vers le haut et, au maximum, plaquer la plante du pied sur la nuque comme il est fait dans le "Cobra Royal" en le maintenant des deux mains.

Aspect médical

Cette posture difficile et contraignante pour la hanche ne peut être recommandée que chez des sujets en parfaite santé jouissant de possibilités presque acrobatiques, mais qui souffrent de vertiges purement fonctionnels ou de troubles de l'équilibre lors de certains changements de position. Outre cette action stabilisatrice remarquable de l'équilibre à n'employer qu'à titre préventif, loin des épisodes pathologiques, il faut reconnaître qu'esthétiquement, c'est l'une des plus belles postures de yoga avec la posture de Vasistha.

Salutation au soleil ou Suryanamaskar

Enchaînement de 12 postures, classiquement mis en œuvre au cours des séances de yoga. On remarquera qu'on y retrouve des asana déjà décrits dans ce livre, la plupart répétés une fois : posture de l'attention en phase initiale, cobra, flexion debout, chien museau face au sol, chien museau face au ciel, et un asana original : la "grande fente" (4 et 9).

Aspect médical

Il est fonction de chacune des postures auxquelles on voudra bien se reporter. Toutes ces postures s'effectuent sur un plan sagittal et la salutation au soleil ne comporte aucune torsion.

C'est une sorte de mini-ballet très élégant favorable à l'harmonie de la musculature où se balancent symétriquement postures et contre-postures (2 et 3 ; 10 et 11).

Salutat

soleil

Posture de la colombe
Asana esthétique mais sans intérêt médical

Chapitre III

RESPIRATIONS ET TECHNIQUES ANNEXES PRÂNAYAMA, BANDHA, MUDRA

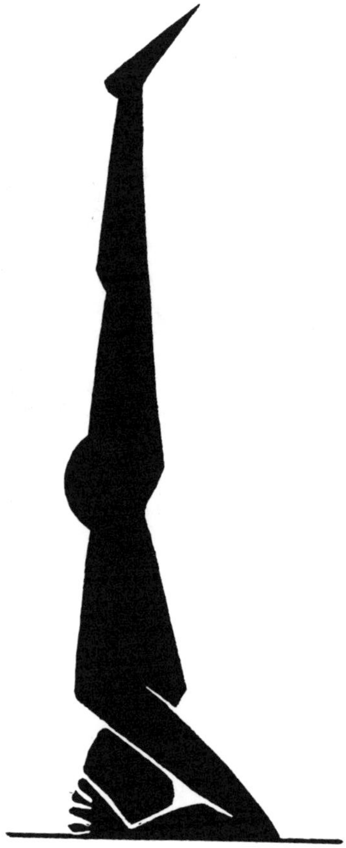

Posture sur la tête

Posture des oreilles pressées

Anuloma

En sanscrit, anuloma : dans l'ordre naturel.

Une des modalités respiratoires du prânayama.

L'inspiration s'y fait par les deux narines comme dans l'ujjayi mais l'expiration se fait alternativement par une narine puis l'autre comme dans le nadi shodana (prière de se reporter à ces deux articles) avec freinage systématique de l'air.

Technique :

– asseyez-vous à terre en position confortable, en tailleur, en posture de l'accord parfait ou en lotus, selon vos possibilités ;
– conservez le dos bien droit et étirez-le ;
– inspirez profondément par les deux narines et remplissez bien vos poumons d'air ;
– retenez votre souffle pendant 5 à 10 secondes ; cette rétention de souffle pratiquée après inspiration est appelée antara kumbakha ;
– obturez la narine gauche avec un doigt et faites une expiration lente et complète par la narine droite tout en freinant le passage de l'air avec un doigt ;
– inspirez à nouveau par les deux narines, mais cette fois c'est la narine droite qui va être obturée et l'air expiré et ralenti passera cette fois par la narine gauche ;
– ce premier cycle terminé, recommencez 5 à 10 fois en l'absence de tout malaise ;
– il est ensuite conseillé de se relaxer en posture du cadavre (voir ce mot) ou shavasana.

Aspect médical de l'anuloma

Il faut tenir compte que le freinage expiratoire diminue le temps inspiratoire proportionnellement. Ceci n'est pas sans répercussions :

– type de respiration à éviter pour les néophytes et les sujets fragiles d'une façon générale ;
– cette respiration est contre-indiquée en cas de : troubles cardiaques mêmes légers, hypertension artérielle, déséquilibre du système nerveux même si les causes sont purement neurotoniques, affections oculaires de type inflammatoire, tel le glaucome ;
– accroît l'ampleur de la respiration ainsi que sa valeur fonctionnelle et la régularise.

A éviter en cas de sinusite, rhinite, affection des voies respiratoires. Si les narines sont bouchées toutes les deux, l'exercice est irréalisable. Si une seule narine est bouchée, l'on risque, en s'y livrant de voir apparaître une congestion du visage, si la compensation buccale est incorrecte.

Asvini mudra

Variété de mudra (voir ce mot).

On emploie habituellement cette dénomination sanscrite. La traduction française, plus rarement employée, signifie : **mudra de la jument**. On rappelle ainsi que la jument dilate et contracte successivement plusieurs fois de suite son anus après avoir fait son crottin.

Asvini mudra opère une combinaison entre la contraction des sphincters de l'anus et leur relâchement.

Technique :

– allongez-vous le dos sur le sol, jambes étendues ;
– repliez les jambes sur la poitrine sans forcer et en écartant légèrement les pieds. La colonne vertébrale reste plaquée contre le sol, bien à plat et vous vous concentrez un instant sur cette sensation ;
– à présent mettez toute votre attention au niveau de l'anus. Inspirez avec le diaphragme en gonflant l'abdomen ;
– à la fin de l'inspiration, bloquez le souffle en antara kumbakha et faites un effort de dilatation de l'anus, comme si vous vouliez aller à la selle ;
– faites une expiration profonde en relâchant la dilatation ;
– à la fin de l'expiration, bloquez le souffle en bahya kumbakha et contractez l'anus comme si vous vouliez vous retenir d'aller à la selle ;
– faites une série de 5 à 10 asvini mudra à la file.

Aspect médical

L'asvini mudra renforce le périnée et tout spécialement les sphincters de l'anus, aussi bien le sphincter anal externe qui ferme l'anus que le sphincter anal interne, siégeant 2,5 cm plus haut qui complète l'action du premier.

Il est activement utilisé en obstétrique.

Bhastrika

En sanscrit, bhastrika : soufflet de forge.

Technique :

– asseyez-vous dans une position qui vous soit confortable : accord parfait, lotus ou angle du bassin lié ;
– conservez le dos bien droit, la colonne vertébrale cervicale très étirée.

A présent, commence la phase proprement respiratoire :

– faites une inspiration. Elle aura pour caractéristique d'être énergique et rapide ;
– enchaînez aussitôt avec une expiration du même type. Il faut que vous émettiez pendant tout ce cycle respiratoire un bruit analogue à celui d'un soufflet ;
– faites ainsi une douzaine de bhastrika, puis enchaînez avec une inspiration lente et profonde ;
– retenez votre souffle pendant trois secondes environ (ceci est un antara kumbakha) ;
– faites à présent une expiration lente et profonde. Vous pouvez, selon vos possibilités, alterner ainsi les cycles de bhastrika et les inspirations et expirations profondes isolées, trois à quatre séries, par exemple, en l'absence de gêne ou de fatigue.

Variante :

– elle consiste à ne respirer (inspiration et expiration) que par la narine gauche pendant tout le cycle de bhastrika, puis uniquement par la narine droite le cycle suivant.

La respiration est, selon le cas, libre ou avec freinage narinaire.

Aspect médical du bhastrika :

– tonification des muscles abdominaux ;
– stimulation de la digestion ;
– amélioration des fonctions hépatiques et de l'évacuation biliaire ;
– est considéré comme favorable aux fonctions pancréatiques ;

Torsion en triangle debout
(Vue postérieure)

Posture du vautour

– décongestionne les yeux et les sinus ;
– tonifie le système nerveux et lutte contre la fatigue.

Le balayage réalisé par cette technique respiratoire est à la fois corporel et spirituel. Le bhastrika a un effet de purification. Il lutte aussi bien contre les intoxications que contre les auto-intoxications. L'effet sédatif psychique s'oppose aux idées déprimantes et, dans une certaine mesure, aux obsessions.

A éviter:

– chez les sujets qui ressentent des vertiges ou des bourdonnements d'oreille ;
– une pratique trop intensive ou trop prolongée peut déterminer chez les néophytes, même parfaitement sains des troubles analogues et des malaises entrant dans le cadre de l'alcalose respiratoire (voir l'article).

Noter un signe d'alarme qui commande l'arrêt de la technique respiratoire : la diminution nette du bruit du soufflet.

Poursuivre le bhastrika en dépit des troubles pourrait conduire à des malaises sérieux allant parfois jusqu'à la perte de connaissance.

Il est particulièrement conseillé à la fin de l'exercice de faire une relaxation durable en posture du cadavre (voir ce mot) ou shavasana.

Bhramari

Une des techniques respiratoires dans le cadre du prânayama, voisine de l'ujjayi (voir ce mot).

En sanscrit, bhramari : grosse abeille noire.

Technique

Vous voudrez bien vous reporter à la description de l'ujjayi. La différence fondamentale est la suivante : au cours de l'expiration, vous émettez un bruit que l'on a comparé au bourdonnement de l'abeille et dont un professeur vous fera au préalable la démonstration.

Aspect médical

Il est identique à celui de l'ujjayi. Le bourdonnement du bhramari a, en outre, l'avantage de favoriser l'induction à un sommeil calme et reposant.

Jalandhara bandha

C'est une des trois principales variétés d'attitude technique du bandha, une des modalités annexes du prânayama.

En sanscrit, jala : tissu, treilli, filet ; le terme ***bandha*** *signifie assembler, saisir et s'applique à des postures dans lesquelles certaines régions anatomiques sont contractées et contrôlées par la volonté.* On peut prendre pour exemple l'asana ardha setu bandha ou posture du demi-pont lié. Le but du bandha est de transporter l'énergie corporelle en lieu actif en empêchant de la laisser se dissiper. On évite aussi que cette énergie soit mal employée et puisse même commettre des dommages matériels. Si l'on veut faire une comparaison, on peut évoquer le courant électrique qui nous est fort utile, mais dont on doit se protéger à l'aide de baguettes, d'isolants, etc.

Technique:

– asseyez-vous à terre ou sur un siège ;
– maintenez le dos bien droit ; si vous êtes

en station assise, l'appui dorsal en position correcte est autorisé ;

- avalez votre salive. Inspirez fortement et restez ainsi en blocage respiratoire ;
- abaissez lentement le cou et la tête contre le thorax en les portant à fond en avant et en bas. Veillez à ce qu'aucune torsion ne se produise au cours du mouvement. En fin de parcours, le menton vient s'insérer juste au-dessus du manubrium sternal, pièce osseuse supérieure du sternum, dans le creux qui sépare les extrémités internes des deux clavicules.

Jalandhara bandha, pratiqué de façon autonome est maintenu une minute au moins ou d'avantage. S'il accompagne une posture ou une technique respiratoire telle que l'ujjayi ou autre, on le prolonge pendant toute leur durée.

- pour terminer, expirez en vous décontractant et reprenez la position initiale.

Avantages du jalandhara bandha

Pour bien les comprendre, il faut se pénétrer du but visé par les Hindous. C'est leur expérience millénaire qui leur a permis d'établir que cette technique, d'une grande simplicité, avait des effets physiologiques étonnants. Cet exercice est si simple que chacun peut le faire quels que soient son âge et son état physique. Il suffit que la colonne vertébrale cervicale ne soit pas douloureuse et dispose du minimum de souplesse suffisante pour baisser le cou à fond.

La réalisation de ce bandha permet de transporter la dynamique énergétique du corps en lieu actif où sa présence est nécessaire.

Elle en évite la dispersion et la dissipation. Si elle n'est pas canalisée, la dynamique énergétique peut commettre parfois des perturbations somatiques, c'est-à-dire focalisées sur certaines régions du corps ou divers organes. Ceci est d'autant plus redoutable que cette énergie mal employée est plus puissante. Le jalandhara bandha joue là le rôle d'un amortisseur ou d'un isolant à l'égard des manifestations anarchiques. C'est la raison pour laquelle on l'associe si souvent à des postures ou à d'autres modalités respiratoires qui développent des forces physiologiques plus importantes qu'on ne peut le penser.

Aspect médical :

- l'un des effets les plus marquants du jalandhara bandha est une action équilibrante du système nerveux ;
- cette technique s'oppose également aux maux de tête qui proviennent d'états congestifs et aux bourdonnements d'oreille ;
- certains vertiges sans origine organique et provenant de troubles circulatoires ou de perturbations du système nerveux sont aussi amendés ou supprimés.

Précautions

Les seules personnes pour qui le jalandhara bandha est interdit sont celles qui souffrent d'arthrose de la colonne vertébrale cervicale ou d'autres causes rendant douloureux ce segment du rachis. Certaines affections rendent le rachis cervical trop raide pour effectuer le mouvement dans sa totalité.

Toute brutalité dans l'exécution du jalandhara bandha doit être évitée, mais plus particulièrement lorsque la flexion de la tête est mal supportée, en particulier lorsque les vaisseaux du cou sont atteints d'athérosclérose.

Jnana mudra

Elément préparatoire à un grand nombre de techniques respiratoires, à l'exception de celles qui nécessitent l'usage des mains, tel le nadi shodana.

En sanscrit, jnana : connaissance sacrée; mudra : racine, origine.

Technique :

– asseyez-vous à terre confortablement. Croisez les jambes dans une position qui vous soit aisée, en tailleur, en accord parfait ou, si vous le pouvez, en lotus ;
– étendez les membres supérieurs vers l'avant et posez le dos de chaque main sur le genou respectif. Joignez les extrémités des index et des pouces ; ils forment ainsi une sorte de cercle ; les autres doigts doivent rester étendus.

Avantages du Jnana Mudra

La grande simplicité de cette technique n'exclut pas la puissance de ses effets bénéfiques. Aux Indes elle jouit d'une grande considération et les Hindous font d'elle le symbole de la connaissance. La réunion des extrémités des pouces et des index permettrait de conserver intacte l'énergie vitale qui tend, autrement, à fuir par ces pôles magnétiques.

Cette notion, un peu déroutante pour un esprit occidental, est corroborée par la théorie d'acupuncture selon laquelle la réunion des méridiens s'effectue aux points Ting au bout des doigts.

Le jnana mudra a une influence favorisante sur l'inspiration du fait de l'ouverture corollaire de la pose du dos des mains sur les genoux. L'effet contraire est obtenu par le China Mudra (voir Mudra).

Le jnana mudra accompagne un grand nombre de postures en station accroupie. Il se conjugue aussi à diverses modalités respiratoires sauf, bien entendu, celles qui mobilisent les doigts pour un blocage ou un freinage narinaire telles l'anuloma et le nadi shodana.

Kapalabhati ou Illumination cérébrale intérieure

Variété de technique respiratoire dans le cadre du prānayama.

En sanscrit, kapala : crâne ; bhati : lumière.

Technique :

Le kapalabhati peut se pratiquer en position assise sur un siège ou à terre, les jambes allongées sans raideur ou croisées en posture aisée, en tailleur ou, si possible, en lotus.

– faites une expiration qui aura pour caractéristique d'être *rapide* et *énergique ;*
– retenez votre souffle en blocage expiratoire pendant une à quelques secondes, mais pas plus de 10. Faites à présent une inspiration lente, profonde et régulière ;
– recommencez ainsi un certain nombre de cycles pendant 3 à 10 minutes en l'absence de toute sensation de gêne ou de malaise qui conditionnerait l'arrêt immédiat de l'exercice.

Pendant tous ces cycles, il est important d'attirer l'attention du pratiquant sur l'attitude mentale à adopter : il faut concentrer sa pensée sur le courant d'air qui entre et qui sort et que l'on tente en quelque sorte de visualiser. On se représente de façon imagée l'air frais qui rentre dans les

Posture du danseur

poumons comme un élément de fraîcheur, une source de purification. L'air qui sort est sale, au contraire, semblable à l'eau d'une mare croupissante, et s'en débarrasser est un acte de purification.

Kapalabathi peut être utilisé à la place de bhastrika lorsque la respiration devient pénible ou que le son du soufflet s'atténue nettement.

Comme pour le bhastrika, la posture du cadavre (voir ce mot) ou shavasana, est recommandée pour clôturer l'exercice.

Aspect médical du kapalabhati

Effets favorables :

- ils concernent les muscles de l'abdomen qui sont tonifiés et les principaux organes viscéraux : foie, pancréas, etc., avec amélioration des fonctions digestives ;
- accroît le tonus psychique et la lucidité mentale ;
- opère un massage doux du muscle cardiaque ;
- stimule assez particulièrement la glande thyroïde ; cet effet se montre favorable chez les hypothyroïdiens, mais est à éviter si cette glande est déséquilibrée avec tendance à l'hyperthyroïdie et, surtout, en cas de maladie de Basedow. Cette contre-indication tombe si un traitement par les antithyroïdiens a été institué, le kapalabhati étant incapable d'en contrecarrer les effets ;
- décongestionne les yeux et surtout les sinus.

Contre-indications :

- les sujets débiles, convalescents ou affaiblis ne peuvent qu'être épuisés davantage par ce type de respiration ;
- en cas de glaucome, d'otite aiguë ou chronique, de décollement de rétine, l'interdiction est formelle ;
- les bourdonnements d'oreille interdisent le kapalabhati ;
- les sujets présentant une fragilité capillaire avec tendance aux bleus, aux saignements faciles et prolongés, aux varicosités doivent s'abstenir ;
- les personnes présentant facilement des saignements de nez ne peuvent pratiquer cette technique respiratoire qu'avec la plus grande prudence. En cas d'apparition d'épistaxis au cours du kapalabhati, arrêter immédiatement l'exercice et ne pas s'y adonner à nouveau avant d'avoir subi un examen ORL. Les inconvénients et les contre-indications du kapalabhati peuvent être partiellement neutralisés en alternant cette modalité respiratoire avec une combinaison d'inspiration en ujjayi avec une expiration en anuloma.

Mudra

En sanscrit, mudra : posture qui verrouille.

On appelle ainsi l'ensemble des techniques faisant appel à un mouvement particulier des doigts de la main.

Le plus connu est le jnana mudra auquel un article a été consacré antérieurement.

Le china mudra ou "geste de la conscience" est basé sur la même technique, mais la main est mise en pronation, paumes en bas, et la fermeture du cercle par les pouces et les index se fait en bas. Le china mudra favorise l'expiration alors que le jnana mudra facilite l'inspiration. Le fait de diriger les mains vers le ciel ouvre les épaules alors qu'en les ouvrant vers le bas, on provoque une rotation interne des épaules, légère, mais suffisante pour avoir une influence sur l'expiration.

Parmi les autres mudra, on distingue shiva mudra où les mains font, sur le devant du thorax, le geste de la prière, yoni mudra où les mains jointes s'entrouvrent pour donner l'apparence d'une vulve féminine. Dans chaque variété de mudra, la position des doigts influence de façon subtile mais efficace, la respiration.

Dans les mudra, le fait de joindre les extrémités de doigts, permet, en outre, d'éviter un dégagement d'énergie qui constituerait un gaspillage physiologique.

Mula bandha

Elément du yoga, utilisable de façon autonome ou en complément de certains asana ou de modalités respiratoires.

En sanscrit, mula : racine, origine ;
bandha : assembler, saisir ;
ce terme s'applique à des postures dans lesquelles certaines régions anatomiques sont contractées et contrôlées par la volonté.

Mula bandha est une technique où toute la région abdominale basse est contractée et comme refoulée en haut et en arrière.

Technique :

- allongez-vous sur un plan de repos dur ; vous pouvez intercaler un tapis compact ou une carpette entre le sol et vous. Noter que le mula bandha est souvent utilisé en position debout. On peut le faire aussi en posture assise et l'on se règle sur la technique de l'asana correspondant s'il est pratiqué simultanément à une posture ;
- faites une profonde expiration. Videz vos poumons aussi complètement que possible ;
- faites, à présent, un effort d'inspiration mais sans laisser entrer le moindre volume d'air. Cette **fausse inspiration** ou inspiration bloquée, va provoquer une très forte rétraction abdominale. Tentez, cependant, de la limiter à la partie inférieure de l'abdomen ;
- la contraction intéresse alors toute la région anatomique comprise entre l'anus et le bas-ventre jusqu'à une ligne horizontale passant par l'ombilic. Imaginez que cette région forme à présent un nœud serré ;
- maintenez la rétention du souffle et tentez de vous représenter que la région anatomique que nous venons de délimiter est projetée :

1. En haut, en direction de la face inférieure du diaphragme.
2. En arrière, contre la face antérieure de la colonne vertébrale.

Au bout de six secondes, décontractez en expirant et recommencez.

Aspect médical du mula bandha :

- l'ascension postérieure et supérieure des organes du petit bassin entraîne un brassage très utile des organes pelviens. L'imagination constitue la partie déterminante de cette ascension. Il est bien évident que tout déplacement ascentionnel de l'anus, par exemple, ne peut être que très minime.

L'effort de l'imagination est pourtant très opérationnel et il s'accompagne de contraction musculaire abdominale très réelle et même spectaculaire. Ainsi, s'opère le contrôle d'éléments, normalement en dehors du contrôle de la volonté aussi bien de muscles lisses que de muscles striés peu souvent sollicités volontairement ; ceux-ci réagissent de moins en moins bien aux ordres du cerveau et finissent par être relégués dans l'inconscient.

Les adeptes qui veulent se donner la peine d'exécuter correctement le mula bandha auront l'avantage de prendre conscience et de contrôler désormais le sphincter anal externe, le sphincter anal interne, plus haut situé, plus difficile à différencier, mais tout aussi important ainsi que les muscles qui forment le plancher pelvien, tels que le releveur de l'anus.

Cette technique est particulièrement intéressante chez le sujet âgé, en lui permettant de contrôler encore activement l'émission des urines et des selles.

A tout âge, la pratique du mula bandha a des effets bénéfiques sur la nervosité et autorise aussi un pouvoir accru de concentration mentale.

– les organes du tube digestif sont également tonifiés ;
– chez l'adulte, et en particulier chez la femme, le mula bandha permet de lutter contre divers types de constipation : constipation rectale par défaut d'évacuation, constipation par trouble de progression d'origine colique et, parmi les constipations fonctionnelles, il s'adresse aussi bien aux constipations atoniques qu'aux formes spasmodiques.

Nadi shodana ou respiration lente par narines alternées.

Nous avons adopté cette orthographe alors que la plupart des autres auteurs écrivent Sodhana, de façon plus orthodoxe, parce qu'ainsi on détermine la prononciation correcte. De même le français écrit Shiva ou çiva, déité de la destruction, alors qu'en sanscrit l'on écrit Siva, avec un accent sur le S.

Ce type de respiration est l'un des plus importants dans le cadre général du prânayama, nom générique de toutes les modulations respiratoires.

En sanscrit, nadi : symbole concrétisé d'un canal imaginaire à travers lequel l'énergie vitale est censée passer ; shodana : nettoyer, comportant un sens de purification.

Technique :

– asseyez-vous à terre confortablement. Vous pouvez aussi vous asseoir en tailleur en posture de l'accord parfait ou en lotus, selon vos possibilités.

Au cours de cette technique respiratoire, vous allez devoir obstruer alternativement et régulièrement les narines droite et gauche. Vous pouvez préférer telle ou telle façon de faire. Mais nous vous engageons à adopter la méthode classique dite *mudra du daim*. Pour ce faire, mettez la main droite ouverte la paume contre le milieu du visage.

Repliez l'index et le majeur au contact de la paume de la main. Pour réaliser les obstructions de narines, vous presserez le bord interne du pouce sur la narine droite et vous presserez ensuite le bord interne de l'annulaire sur la narine gauche.

Par la suite la désobstruction pourra se faire plus complexe. Au lieu de libérer totalement le passage de l'air, vous freinerez plus ou moins son entrée dans l'inspiration et sa sortie dans l'expiration ;

– videz les poumons au cours d'une forte expiration effectuée par les deux narines ;
– obstruez la narine droite et inspirez profondément, mais lentement et sans effort par la narine gauche. La respira-

Posture de la montagne

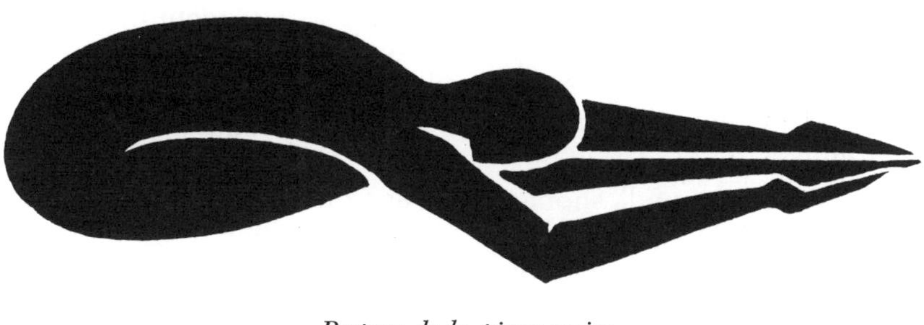

Posture de la pince assise

tion sera basée sur trois temps, chaque temps correspondant à une seconde ;
- obstruez la narine gauche et expirez également sur trois temps par la narine droite ;
- inspirez également sur trois temps par la même narine droite ;
- obstruez la narine droite et expirez sur trois temps par la narine gauche ;
- continuez ainsi en obstruant alternativement chaque narine ;
- à présent que vous connaissez la technique de base, nous allons introduire lors de l'exercice suivant des rétentions d'air ou kumbakha ;
- videz les poumons par la narine droite, la narine gauche étant obstruée ;
- obstruez la narine droite et inspirez sur trois temps ;
- retenez votre souffle pendant trois temps. C'est l'antara kumbakha ;
- obstruez la narine gauche et expirez par la narine droite en comptant trois temps ;
- retenez votre souffle pendant trois temps, c'est le bahya kumbakha.

Remarque :

- Ne retenez votre souffle en expiration bloquée sur trois temps que si vous êtes déjà familiarisé avec la technique antérieure depuis suffisamment de temps. Le bahya kumbakha est, en effet éprouvant et ne doit entrer en jeu qu'après un certain apprentissage.

Vous pouvez effectuer le nadi shodana pendant des durées indéterminées, par périodes de 5 à 10 minutes par exemple. Mais s'il se produit le moindre essoufflement, le moindre malaise, suspendez aussitôt l'exercice et reprenez votre rythme respiratoire normal ;

- vous adapterez de vous-même votre rythme respiratoire à votre convenance et à vos possibilités. Consacrez moins de temps, si besoin à chaque inspiration ou expiration. Ne forcez pas sur les rétentions au début si vous êtes gêné. Supprimez-les au besoin ou ne faites pas, tout au moins, la rétention après expiration, la plus éprouvante des deux. Pour certains d'entre vous, une certaine inégalité sera nécessaire au détriment de l'expiration ou de l'inspiration. Ce qui est important, c'est qu'au bout d'un certain temps, vous puissiez à volonté sans effort et sans éprouver aucune sensation de gêne égaliser les deux temps, expiratoire et inspiratoire. Il faut aussi que vous parveniez à sentir que vous dominez la situation. A ce moment, vous sentirez le besoin d'aller plus loin et d'effectuer des variantes.

Vous pourrez, par exemple inspirer sur trois temps et expirer sur six. Progressivement, vous arriverez à 10 temps pour l'inspiration et 20 pour l'expiration. Vous allongerez aussi les temps de rétention d'air.

Vous accentuerez progressivement le freinage de l'air en tenant compte de vos possibilités.

Aspect médical du nadi shodana :

- la maîtrise de la respiration acquise grâce à cette technique aura une répercussion étonnante : la maîtrise du système nerveux qui l'accompagnera. Le nadi shodana a une action sédative intense de l'agitation mentale stérile. Il accroît la lucidité et le pouvoir de concentration. Il dissipe aussi la fatigue d'origine physique ou nerveuse ;
- le nadi shodana est recommandé également en cas de constipation chronique, surtout dans les formes spasmodiques des hypernerveux.

Eviter:

– toute tentative de kumbakha, c'est-à-dire de rétention d'air après inspiration et surtout expiration, doit être évitée chez les hypertendus;
– chez les hypotendus, ne jamais faire la rétention d'air après expiration (bahya kumbakha); l'antara kumbakha est, par contre autorisé et souvent même bénéfique.

Respiration complète

Type de modalité respiratoire d'importance capitale dans divers domaines de la santé.

Technique

1. En position couchée:

– étendez-vous sur le dos, les membres supérieurs étendus le long du corps près de lui mais non serrés, les mains reposant aussi complètement que possible à terre, par les paumes;
– fermez les yeux et faites une inspiration par le nez, lente, régulière et profonde en gonflant le ventre, d'une durée de 6 secondes;
– lorsque la respiration abdominale est parvenue à son terme, prolongez le temps inspiratoire en gonflant le thorax;
– en soulevant un peu les épaules, dirigez une partie du flux d'air emmagasiné en direction de la partie supérieure du thorax;
– retenez votre souffle pendant trois secondes;
– expirez lentement par le nez, affaissez les côtes et rentrez le ventre;
– à la fin de l'expiration, contractez l'abdomen afin de rejeter encore une fraction d'air résiduel;
– veillez à ce que ces phases successives s'effectuent d'un seul tenant, bien uniformément;
– recommencez sans marquer d'interruption et faites ainsi une dizaine de respirations complètes.

2. En position debout et en marchant:

– vous suivez les mêmes indications concernant les proportions des temps respiratoires, mais vous comptez les pas aussi bien pendant l'inspiration que pendant l'expiration et pendant les rétentions de souffle.

Aspect médical de la respiration complète:

– développe le thorax et améliore la capacité respiratoire;
– a une action sédative sur le système nerveux et dissipe l'anxiété;
– tonifie l'abdomen et les viscères à fonction digestive;
– contribue à chasser la graisse et la cellulite de l'abdomen et de la partie supérieure des cuisses;
– chasse la bedaine stomacale et renforce les points faibles de l'abdomen prédisposés aux éventrations et aux hernies de force.

Samavritti

Variété de technique respiratoire du prânayama.

En sanscrit, sama: identique;
vritti: action, mouvement.

Technique:

– le but est d'obtenir une rigoureuse égalité des temps d'expiration et d'inspiration;

– cette durée est idéalement fixée à cinq secondes ;
– on introduit à présent une rétention de souffle après inspiration (antara kumbakha), d'une durée strictement égale à ceux des temps expiratoire et inspiratoire, soit cinq secondes ;
– toutefois, il n'est pas conseillé de tenter d'établir dans l'immédiat ce rapport idéal. Le temps de rétention ne sera, au début, que d'un quart des temps respiratoires. Progressivement, on passera à des rapports de 1/2, 3/4, puis 1 ;
– seulement alors, vous ferez intervenir la rétention de souffle après expiration complète (bahya kumbakha) ;
– à cette période transitoire, ne pratiquez pas l'antara kumbakha ;
– après une pratique suffisante de bahya kumbakha, pratiqué isolément, reprenez celle de l'antara kumbakha en intercalant symétriquement les deux types de rétention ;
– vous serez alors en mesure de faire le cycle complet, soit :
– *inspiration ;*
– *rétention de souffle en inspiration ;*
– *expiration ;*
– *rétention de souffle en expiration.*

Chacun de ces temps étant basé sur cinq secondes.

Aspect médical du samavritti

Il est analogue à celui décrit à Respiration complète et à Nadi shodana (en moins intense).

Shitakari

Variété de modalité respiratoire du prânayama dont la technique est assez voisine de celle du shitali.

Technique

On voudra bien se reporter à la description de la technique du shitali, ci-dessous, en veillant à respecter les différences suivantes :
– ne pas enrouler la langue dont l'extrémité doit dépasser les lèvres ; celles-ci sont légèrement écartées ; en outre la langue reste à plat dans la bouche en position naturelle ;
– tout le reste est exactement calqué sur le shitali.

Aspect médical

Il est identique à celui du shitali avec un effet physiologique un peu plus puissant, ce qui intensifie aussi bien les indications que les contre-indications ;
– d'une façon générale, les hypertendus supportent moins bien shitakari que shitali et risquent d'en ressentir davantage de fatigue.

Shitali

En sanscrit, shita : froid, frais.

Variété de technique respiratoire dans le cadre du prânayama dans laquelle l'inspiration se fait par la langue sortie de la bouche et roulée en tuyau ; elle s'accompagne de l'émission d'un bruit régulier, l'expiration se faisant la langue rentrée et la bouche close mais en émettant un son selon la technique de l'ujjayi (voir ce mot).

Technique :

– mettez-vous en position assise puis choisissez, selon vos possibilités, parmi les asana suivants : posture de l'accord parfait ou siddhasana, posture du lotus ou padmasana ;

Posture en triangle debout

Posture du lotus

– conservez le dos bien droit, sans le cambrer, la tête relevée ;
– étendez les membres supérieurs et posez la face dorsale des poignets sur les genoux ;
– joignez les extrémités du pouce et de l'index, de manière à leur donner une forme circulaire ; vous réalisez ainsi le jnana mudra ;
– ouvrez la bouche et arrondissez les lèvres. Roulez en cylindre la langue à l'intérieur de la bouche ;
– faites saillir la langue ainsi enroulée en dehors de la bouche ;
– faites une inspiration profonde en aspirant l'air par la langue. On doit entendre une sorte de sifflement.

Une fois l'inspiration terminée, rentrez la langue et fermez la bouche :
– à présent, coincez le menton, en baissant la tête, contre le haut de la poitrine juste au-dessus du manubrium sternal. Vous réalisez ainsi le jalandhara bandha. En sanscrit, bandha indique une posture accompagnée de la contraction et du contrôle d'un segment du corps ;
– vous allez à présent réaliser la première variante du kumbakha, c'est-à-dire une rétention de souffle en inspiration bloquée pendant plusieurs secondes – cinq en moyenne ;
– faites à présent une expiration lente par la bouche, selon la technique de l'ujjayi (voir ce mot) suivie de l'exécution du mula bandha (voir ce mot) lorsque les poumons sont vidés à fond ;
– relevez maintenant la tête, le premier cycle est terminé. Vous pouvez recommencer plusieurs fois de suite, au moins cinq minutes, si possible ;
– pour clôturer l'exercice, étendez-vous dans la posture du cadavre (voir ce mot) ou shavasana.

Aspect médical du shitali :

– effet psychique : créateur d'euphorie, stimulant de la lucidité ;
– effet physiologique : stimulation de la vision, amélioration des fonctions digestives de l'estomac ; décongestionne la tête et aussi la peau, pouvant, par exemple se montrer utile dans l'érythème solaire léger ainsi que dans les maux de tête de caractère bénin et non organiques.

Eviter ce type de respiration :

– en cas d'angine, pharyngite, extinction de voix, enrouement, laryngite, trachéite et autres infections des voies respiratoires, sinusite ;
– la prudence s'impose, en cas d'insuffisance cardiaque même légère ;
– on peut pratiquer le shitali en cas d'hypertension artérielle modérée, à condition de ne pas faire de rétention de souffle.

Uddiyana bandha

Une des trois variétés techniques des bandha.

En sanscrit, uddiyana : s'élever, s'envoler ; pour l'explication détaillée du sens du bandha, on voudra bien se reporter à l'article jalandhara bandha.

Technique (un appui dorsal est autorisé, si besoin)

Nous allons la réaliser en position assise, mais elle est également faisable en position couchée sur le dos lorsque la position assise est mal supportée. Certains auteurs la font en position debout et cette station est elle aussi très valable :

– si vous suivez nos conseils, mettez-vous à votre gré et selon vos possibilités en posture de l'accord parfait (voir ce mot) ou siddhasana ou en lotus (voir ce mot). Vous pouvez aussi bien rester les jambes allongées ou légèrement repliées ;
– respirez bien et centrez votre attention sur une expiration qui va être longue et profonde mais exécutée sans brutalité. A présent, vos poumons sont aussi vides d'air que possible ;
– procédez alors à un mouvement d'inspiration, mais *à vide,* sans laisser entrer l'air. Pour ce faire, vous prendrez soin, tout en gonflant le thorax à fond de *bloquer le passage de l'air.*

Vous devez alors ressentir une sorte de succion au niveau de l'estomac :
– recommencez trois fois de suite ;
– inspirez puis expirez avant de refaire l'exercice ;
– lorsque vous avez bien maîtrisé cette technique, centrez votre attention sur les viscères abdominaux. Imaginez que l'ensemble des organes contenus dans le ventre sont contractés et forment une sorte de nœud et qu'ils sont projetés : en haut, contre la face inférieure du diaphragme, en arrière contre la face antérieure du rachis, en avant contre les muscles de la paroi antérieure de l'abdomen ;
– faites successivement des contractions et des détentes. Vous ressentirez alors comme un réel massage des viscères internes. Vous noterez que de tous les organes intéressés, c'est l'estomac dont le brassage est le mieux senti.

Avantages de l'uddiyana :
– le diaphragme et les organes abdominaux sont tonifiés, surtout l'estomac ; il en résulte une stimulation bénéfique des fonctions digestives ;
– l'uddiyana a également un effet direct de massage doux du cœur avec répercussions favorables à la fois toniques et sédatives.

Ujjayi (prononcer le "d" en udjayi)

Une des modalités respiratoires du prânayama dans laquelle le thorax est fortement gonflé et où l'on émet un bruit particulier.

En sanscrit, ud : préfixe indiquant la direction vers le haut et l'épanouissement ; jaya : conquête, succès.

Technique :
– c'est une des rares modalités du prânayama praticable la nuit en position couchée dans un lit ;
– nous allons la décrire en position assise, mais la position couchée sur le dos est également réalisable. Certains la préconisent en station debout et même en marchant ;
– asseyez-vous en posture confortable, selon vos possibilités en tailleur, en posture de l'accord parfait ou en lotus ;
– conservez le dos bien droit, étiré vers le haut. Eventuellement stabilisez-vous par un appui dorsal, de préférence au niveau des omoplates ;
– on peut accompagner facultativement du jalandhara bandha (voir ce mot) ;
– il est fortement conseillé de faire le jnana mudra (voir ce mot) lorsqu'on pratique l'ujjayi en position assise ;

– fermez les yeux et imaginez que vos regards se dirigent à l'intérieur de vous-même ;
– conservez la bouche fermée, mais décontractée ;
– avalez votre salive et à la fin de ce mouvement, votre glotte est partiellement bloquée ;
– restez ainsi et inspirez profondément et lentement ;
– l'air voit son passage ralenti grâce au blocage partiel au niveau de la glotte et il s'ensuit une émission d'un son particulier très net pour le sujet, mais pouvant être aussi perçu de l'extérieur ;
– au début, quelques artifices dont vous vous passerez vite vous aideront. En premier lieu vous n'aurez rapidement plus besoin d'avaler effectivement votre salive ; une représentation mentale suffira ; ensuite, il vous est très facile de contrôler, à la période d'apprentissage, le blocage partiel de la glotte. Vous n'avez qu'à placer l'index juste au-dessus du manubrium sternal sur la partie découverte la plus basse de la face antérieure du cou et vous sentirez très nettement une dépression se produire à ce niveau ;
– veillez à ce que l'expansion thoracique soit maximale à l'issue de cette inspiration. Par contre, gardez-vous de gonfler le ventre qui doit, au contraire, sembler se coller contre la face antérieure de la colonne vertébrale. Ce type d'inspiration que vous rencontrerez souvent dans les divers aspects du prânayama porte le nom de puraka ;
– à présent, vous allez retenir votre souffle quelques secondes, ce qu'on appelle en termes techniques faire un kumbakha.

Au cours de la phase suivante, videz profondément les poumons gorgés d'air. Veillez à ne relâcher que progressivement le diaphragme afin de ralentir l'expulsion de l'air dont le passage doit produire au contact de la voûte du palais un son spécial sous forme de HA :
– le contrôle par un professeur est souvent indispensable pour une réalisation technique correcte. On appelle ce type d'expiration bruyante contrôlée le recaka ;
– attendez une seconde environ, à la fin du recaka avant de refaire une autre inspiration qui renouvelle ainsi le cycle de l'ujjayi ;
– il est conseillé de maintenir la respiration en ujjayi pendant au moins cinq minutes et dix minutes au plus, en l'absence, évidemment de toute sensation de gêne ou de fatigue ou de vertiges ou de bourdonnement d'oreille qui conditionnent immédiatement l'interruption de l'exercice ;
– dans l'ujjayi, la respiration est *volontairement ralentie ;*
– elle doit être bien régulière et d'amplitude égale. L'attention du pratiquant doit être attirée par la surveillance du bruit respiratoire et par le bruit émis aux deux stades de la respiration. Ceci permet l'élimination des bruits parasites d'origine extérieure et évite aussi la tendance naturelle de l'esprit à la dispersion futile de la pensée ;
– n'ouvrez les yeux qu'à la fin de la période d'ujjayi ;
– on conseille à présent de se relaxer dans la posture du cadavre (voir ce mot) ou shavasana.

Aspect médical de l'ujjayi :
– développe harmonieusement le thorax et améliore globalement la capacité respiratoire ;

– possède une action sédative moyenne du système nerveux (inférieure à celle du nadi shodana) ;
– tonifie l'organisme et dissipe la fatigue ;
– peut être utilisé avec profit par les hypertendus et dans les formes chroniques légères d'angine de poitrine, en dehors des crises.

Viloma

Variété de technique respiratoire du prânayama.

En sanscrit, viloma : contraire à l'ordre habituel.

Technique :

Nous allons pratiquer viloma en position assise ; comme nous le verrons, on peut dans certains cas adopter la position couchée.

Première période :

– inspirez durant deux secondes environ ;
– retenez votre souffle pendant deux secondes ;
– n'expirez surtout pas et reprenez l'inspiration pendant encore deux secondes ;
– retenez votre souffle pendant deux secondes ;
– en évitant toujours d'expirer, continuer le processus respiratoire ainsi fractionné, au même rythme, c'est-à-dire deux secondes d'inspiration suivie de deux secondes de rétention. Ne vous arrêtez qu'à bout de course, lorsque les poumons sont gorgés d'air et ne peuvent en absorber davantage. Selon les individus, les possibilités sont évidemment très différentes. Les sujets fragiles feront bien de ne pas parvenir aux limites de leur capacité ;
– à présent, retenez votre souffle pendant au moins cinq secondes et dix secondes si cela vous est possible et qu'il ne survienne aucune sensation de gêne ou de malaise. Vous aurez ainsi réalisé l'antara kumbakha ;
– ensuite, débute la phase expiratoire. Celle-ci doit être lente et profonde et sa technique s'apparente à celle de l'expiration au cours de l'ujjayi (voir ce mot).

Vous pouvez, selon vos possibilités 10 à 15 cycles à la file de cette première période de viloma.

Deuxième période :

– elle peut commencer après un repos de une à deux minutes ;
– inspirez profondément en utilisant la technique sonore de l'ujjayi (voir ce mot), c'est-à-dire en émettant un son sifflant très particulier ;
– contrairement à ce qui a lieu pendant la première période, vous ne marquerez aucune pause respiratoire ;
– vous devez emplir d'air vos poumons d'une seule traite ;
– alors, seulement, retenez votre souffle. Vous aurez pratiqué ainsi un antara kumbakha (rétention de souffle après inspiration) et vous le maintiendrez 10 à 15 secondes selon vos possibilités ;
– suivez rigoureusement les indications suivantes pour exécuter cette expiration :
– expirez pendant deux secondes ;
– retenez votre souffle pendant deux secondes. Cette rétention de souffle après expiration constitue le bahya kumbakha ;

– expirez à nouveau pendant deux secondes, en vous gardant bien de toute tentative d'inspiration ;
– retenez votre souffle pendant deux secondes ;
– continuez à procéder ainsi. A la fin de cette expiration fractionnée, vos poumons sont vidés d'air ;
– vous pouvez faire 10 à 15 cycles à la file de cette deuxième période de viloma, selon vos possibilités. Mais, n'oubliez pas que le bahya kumbakha est plus éprouvant que l'antara kumbakha ;
– à l'issue de la deuxième période, un repos en posture du cadavre (voir ce mot) ou shavasana est conseillé.

Aspect médical du viloma:

Les sujets présentant des variations pathologiques de la tension artérielle doivent être avertis des faits suivants :

– les asthmatiques et tous les sujets éprouvant des difficultés électives au moment de l'expiration devront s'abstenir du viloma ;
– les hypotendus habituels se trouvent bien de la première période de viloma ; cette période est au contraire défavorable aux hypertendus et ils feront bien de l'éviter. Ils peuvent, par contre, pratiquer la deuxième période sous le contrôle d'un professeur, en évitant la position assise et en adoptant la station couchée ;
– la prudence est de rigueur chez les cardiaques même légers et même si leur tension artérielle est normale ;
– en règle générale, ne doivent s'initier au viloma que les sujets possédant déjà la maîtrise parfaite du nadi shodana et de l'ujjayi. On ne mettra en jeu le bahya kumbakha qu'après réalisation aisée de l'antara kumbakha.

Visamavritti

Variété de technique respiratoire du prânayama, caractérisée par l'irrégularité des temps respiratoires et des durées de rétention de souffle, ce qui constitue la différence fondamentale avec le Samavritti.

Si l'on désigne par I l'inspiration, par E l'expiration et par R la rétention de souffle sous forme d'antara kumbakha, c'est-à-dire d'arrêt de la respiration après inspiration, les proportions peuvent être, par exemple, les suivantes :

Premier temps :
I = 5 secondes,
R = 20 secondes,
E = 10 secondes.

Deuxième temps :
I = 10 secondes,
R = 20 secondes,
E = 5 secondes.

Troisième temps :
I = 20 secondes,
R = 10 secondes,
E = 5 secondes.

Quatrième temps :
I = 5 secondes
R = 10 secondes
E = 20 secondes.

Ce n'est qu'après avoir bien maîtrisé ces variantes respiratoires qu'on peut faire intervenir la rétention de souffle après expiration, plus éprouvante (bahya kumbakha).

Les variantes deviennent alors si nombreuses qu'il est impossible de les envisager toutes.

Aspect médical du visamavritti

Le système nerveux et l'appareil respiratoire sont particulièrement mis à l'épreuve avec le visamavritti. Cette technique et ses variantes sont très importantes pour les sujets entraînés à qui elles confèrent une autonomie respiratoire qui constitue pour eux une véritable arme contre les stress. Il s'agit déjà d'un prânayama de grande classe.

Les individus fragiles ou maladifs et ceux dont le système nerveux est instable doivent s'abstenir de pratiquer le visamavritti ou n'y parvenir que progressivement et sous contrôle d'un professeur. Cette remarque s'applique aussi aux cardiaques, même légers, ainsi qu'aux sujets dont la tension artérielle est perturbée dans un sens ou dans l'autre.

Salutation au soleil

TABLE DES MATIÈRES

Chapitre I - DICTIONNAIRE MÉDICAL DU YOGA

Chapitre II - CLASSIFICATION DES POSTURES OU ASANA

SHAVASANA THÉRAPEUTIQUE 156

ANNEXES

Chapitre III – RESPIRATIONS ET TECHNIQUES ANNEXES : PRÂNAYAMA, BANDHA, MUDRA

ACHEVÉ D'IMPRIMER
SUR LES PRESSES DE
L'IMPRIMERIE CHIRAT
42540 ST-JUST-LA-PENDUE
EN FÉVRIER 1993
DÉPÔT LÉGAL 1993 N° 7471

IMPRIMÉ EN FRANCE